I0828060

BIBLIOTECA DELL' «ARCHIVUM ROMANICUM»
Serie I: Storia, Letteratura, Paleografia
530

DANTE E IL DANTISMO NELLE MARCHE

A cura di

LAURA MELOSI, ILARIA CESARONI, GIOELE MAROZZI

LEO S. OLSCHKI EDITORE
MMXXII

Casa Editrice Leo S. Olschki
Viuzzo del Pozzetto, 8
50126 Firenze
www.olschki.it

Il volume è realizzato con il contributo della Sezione di ricerca Linguistica Letteraria Filologica e della Sezione di Storia del Dipartimento di Studi Umanistici - Università di Macerata

---

ISBN 978 88 222 6859 4

PREMESSA

Puntuale a ogni ricorrenza celebrativa di Dante, la riappropriazione della sua vicenda intellettuale e umana occupa i più vari scenari nei luoghi toccati a suo tempo dal «ghibellin fuggiasco» e in quelli interessati dal riverbero della sua fama nei secoli. È così che nel settecentesimo anniversario della morte del Sommo Poeta, appena alle nostre spalle, ha preso forma l'idea di riflettere sui lasciti danteschi presenti nella cultura delle Marche in contesti per molti versi importanti nella tradizione degli studi.

A suo modo, quest'area geografica che si distende «in sul lito adriano», addentrandosi fino ai «sassi» gettati «tra ' due liti d'Italia» (*Par.* XXI), ha offerto un contributo di rilievo alla dantistica, fin da quando Francesco Filelfo da Tolentino e Ciriaco Pizzicolli da Ancona leggevano e commentavano la *Commedia*, e intanto Giovanni de' Bertoldi da Serravalle e un non meglio identificato Antonius de Marca Picenus ne proponevano versioni latine non sempre tramandate. Segnalato nella produzione poetica di Malatesta de' Malatesti, signore di Pesaro, e di Gaugello Gaugelli da Pergola, Dante è assunto come modello per le prediche e i sermoni da San Giacomo della Marca, fra Bernardino da Cingoli, il beato Pietro da Mogliano. Poi, nel XVI secolo, l'attenzione si focalizza sulla questione della lingua, sicché Dante viene ripreso e postillato da un tal Franchi da San Severino e assai più autorevolmente dallo jesino Angelo Colocci, il quale attinge al *De vulgari eloquentia* per formulare le sue teorie su origini e uso poetico della lingua volgare. Per di più, in contrapposizione alle teorie linguistico-letterarie del classicismo bembiano, una serie di voci si eleva in difesa dell'Alighieri e della sua opera: da quella eletta di Annibal Caro nell'*Apologia* in polemica con il Castelvetro, a quelle degli Accademici Catenati di Macerata nelle dispute a colpi di ragionamenti e repliche a stampa con i nemici bolognesi e senesi. Dante è altresì presente nella produzione in versi dell'urbinate Bernardino Baldi, celebrato biografo dei Montefeltro, e in quella di Bartolommeo Cinthio Scala, imitatore della *Vita Nuova*, ma soprattutto ispira una serie di artisti impegnati nella decorazione di luoghi sacri marchigiani, tra cui merita di essere ricordata la chiesa di Santa Maria della Rocca di Offida, prima allocazione del dipinto di Simone De Magistris da Caldarola *Allegoria dei tre*

Regni. Spiccano i quadri della trilogia dantesca di Federico Zuccari, originario di Sant'Angelo in Vado, oggi alla Galleria degli Uffizi.

Le difese di Dante pertengono anche alla produzione di autori secenteschi, quali il lauretano Traiano Boccalini in quell'autentico best-seller del secolo XVII che furono i *Ragguagli di Parnaso*; Innocenzo Barcellini abate di Fossombrone, impegnato nella questione Dante e Celestino V; il montefeltrino Federico Ubaldini nel dialogo di ispirazione castiglionesca *Il Giordano, o vero la nuova difesa di Dante*: nonché il primo vero storiografo della letteratura italiana, il maceratese Giovan Mario Crescimbeni nell'*Istoria della volgar poesia*. Se poi volessimo allargare la ricognizione al dantismo sette-ottocentesco, il quadro si infoltirebbe di nomi e titoli che spaziano attraverso i generi della tradizione letteraria: dalle *Annotazioni alla Commedia* di Angelo Guglielmi Artegiani di Arcevia al trattato *Dante rivendicato* di un autore umbro ma di ascendenze camerti, Francesco Torti; dalla tragedia *Il conte Ugolino* di Giovanni Leone Semproni di Urbino ai sonetti danteschi di Luigi Lanzi di Treia; dal poema in terzine *La consumazione del secolo* di Cosimo Betti di Pesaro alla traduzione in esametri latini della *Commedia* di Giuseppe Pasquali Marinelli di Camerano, culminando nelle celebri *Dodici visioni sacre e morali* di Alfonso Varano dei duchi di Camerino e nelle esegesi di Giovanni Marchetti, Giulio Perticari, Terenzio Mamiani accreditati dantisti. Il dantismo di Casa Leopardi rientra nel circuito di questo interesse, così come a cavallo tra Otto e Novecento gli studi di Filippo Mariotti e di Giovanni ed Enrico Mestica, tutti di Apiro.

Lungi dal voler dar conto in dettaglio del vasto panorama qui solo delineato, i contributi accolti in questo volume si offrono come tappe significative di un percorso che dai primi decenni del 1300 attraversa l'età umanistico-rinascimentale, per spingersi fino al secolo XIX e affrontare alcune tendenze poetiche contemporanee nel loro incontro con Dante. Nel complesso, gli interventi consentono di ridefinire l'opinione diffusa della labile presenza del poeta in questo territorio. Al contrario, l'attenzione di noti e autorevoli letterati e critici, antichi e moderni, che alle Marche sono legati per origine o per attività, ha consentito uno sviluppo significativo della ricezione, dell'interpretazione e della diffusione dell'opera dell'Alighieri.

Che Dante sia tuttora ben vivo nella cultura marchigiana lo ha testimoniato l'interesse con cui il programma dell'Università di Macerata per le celebrazioni del VII centenario è stato accolto e seguito da un pubblico assai diversificato nel corso dell'intero 2021. Questo volume è il risultato dell'impegno che ha visto la collaborazione del Dipartimento di Studi Umanistici, con le sue Sezioni di ricerca Linguistica Letteraria Filologica e di Storia, e del Comune di Macerata, in occasione di un convegno di studi che si è svolto nei giorni 18 e 19 novembre, con il patrocinio di Ministero della Cultura, Comitato Nazionale per le Celebrazioni dei 700 anni dalla morte di Dante Alighieri, Società Dantesca Italiana, Deputazione di Storia Patria per le Marche, Fondazione Federico II di Jesi, Istituto superiore di studi medievali "Cecco d'Ascoli", ADI Associazione degli Italianisti, insieme con le istituzioni locali Regione Marche, Provincia di Macerata, Comune di Firenze e Comune di Ravenna. Insieme con gli approfondimenti scientifici di questo incontro, le Sale Antiche della Biblioteca Comunale Mozzi Borgetti hanno ospitato per alcuni mesi una ricca selezione di edizioni della *Commedia* e di altre opere, accanto a libri e opuscoli che hanno segnato tappe essenziali e rilevanti degli studi danteschi, anche con una sezione dedicata alle Marche. Un altro evento di particolare significato ha riguardato gli studenti delle scuole medie superiori, ai quali è stato dedicato un ciclo di *lecturae Dantis* tenute da giovani ricercatori dell'Università di Macerata. Gli appuntamenti di *Dante Young* hanno dato vita a momenti di fecondo dialogo generazionale ed è questo uno dei lasciti più preziosi delle celebrazioni dantesche marchigiane, che nel loro insieme hanno costituito un'esperienza di approfondimento e di partecipazione collettiva, per la quale desidero esprimere un sincero ringraziamento ai molti attori che a vario titolo l'hanno sostenuta e resa possibile.

Macerata, settembre 2022

LAURA MELOSI

L'ETÀ DI DANTE

Rino Caputo

IL «PAESE GUASTO» E IL «BEL PAESE». LUOGHI DELLA «COMMEDIA». ALCUNE APPROSSIMAZIONI

1. I Luoghi della *Commedia* sono, per Dante, reali ovvero fisicamente definiti e, anche, come si sa, dotati di plurima significazione. Luoghi e 'loci communes', per così dire. Il 'luogo' è, per Dante, nella *Commedia*, anche un 'topos': «Luogo è in Inferno detto Malebolge / tutto di pietra di color ferrigno, / come la pietra che dintorno il volge» (*Inf.* XVIII, 1-3); o come quello, appunto sempre polisemico, ma più nettamente individuato, di Gerione: «In questo luogo, de la schiena scossi / di Gerion, trovammoci; e il poeta / tenne a sinistra, e io dietro mi mossi» (sempre in *Inf.* XVIII, 19-21).

Il 'luogo', nella sua caratteristica allegorica, definisce le qualità dei tre ambiti ultramondani: l'Inferno: «Luogo è laggiù da Belzebù remoto / tanto quanto la tomba si distende, / che non per vista, ma per suono è noto» (*Inf.* XXXIV, 127-129); il Purgatorio: «Luogo è là giù non tristo di martiri, / ma di tenebre solo, ove i lamenti non / suonan come guai, ma son sospiri» (*Purg.* VII, 28-30); «il luogo eletto / a l'umana natura» (*Purg.* XXVIII, 77-78); il Paradiso è «il luogo mio» (*Par.* XXVII) ovvero «fatto per proprio de l'umana specie» (*Par.* I, 57).

Luogo (con la sua variante 'loco') vale sempre, nella *Commedia*, in modo letteralmente equivoco: ora nello spazio e ora nel tempo, fino a coincidere con l'identità: «fammiti conto o per luogo o per nome» (*Purg.* XIII, 105).

E il luogo può essere 'alto', 'basso', 'ampio'; 'oscuro', 'selvaggio', 'grazioso' e, poi, 'solingo', 'natio', 'etterno', 'd'ogne luce muto', 'santo', e così elencando.

E i luoghi sono anche 'còlti'. Si noti, ad es., la frequenza del termine ('loco', in questo caso) nel suggestivo excursus geografico e insieme sovraconnotato del lago di Garda («Suso in Italia bella giace un laco», fino a «l'alta mia tragedia in alcun loco» di *Inf.* XX, 61, 113).

Perciò i luoghi di Dante diventano *loci communes*, come Malebolge o come il Limbo.

È stato notato, infatti, che le parole di Dante, così come assestate nel 'grande magazzino' della *Commedia*, funzionano ancora oggi, nel nostro linguaggio quotidiano perfino colloquiale, quasi al 90%, secondo la stima della statistica linguistica. Siamo stati capaci di aggiungere, in sette secoli, soltanto un 10/15%, tenendo conto soprattutto degli esterismi novecenteschi e della più recente interferenza dei linguaggi informatici. E il 'Luogo' non si sottrae a tale determinazione.

Non deve meravigliare, allora, che resista in ogni parlante, ma soprattutto negli artisti e poeti, la 'memoria' di Dante. Trascurando la serie secolare (ma come dimenticare l'incipit dell'*Orlando Furioso*, ricalcato sul verso 109 di *Purg.* XIV: «le donne e' cavalier, li affanni e li agi»!), si pensi, esemplarmente, all'intensa raccolta poetica di Albino Pierro, che prende il titolo dall'icastico emistichio di *Par.* XXVI, 86, «nel transito del vento», e pubblicata nel 1957. Ma si guardi altresì alla citazione dantesca, tratta dal canto quinto del *Purgatorio* (l'incontro con Bonconte da Montefeltro) e preposta da Pasolini nelle sequenze introduttive del film *Accattone* (1961: «per una lagrimetta ch'el mi toglie», 107).

Ma il Luogo è innanzitutto la Terra, che Dante, si sa, definisce in molti modi, sempre impeccabilmente legati, tuttavia, alle conoscenze scientifiche assestate: il 'pianeta', l''aiuola', ecc.

Discende da questa classificazione larga la specificazione legata all'Italia, in particolare alla penisola definita e ricompresa 'dalle Alpi al Lilibeo', pur con diffuse precisazioni territoriali quali, in particolare, quella 'marchigiana':

> Tra ' due liti d'Italia surgon sassi,
> e non molto distanti a la tua patria,
> tanto che' troni assai suonan più bassi,
> e fanno un gibbo che si chiama Catria,
> di sotto al quale è consecrato un ermo,
> che suole esser disposto a sola latria. (*Par.* XXI, 106-111)

Ma, più emblematicamente (e proverbialmente), l'Italia è il 'bel paese' e si sa quanto icasticamente pregno di significato è il qualificativo 'bello', con le estensioni mai sghembe verso 'dolce', 'soave' e, anche, 'novo'.[1]

---

[1] Cfr. *Luogo*, in *Enciclopedia dantesca*, III, Roma, Istituto della Enciclopedia italiana, 1971, pp. 740-742. Cfr., in particolare, *Commedia: ambienti e paesaggi*, a cura di P. Magistri, Roma, UniversItalia, 2016.

2. Si sa che, nella piena metà del Novecento, più precisamente nel 1960, Federico Fellini rifiutava testardamente le proposte di produttori e sceneggiatori di intitolazione del film che aveva appena composto, destinato a mietere successi e allori. *Moraldo va in città* sembrava, alla fine, un buon titolo: il viaggio, col suo misto di esilio nostalgico e di avventura eccitante; Roma, meta e centro di ogni peripezia. Eppure Fellini recalcitrava. Alla fine il regista impose il 'suo' titolo: *La Dolce Vita*, perché, così motivava e spiegava, «nonostante tutto, la vita aveva una sua dolcezza profonda, innegabile».

La 'dolce vita' è sintagma dantesco che ricorre nel *Paradiso*, rispettivamente a IV, 35; XX, 47 e XXV, 93. In tutti e tre i riscontri Beatrice, i Beati, e lo stesso Dante, si riferiscono al mondo terreno dei viventi. Ed è noto il significato non puramente connotativo ma artisticamente pregnante di 'dolce' in tutta l'opera dantesca, dalla *Vita Nova*, alle rime giovanili fino alle canzoni del *Convivio* e alla *Commedia*.

Nel quarto canto del *Paradiso* la 'dolce vita' è maggiore o minore a seconda che si stia più e meno vicino all'«eterno spiro». Nel ventesimo canto decisiva è «l'esperienza / di questa dolce vita e de l'opposta» (47-48), per evitare «quanto caro costa / non seguir Cristo» (46-47) e nel venticinquesimo ogni dubbio è irreversibilmente sgombrato: «e la sua terra è questa dolce vita» (93).

La vita dei vivi è comunque 'dolce' persino quando la terra diventa «l'aiuola che ci fa tanto feroci» (come in *Par.* XXII, 151).

Fellini la pensa allo stesso modo, se è vero che lo ha sempre assillato il pensiero del film 'da fare' ovvero *Il viaggio di G. Mastorna*, dal regista stesso considerato la propria *Divina Commedia*: la peripezia di un uomo come esemplare esperienza contraddittoria e, forse, alla fine salvifica, dell'intera massa di individui umani, di 'persone vive', per dirla sempre con Dante: la 'nostra vita' che è, nonostante tutto, la 'dolce vita'.

E in un'intervista di quasi trent'anni successiva al successo del film, Fellini continua ad affermare: «Forse oggi rende nostalgici l'idea che neanche tanto tempo fa si potesse guardare alla vita e definirla dolce».[2]

3. Di recente è stata riproposta la querelle sul titolo italiano del poema di T.S. Eliot *The waste land*. Si deve rendere il sintagma con *La terra desolata*, come abbiamo sempre tradotto? Oppure è da preferire la versione

---

[2] Si veda, in proposito, RINO CAPUTO, *Dolce Vita*, in *Citar Dante*, a cura di I. Chirico, P. Dainotti, M. Galdi, Atene, ETPBooks, 2021, pp. 210-211.

(apparentemente più) letterale che rende 'waste' con 'guasta'? Ma è insorta anche una terza possibilità: *La terra devastata.*[3]

Può essere utile, allora, riprendere la problematica dal momento creativo genetico di Eliot, legato inscindibilmente al testo dantesco. Del resto si deve al poeta angloamericano la definizione, che è quasi per lui una costatazione, che Dante è «easier to read» ovvero che deve essere esaltata la promozione dell'opera dell'Alighieri, intesa come riferimento fondamentale per la modernità novecentesca e, quasi, ben più universale e popolare perfino di quel secondo termine di paragone nascosto ('easier' ... 'than' Shakespeare?).[4]

Ancora nei primi versi del suo poema, Eliot riprende Dante:

Unreal City,
Under the brown fog of a winter dawn,
A crowd flowed over London Bridge, so many,
I had not thought death had undone so many.
Sighs, short and infrequent, were exhaled,
And each man fixed his eyes before his feet.
Flowed up the hill and down King William Street,
To where Saint Mary Woolnoth kept the hours
With a dead sound on the final stroke of nine.
(T.S. Eliot, *The Waste Land*, 60-68)

È manifesto il riferimento dantesco diretto, con ripresa letterale, nella traduzione, di alcuni versi del canto terzo dell'*Inferno*:

E io, che riguardai, vidi una 'nsegna
che girando correva tanto ratta,
che d'ogne posa mi parea indegna;
e dietro le venìa sì lunga tratta
di gente, ch'i' non averei creduto
che morte tanta n'avesse disfatta. (*Inf.* III, 52-57)

Al di là di ogni interferenza strettamente linguistica, 'waste', effettivamente, vale 'guasta'. E, con buona approssimazione alla verità non solo poetica ma altresì filologica, è il 'paese guasto' di Dante che può dare le giuste

---

[3] Thomas Stearns Eliot, *La terra desolata*, a cura di G. Massara, con introduzione di N. Fusini, Brescia, L'Obliquo, 2002. Cfr., inoltre, Id., *Poesie*, a cura di R. Sanesi, Milano, Bompiani, 1961. Cfr. poi, Mario Melchionda, *La terra guasta*, Milano, Mursia, 1976; Angiolo Bandinelli, *Il paese guasto*, Roma, Stampa Alternativa, 1996; Daniele Gigli, *T.S. Eliot. Nel fuoco del conoscere*, Milano, Edizioni Ares, 2021 e, in particolare, appunto, Carmen Gallo, *La terra devastata*, Milano, Il Saggiatore, 2021.

[4] Cfr. Rino Caputo, *"Easier to read". Poeti americani critici di Dante*, in Id., *Il pane orzato. Saggi di lettura dell'opera di Dante*, Roma, Euroma, 2003, pp. 103-118.

parole valide per descrivere la condizione umana nel luogo della 'città' ormai 'irreale', contrassegno contraddittorio, per il poeta, della Modernità.

4. Anche l'Universo descritto da Dante è un luogo che, pur nella sua complessa e compatta unicità, è fatto di luoghi: quelli terreni e ultraterreni come quelli (le 'sfere') in cui gli stessi luoghi percepibili coi sensi sono compresi.

È stato notato recentemente, con osservazioni sempre più raffinate, che è difficile riassumere se non in maniera insieme sintetica e sommaria e, purtroppo, pressoché ellittica, che l'universo dantesco somiglia abbastanza a quella 'ipersuperficie sferica pluridimensionale', dotata di proprietà precipue che gli scienziati odierni attribuiscono alla realtà quantica ovvero, per gradi successivi, ai cosiddetti 'buchi neri'.[5]

Teorie, certo, ma, a giudicare da alcuni abbozzi rappresentativi, agevolmente applicabili al Luogo cui la *Commedia* riferisce il Tutto: «l'Amor che move il sole e l'altre stelle» (*Par.* XXXIII, 145).

---

[5] Cfr. VINCENZO VESPRI, *La Geometria nell'architettura dei mondi ultraterreni di Dante*, «Atti e Memorie dell'Accademia toscana di Scienze e Lettere "La Colombaria"», LXXXVI (n.s. LXXII), 2021, pp. 83-98. Cfr. *ivi* anche RINO CAPUTO, *Alcuni numeri centrali di Dante: "Purgatorio" XVII*, pp. 99-106.

Giuseppe Ledda

PAESAGGI MARCHIGIANI NELLA *COMMEDIA*: GEOGRAFIA E POESIA

1. La *Commedia* è un poema che racconta un viaggio nell'aldilà. Gli unici paesaggi strettamente pertinenti al racconto sarebbero quindi quelli oltremondani. Eppure sono numerosissimi i riferimenti ai paesaggi e ai luoghi della geografia terrestre.[1] In questo breve intervento vorrei esaminare le allusioni ai paesaggi e ai luoghi marchigiani citati da Dante, non per studiarli nella loro realtà geografica, il che richiederebbe le competenze di uno storico, ma per offrire qualche osservazione, da studioso di letteratura, sulle modalità retoriche e narrative con le quali i paesaggi del mondo terreno entrano nella poesia dell'aldilà e sulla funzione che tali riferimenti svolgono nel poema.

Una modalità non infrequente è quella della similitudine, in cui i paesaggi terreni sono chiamati in causa come termine di paragone per i luoghi oltremondani. In certi casi, poi, i paesaggi terreni sono evocati per essere superati da quelli oltremondani, secondo la retorica dell'iperbole e del superamento necessaria per la rappresentazione dell'aldilà. Così avviene per un elemento paesaggistico centrale nella seconda cantica, la montagna purgatoriale e l'estrema ripidità della sua costa. Nel III canto sono ricordate in tal senso le coste ripide e scoscese della Liguria: «Tra Lerice e Turbìa la più diserta, / la più rotta ruina è una scala, / verso di quella, agevole e aperta. (*Purg.* III, 49-51). Nel IV canto sono invece menzionati una serie di borghi e

---

[1] Dell'amplissima bibliografia mi limito a ricordare, anche per ulteriori riferimenti bibliografici, alcuni lavori recenti: Theodore Cachey Jr., *Cosmology, geography and cartography*, in *Dante in Context*, a cura di Z.G. Barański, L. Pertile, Cambridge, Cambridge University Press, 2015, pp. 221-240; Hans Honnacker, *"Il giardino dell'impero". I luoghi danteschi dell'Italia nella «Divina Commedia»*, Roma, Società Editrice Dante Alighieri, 2016; Giulio Ferroni, *L'Italia di Dante. Viaggio nel paese della «Commedia»*, Milano, La Nave di Teseo, 2019; Giovanna Corazza, *Dante cosmografo: sensibilità territoriale e coscienza geografica nella "Commedia"*, «L'Alighieri», n.s., LXI, 2020, pp. 31-53.

di rocche a cui si giunge per strade scoscese e ripidissime, fra i quali anche la Rocca di San Leo, in territorio montefeltrano, insieme ancora con i paesaggi costieri della Liguria (qui Noli), con una celebre cima del territorio appennico emiliano, la Pietra di Bismantova, e con il Monte Cacume nelle montagne laziali. Questi luoghi sono però evocati non per gusto realistico, ma per essere superati nel confronto con la realtà ultraterrena:

> Vassi in Sanleo e discendesi in Noli,
> montasi su in Bismantova e 'n Cacume
> con esso i piè; ma qui convien ch'om voli;
> dico con l'ale snelle e con le piume
> del gran disio, di retro a quel condotto
> che speranza mi dava e facea lume. (*Purg*. IV, 25-30)

A differenza degli impervi luoghi terreni, dove si può salire o discendere con i piedi, qui è necessario un volo con le ali, non fisiche ma spirituali, le ali del desiderio del ritorno a Dio.

2. Alcune allusioni alla geografia marchigiana sono invece riferite ai luoghi di origine di certi personaggi oppure a luoghi che furono teatro di particolari eventi nel mondo terreno. Si tratta in questi casi di riferimenti collocati all'interno di discorsi di secondo livello pronunciati dai personaggi. Una particolare intensità hanno quelli posti nei due canti contigui XXVII e XXVIII dell'*Inferno*.

L'incontro con Guido da Montefeltro attiva l'interesse per l'Italia in generale, la «dolce terra latina», ma soprattutto per la Romagna.[2] Il dannato si rivolge infatti a Virgilio, avendolo riconosciuto dal suo modo di parlare come lombardo:

> Se tu pur mo in questo mondo cieco
> caduto se' di quella dolce terra
> latina ond'io mia colpa tutta reco,

---

[2] Tanto che anzi secondo qualche interprete il sintagma «terra latina» indicherebbe proprio la Romagna in quanto residua terra dei romani. Lo propone TIZIANO ZANATO, *Canto XXVIII*, in *Lectura Dantis Bononiensis*, a cura di E. Pasquini, C. Galli, IV, Bologna, Bononia University Press, 2014, pp. 157-181: 169, sulla scorta di ALDO ADVERSI, *Pier da Medicina e i «due miglior da Fano» nell'inferno dantesco*, «Studia picena. Rivista marchigiana di storia e cultura», LV, 1990, pp. 99-177: 130. La proposta tuttavia non mi sembra persuasiva, perché Guido si rivolge a Virgilio che ha riconosciuto come lombardo, dunque la «terra latina» deve includere anche la Lombardia. Inoltre l'aggettivo «latino» ha regolarmente nella *Commedia* un significato che si estende all'Italia in generale.

dimmi se Romagnuoli han pace o guerra;
ch'io fui d'i monti là intra Orbino
e 'l giogo di che Tever si diserra (*Inf.* XXVII, 25-30)

L'indicazione del proprio luogo di origine da parte di Guido è puntuale e precisa e indica il Montefeltro come quella zona montuosa tra Urbino e la parte dell'Appennino da cui scaturisce il Tevere, con riferimento o alla catena montuosa nel suo complesso o forse con più precisione al Monte Fumaiolo, dalle cui pendici il fiume ha origine. Nonostante il montefeltrano dichiari la patria marchigiana, il suo interesse va però piuttosto al territorio romagnolo, su cui Dante personaggio si mostra molto informato,[3] tanto da passare in rassegna tutte le città ricordando allusivamente la particolare situazione politica di ciascuna di esse e il casato che la domina.[4]

Nel canto XXVIII è la volta delle coste marchigiane, nelle parole con cui Pier da Medicina annuncia l'uccisione di due personaggi di Fano, ignoti alle cronache e anche agli storici, Guido e Angiolello, secondo Benvenuto da Imola appartenenti alle due principali famiglie fanesi, rispettivamente del Cassero e da Carignano. Secondo le ricostruzioni, Malatestino Malatesta avrebbe cercato di sfruttare la loro rivalità per impossessarsi di Fano. In particolare, l'antivedere di Pier da Medicina alluderebbe a un episodio, di cui non abbiamo notizie indipendenti da Dante, secondo cui i due furono attirati nel mare antistante Cattolica e lì uccisi e gettati in mare. Il paesaggio marino marchigiano è evocato soprattutto nella sarcastica conclusione, secondo cui i due non dovranno più temere il pericoloso vento focarese, ben noto ai naviganti in quanto spira dal monte Focara, l'alta costa che si trova fra Pesaro e Cattolica:

E fa sapere a' due miglior da Fano,
a messer Guido e anco ad Angiolello,
che, se l'antiveder qui non è vano,
gittati saran fuor di lor vasello
e mazzerati presso a la Cattolica
per tradimento d'un tiranno fello.

---

3 Cfr., anche per altri riferimenti bibliografici, PANTALEO PALMIERI, *Tre canti romagnoli: «Inferno» XXVII, «Purgatorio» XIV, «Paradiso» XXI*, «Bollettino Dantesco. Per il Settimo Centenario», X, 2021, pp. 37-47.

4 Del tutto diverso sarà il tono della rassegna romagnola da parte del ravennate Guido del Duca, incontrato nella cornice purgatoriale degli invidiosi. Egli, partendo dal suo vicino Rinieri da Calboli, passa in rassegna la Romagna dei suoi tempi, dove regnava la nobiltà, la cortesia, i costumi cavallereschi, mentre ora invece tutto è decadenza e rovina morale. Ma qui, fra i valorosi romagnoli del bel tempo antico, spicca anche il marchigiano Guido di Carpigna, collocato enfaticamente in ultima posizione nel primo elenco, subito prima della battuta esclamativa «O Romagnuoli tornati in bastardi!» (*Purg.* XIV, 97-99).

Tra l'isola di Cipri e di Maiolica
non vide mai sì gran fallo Nettuno,
non da pirate, non da gente argolica.
Quel traditor che vede pur con l'uno,
e tien la terra che tale qui meco
vorrebbe di vedere esser digiuno,
farà venirli a parlamento seco;
poi farà sì, ch'al vento di Focara
non sarà lor mestier voto né preco (*Inf.* XXVIII, 76-90)

Mentre è evidente la volontà di condannare Malatestino, la mancanza di notizie autonome sull'episodio storico fa sì che il giudizio degli studiosi sulla figura dei due fanesi oscilli fra chi li considera portatori di virtù da contrapporre al vizio rappresentato da Malatestino e chi invece li ritiene chiamati in correo da Pier da Medicina.[5]

3. La città di Fano viene poi evocata nel canto V del *Purgatorio*, a proposito di Iacopo del Cassero. L'importante personaggio fanese allude con precisione geografica al territorio della Marca Anconitana, «quel paese / che siede tra Romagna e quel di Carlo», cioè fra la Romagna e la Puglia, territorio a cui era limitato il regno di Carlo II d'Angiò:

Ond'io, che solo innanzi a li altri parlo,
ti priego, se mai vedi quel paese
che siede tra Romagna e quel di Carlo,
che tu mi sie di tuoi prieghi cortese
in Fano, sì che ben per me s'adori
pur ch'i' possa purgar le gravi offese.
Quindi fu' io; ma li profondi fóri
ond'uscì 'l sangue in sul quale io sedea,
fatti mi fuoro in grembo a li Antenori,
là dov'io più sicuro esser credea (*Purg.* V, 67-76)

Tuttavia, dopo questa definizione del territorio marchigiano attraverso l'indicazione dei suoi confini, e la richiesta che Dante possa sollecitare preghiere di suffragio per lui nel caso si trovi a passare per Fano, Iacopo abbandona le memorie marchigiane e si dilunga invece nella descrizione

---

[5] A esemplificazione delle due letture cfr., per la prima, Sergio Cristaldi, *Seminator di scandalo e di scisma*, in Id., *Verso l'Empireo. Stazioni lungo la verticale dantesca*, Acireale, Bonanno, 2013, pp. 11-81: 34-35; per la seconda, T. Zanato, *Canto XXVIII*, cit., pp. 170-171.

dei luoghi che videro la sua morte, le zone paludose intorno a Padova dove fu fatto uccidere dal marchese Azzo VIII d'Este (vv. 77-84).

Anche l'altro personaggio marchigiano presente in questo canto si sofferma sui paesaggi della sua morte anziché su quelli della vita o delle origini. Fin da subito Buonconte si stacca anzi da tali origini: «Io fui di Montefeltro, io son Bonconte» (*Purg*. V, 88), per poi descrivere lungamente i paesaggi casentinesi della battaglia di Campaldino. Tuttavia, nel farlo evoca analiticamente i monti dell'Appennino Tosco-Marchigiano. Racconta infatti della sua morte e del suo pentimento finale, che gli valse la salvezza. Il diavolo, privato della sua anima che già riteneva acquisto sicuro, decide di vendicarsi sul suo corpo, provocando un violentissimo temporale che trascina il cadavere sino all'Arno, dove viene sepolto dai detriti. Il racconto di Buonconte disegna puntualmente il paesaggio della piana di Campaldino non solo a proposito dei corsi d'acqua,[6] l'Archiano e l'Arno, ma anche nell'indicazione del Pratomagno, il gruppo montuoso che si trova a ovest dal tratto casentinese della Valle dell'Arno, e della Giogana, la montagna appenninica che sovrasta l'eremo di Camaldoli. Così lo spazio geografico è delimitato in tutti i suoi elementi:

> Indi la valle, come 'l dì fu spento,
> da Pratomagno al gran giogo coperse
> di nebbia; e 'l ciel di sopra fece intento,
>   sì che 'l pregno aere in acqua si converse;
> la pioggia cadde, e a' fossati venne
> di lei ciò che la terra non sofferse;
>   e come ai rivi grandi si convenne,
> ver' lo fiume real tanto veloce
> si ruinò, che nulla la ritenne.
>   Lo corpo mio gelato in su la foce
> trovò l'Archian rubesto; e quel sospinse
> ne l'Arno, e sciolse al mio petto la croce
>   ch'i' fe' di me quando 'l dolor mi vinse;
> voltòmmi per le ripe e per lo fondo,
> poi di sua preda mi coperse e cinse (*Purg*. V, 115-129)

4. Sono invece meri nomi, ma indicano una conoscenza non superficiale del territorio marchigiano, i due riferimenti, pronunciati da Caccia-

---

6 Sull'importanza della geografia fluviale in questo e in altri episodi del poema cfr. Mirko Tavoni, *Un paesaggio memoriale ricorrente nella «Divina Commedia»: i fiumi che decorrono dal versante destro e sinistro dell'Appennino*, «Deutsches Dante-Jahrbuch», XCII, 2017, pp. 50-65.

guida, a Urbisaglia e a Senigallia, nel canto XVI del *Paradiso*, nominate insieme ad altre due città dell'area tirrenico-etrusca, Luni, ormai totalmente spopolata a causa dell'impaludamento della foce del Magra, e Chiusi che invece soffriva e si avviava alla decadenza a causa della malaria. Così anche delle due città marchigiane, l'una, Urbisaglia, l'antica e fiorente Urbs Salvia, presso Tolentino, è ormai distrutta e non ne restano che ruderi; mentre Senigallia è in fase di scomparsa, in questo caso, ipotizzano i commentatori, a causa delle stragi perpetratevi da Guido da Montefeltro. Le quattro città, ormai distrutte o in grave decadenza, sono citate come esempio della rovina che può colpire le comunità umane, non solo le famiglie ma perfino le città:

> Se tu riguardi Luni e Orbisaglia
> come sono ite, e come se ne vanno
> di retro ad esse Chiusi e Sinigaglia,
> udir come le schiatte si disfanno
> non ti parrà nova cosa né forte,
> poscia che le cittadi termine hanno (*Par.* XVI, 73-78)

Di grande interesse è il fatto che queste città marchigiane siano citate in una riflessione tanto importante su Firenze, quasi un segno di prossimità logica ed emotiva. Suggestiva, a questo proposito, l'osservazione di Luca Marcozzi: «Se si congiungono le quattro città morte con una linea, si vedrà che Luni e Senigallia sono pressappoco sulla stessa linea, poco a nord di Firenze, e quasi sulla stessa linea, ma a sud, sono Chiusi e [*Urbisaglia*]. Ne vien fuori una sorta di rombo, piuttosto regolare, il cui centro è occupato da Firenze».[7] Le coordinate della geografia marchigiana si rivelano così decisive per la riflessione su Firenze e per quella autobiografica.

5. Vorrei concludere questo contributo con un percorso che parte dalla *iunctura* «tra ' due liti d'Italia». Il passo, che evoca il paesaggio geografico dell'Appennino umbro-marchigiano, è tratto dal canto XXI del *Paradiso*, in cui Dante mette in scena l'incontro con Pier Damiani nel cielo di Saturno. Il poeta realizza nel *Paradiso* un doppio dittico agiografico, con i sermoni agiografici di Tommaso su san Francesco e di Bonaventura su san Domenico posti nel quarto cielo, il cielo del Sole, che apre la sequenza dei quattro

---

[7] LUCA MARCOZZI, *Canto XVI. Il declino di Firenze e il trionfo del tempo*, in *Lectura Dantis Romana. Cento canti per cento anni*. III. *Paradiso*, a cura di E. Malato, A. Mazzucchi, Roma, Salerno Editrice, 2015, pp. 459-490: 478 (dove correggo il refuso «Senigallia» con «Urbisaglia»).

cieli centrali del Paradiso, nei quali si rappresentano le quattro virtù cardinali santificate nella vita cristiana. A questo primo dittico agiografico risponde un secondo dittico, posto nel settimo cielo, appunto il cielo di Saturno, che è anche l'ultimo dei quattro cieli centrali. Qui Dante presenta l'incontro con san Pier Damiani e san Benedetto, i quali offrono direttamente, in un discorso auto-agiografico, una propria essenziale autobiografia.[8]

In tutti e quattro questi casi, il discorso agiografico si apre con descrizione di un luogo e di un paesaggio. Per Francesco e Domenico si indica il luogo di nascita, Assisi e Calaruega. Assisi, pur descritta con eccezionale precisione geografica,[9] viene poi interpretata allegoricamente come Oriente, il luogo da cui nasce il sole-Francesco:

> Intra Tupino e l'acqua che discende
> del colle eletto dal beato Ubaldo,
> fertile costa d'alto monte pende,
> onde Perugia sente freddo e caldo
> da Porta Sole; e di rietro le piange
> per grave giogo Nocera con Gualdo.
> Di questa costa, là dov'ella frange
> più sua rattezza, nacque al mondo un sole,
> come fa questo talvolta di Gange.
> Però chi d'esso loco fa parole,
> non dica Ascesi, ché direbbe corto,
> ma Orïente, se proprio dir vuole (*Par.* XI, 43-54)

È evidente come la precisione paesaggistico-geografica non escluda l'attribuzione di un valore simbolico ai luoghi ma anzi crei le condizioni per una maggiore potenza di tali valori simbolici.

In parallelo con il panegirico di Francesco, anche per Domenico si ha l'indicazione del luogo di nascita attraverso un'ampia perifrasi geografica. In particolare, i due santi dovevano sorgere «quinci e quindi», da una parte e dall'altra, ad abbracciare con la loro opera il mondo intero. Così, alla

---

[8] Per una trattazione più ampia di queste strutture e per altri riferimenti bibliografici rimando a GIUSEPPE LEDDA, *Agiografia e autoagiografia nel «Paradiso»*, «Atti dell'Accademia di Scienze Arti e Lettere di Modena. Memorie Scientifiche, Giuridiche, Letterarie», s. VIII, a. XVIII, n. 1, 2015, pp. 309-333; ID., *Poesia e agiografia nella «Commedia»*, in *Dante poeta cristiano e la cultura religiosa medievale. In ricordo di Anna Maria Chiavacci Leonardi*, Atti del Convegno internazionale di Studi (Ravenna, 26 novembre 2015), a cura di G. Ledda, Ravenna, Centro Dantesco dei Frati Minori Conventuali, 2018, pp. 215-258.

[9] Cfr. in proposito LUCA MARCOZZI, *Il canto XI del «Paradiso» e la geografia francescana*, in *Aggiornamenti sulla «Commedia»*, a cura di V. Giannantonio, A. Sorella, Ravenna, Longo, 2021, pp. 53-67.

nascita di Francesco come un sole da Assisi/Ascesi, intesa come Oriente, risponde quella di Domenico dall'Occidente. Ed è un Occidente vitale e benefico, da cui soffia uno zefiro primaverile che rinnova la vita all'Europa inaridita dall'inverno:

> In quella parte ove surge ad aprire
> Zefiro dolce le novelle fronde
> di che si vede Europa rivestire,
> non molto lungi al percuoter de l'onde
> dietro a le quali, per la lunga foga,
> lo sol talvolta ad ogne uom si nasconde,
> siede la fortunata Calaroga
> sotto la protezion del grande scudo
> in che soggiace il leone e soggioga:
> dentro vi nacque l'amoroso drudo
> de la fede cristiana, il santo atleta
> benigno a' suoi e a' nemici crudo (*Par*. XII, 46-57)

Nel caso di Francesco c'è anche un secondo luogo a essere citato con una grande perifrasi, il monte della Verna, che separa il Casentino dalla Val Tiberina, luogo in cui Francesco prese le stimmate.

> nel crudo sasso intra Tevero e Arno
> da Cristo prese l'ultimo sigillo,
> che le sue membra due anni portarno (*Par*. XI, 106-108)

Questo duro paesaggio appenninico della Verna, teatro sacro dell'ultimo sigillo di Francesco, risuonerà poi nelle parole con cui Pier Damiani avvia la propria presentazione auto-agiografica nel cielo di Saturno.

Nel caso di Pier Damiani e poi anche di Benedetto, il luogo indicato non è infatti quello della nascita, come per Francesco e Domenico, ma il monastero nel quale essi vissero la parte più intensa della loro vita contemplativa. Per Pier Damiani si tratta dell'eremo camaldolese di Santa Croce di Fonte Avellana, posto sulle pendici orientali del Monte Catria, nell'Appennino umbro-marchigiano.[10] Anche in questa occasione le montagne dell'Appennino sono indicate come la dorsale centrale d'Italia, posta fra le coste adriatiche e quelle tirreniche:

---

[10] Sulla figura di Pier Damiani, sui luoghi da lui frequentati e sulle tradizioni monastiche pertinenti sono rilevanti molti dei saggi raccolti nel volume *Lo scaleo d'oro del cielo di Saturno («Pd.» XXI 28-39): esegesi e indagine sulle fonti*, Atti del Convegno [Eremo di San Giorgio (Verona), Venerdì 17 giugno 2016], a cura di E. Ferrarini, L. Saraceno, «StEFI. Studi di Erudizione e di Filologia Italiana», VI, 2017.

Tra ' due liti d'Italia surgon sassi,
e non molto distanti a la tua patria,
tanto che ' troni assai suonan più bassi,
e fanno un gibbo che si chiama Catria,
di sotto al quale è consecrato un ermo,
che suole esser disposto a sola latria (*Par.* XXI, 106-111)

Mi sembra interessante osservare che questa è l'unica occorrenza del termine «Italia» nel *Paradiso*, prima di quella del canto XXX, in cui sarà ricordata conclusivamente l'impresa di Arrigo (v. 137). Nelle parole di Pier Damiani il riferimento all'Italia concorre a formare un paesaggio sacro, non dissimile da quello del «crudo sasso» della Verna in cui Francesco ricevette le stimmate (*Par.* XI, 106-108). Il ritorno dello stesso termine, «sasso» / «sassi», che ha solo queste due occorrenze nel *Paradiso* e che nell'intero poema è utilizzato solo in questi due passi per indicare un paesaggio terrestre,[11] segnala una forte connessione fra i due paesaggi appenninici resi sacri dalla santità che in essi si manifesta.

Credo sia rilevante anche il coinvolgimento autobiografico di Dante, in quanto si ha qui uno degli ultimi riferimenti a Firenze, che segue quelli tanto importanti dei canti di Cacciaguida (*Par.* XV-XVII). E ancora più rilevante che ciò avvenga attraverso il termine «patria»: «la tua patria». È un termine rarissimo, che compare solo tre volte nel poema. La prima occorrenza è riferita ai genitori di Virgilio, «mantoani per patrïa ambedui» (*Inf.* I, 69). La seconda è pronunciata da Farinata, che ha riconosciuto in Dante un fiorentino (*Inf.* X, 26): in tal caso la «nobil patrïa» fiorentina è quella di Dante e insieme quella di Farinata e si apre così la grande linea tematica dell'autobiografia politica fiorentina di Dante. Tale percorso autobiografico ha avuto un momento culminante nei canti di Cacciaguida e avrà ancora momenti conclusivi complessi nei canti XXV e XXXI del *Paradiso*. Quest'ultima occorrenza del termine «patria» sulla bocca di Pier Damiani ha quindi un sapore particolare e colloca Firenze, definita come la patria di Dante, sullo scenario del paesaggio sacro che il beato sta disegnando e in cui trova spazio anche la penultima occorrenza del termine «Italia». È come se anche «la tua patria», trovandosi non distante dai monti dell'Appennino, partecipasse ora alla sacralizzazione del paesaggio.[12]

---

11 Con l'eccezione di *Inf.* XXV, 26 («sotto 'l sasso del monte Aventino»), dove l'uso del termine sembra però suggerito direttamente dal passo virgiliano relativa a Caco (*Aen.* VIII, 211 e 231).

12 Si rovesciano così le terribili occorrenze del sintagma tanto simile «la tua città» (*Inf.* VI, 49; *Par.* IX, 127).

Infine il beato si presenta con il proprio nome:

> In quel loco fu' io Pietro Damiano,
> e Pietro Peccator fu' ne la casa
> di Nostra Donna in sul lito adriano (*Par.* XXI, 121-123)

Egli era solito firmarsi in tutti i suoi numerosi scritti Pietro Peccatore, come gesto di umiltà e di consapevolezza delle proprie debolezze. E accanto all'eremo di Fonte Avellana ricorda il monastero di Santa Maria in Porto presso il mare Adriatico, a Ravenna, che Dante probabilmente riteneva fondato da Pier Damiani, mentre oggi sappiamo che le cose stanno diversamente.[13]

In ogni caso, nel momento in cui, con ogni probabilità, Dante è appena arrivato a Ravenna e sta iniziando una nuova fase della sua vita accingendosi alla conclusione del *Paradiso*, cita come primo personaggio un santo ravennate e colloca Ravenna in una geografia sacra in cui anche l'Italia viene sacralizzata grazie alla sua dorsale appenninica che ospita luoghi santi come il monastero di Fonte Avellana.[14] Qui occorre inoltre anche uno degli ultimi riferimenti a Firenze, in cui la città è presentata ormai in una dimensione diversa e nuova, senza più le aspre rivendicazioni dell'esule. Firenze è ora parte di una geografia terrena che può diventare sacra se viene vissuta nel giusto modo e con il giusto distacco, quel distacco che alla fine del canto porterà Dante personaggio a osservare dall'alto del cielo stellato la terra, che gli parrà, secondo un antico *topos*, «l'aiuola che ci fa tanto feroci» (*Par.* XXII, 151).

La serie dei due doppi dittici agiografici è chiusa da san Benedetto, con l'allusione a un nuovo paesaggio delle montagne sacre dell'Italia centrale, quello in cui sorge l'abbazia di Monte Cassino:[15]

---

13 Sui complessi problemi relativi a questo passo cfr. ora, anche per ulteriori riferimenti bibliografici, RAFFAELE SAVIGNI, *Dante, Pier Damiani e la «casa di Nostra Donna in sul lito adriano»*, in *Dante e Ravenna*, a cura di A. Cottignoli, S. Nobili, Ravenna, Longo, 2019, pp. 219-232. Più in generale sui problemi geografici e biografici relativi alla figura dantesca di Pier Damiani cfr. anche PANTALEO PALMIERI, *Il «terzo sermo» di Pietro Damiano («Paradiso», XXI, 103-142)*, «Bollettino Dantesco. Per il Settimo Centenario», I, 2012, pp. 111-126.

14 Molti commentatori danno per certa una visita di Dante al monastero di Santa Croce in Fonte Avellana, ma tale possibilità è stata messa in discussione di recente da NICOLANGELO D'ACUNTO, *Dante e Pier Damiani tra Fonte Avellana e Ravenna: appunti per il commento di «Paradiso» XXI 106-126*, «StEFI. Studi di Erudizione e di Filologia Italiana», V, 2016, pp. 5-32: 27.

15 Cfr. in proposito anche ALBERTO FORNI, *Montecassino francescana. Dante e la "pietas" degli alti monti*, in *"Sodalitas". Studi in memoria di don Faustino Avagliano*, a cura di M. Dell'Omo, F. Marazzi, F. Simonelli, C. Crova, Montecassino, Pubblicazioni cassinesi, 2016, pp. 377-390.

Quel monte a cui Cassino è ne la costa
fu frequentato già in su la cima
da la gente ingannata e mal disposta;
e quel son io che sù vi portai prima
lo nome di colui che 'n terra addusse
la verità che tanto ci soblima;
e tanta grazia sopra me relusse,
ch'io ritrassi le ville circunstanti
da l'empio cólto che 'l mondo sedusse (*Par.* XXII, 37-45)

La descrizione geografica mostra precisi riscontri con la vita di Benedetto narrata da Gregorio Magno, che ricorda anche la presenza di un antico tempio ad Apollo e la frequentazione, ancora ai tempi di Benedetto, di quel luogo per culti pagani,[16] ma riecheggia anche allusioni ai luoghi di Francesco e di Pier Damiani. Nel racconto di Gregorio si trova inoltre anche una grande enfasi sull'opera di predicazione e conversione attuata dal santo.[17] E anche nel testo dantesco, prima ancora che sulla contemplazione e sui suoi «frutti santi» (v. 48), l'enfasi è posta sull'opera apostolica di conversione dei pagani attuata da Benedetto.

Inserito in questo quadro più ampio, diviene forse ancora più significativo il ruolo attribuito all'Appennino marchigiano e a Fonte Avellana nella rappresentazione di un paesaggio sacro, teatro di memorabili ed esemplari episodi di santità.

---

16 Cfr. Gregorio Magno, *Dialogi* II, 8, 10.

17 Cfr, per esempio, *ivi*, II, 8,1; II, 8, 11; II, 19, 1.

Matteo Maselli

SUL COD. *LANDIANO* 190: TESTIMONIANZE STORICO-FILOLOGICHE DEL PIÙ ANTICO CODICE DELLA *COMMEDIA*

1. Introduzione

Nel celebre studio *Radiografia del Landiano* (*Itinerari danteschi*, 1969) Giorgio Petrocchi concludeva la sua indagine codico-filologica sull'omonimo manoscritto, conservato oggi alla Biblioteca Comunale Passerini-Landi di Piacenza, constatando come fosse «diciamolo pure, [...] un brutto codice, imparagonabile ai capolavori di Francesco di Ser Nardo o della conseguente bottega del Cento».[1]

Il giudizio di Petrocchi, è bene precisarlo, è tuttavia mosso da motivazioni di carattere estetico che riguardano l'abilità di copiatura dell'amanuense, che se non fu uno sprovveduto improvvisatosi copista occasionale, non era però certamente annoverabile neanche tra i virtuosi di quell'arte. L'osservazione di Petrocchi è tra l'altro comune ad una letteratura critica concorde sulla valutazione di merito del copista, che seppur appaia scrupoloso nella misurazione del formato delle lettere vergate o nel calcolo delle righe delle colonne dei *foli* membranacei, non fu tuttavia così abile da allestire un lavoro di lusso, un'opera di distinzione sociale per il committente. Al contrario, si limitò a confezionare un prodotto da impiegare come supporto allo studio della *Commedia*. Anche per questo il codice è privo di qualsivoglia corredo iconografico. Non sono da considerare illustrazioni né le scritte disposte concentricamente che presentano i circoli infernali nelle cc. 2-3r, né l'alternanza di tinte rosse e turchine per le iniziali dei canti. Inoltre, *in loco* delle previste miniature ad apertura di cantica si

[1] Giorgio Petrocchi, *Itinerari danteschi*, a cura di C. Ossola, Milano, Franco Angeli, 1994, p. 149.

osservano sezioni vuote che non permettono di includere il manoscritto in «[q]uell'arte / ch'alluminar chiamata è in Parisi» (*Purg.* XI, 80-81). Eppure, a fronte di queste oggettive mancanze, le moderne cronache fiorentine confermano la grande dignità del *Landiano* che in occasione del VI centenario della nascita di Dante del 1865 venne presentato, su ufficiale incarico del Consiglio Provinciale di Piacenza e per le cure di Bernardo Pallastrelli e Carlo Fioruzzi, alla pubblica Esposizione di Firenze.[2] Segno, dunque, dell'importanza di un codice che merita un'attenta considerazione, e ciò non solo per la sua datazione (1336) che lo rende il più antico testimone della tradizione manoscritta della *Commedia* ad oggi conosciuto[3] – tuttavia, come insegna l'argomento barberiniano, non la sua più antica testimonianza – ma anche per le implicazioni che un suo riconosciuto valore filologico può avere nello *stemma codicum* del poema. Bisogna poi far presente un'ulteriore considerazione, maggiormente pertinente con il contesto celebrativo a cui si rivolge il presente scritto, e cioè il perché il *Landiano* 190 sia degno d'interesse all'interno di una cornice pensata per celebrare le tracce di Dante nella cultura delle Marche.

In merito a quest'ultima voce, tanto importante per il popolo marchigiano perché consentirebbe di rivendicare un posto privilegiato nella storia formativa della tradizione manoscritta della *Commedia* – per soli tre mesi è invece venuto meno il primato della più antica *editio princeps* del poema[4] –, non si può prescindere da un'osservazione storica che ecceda momentaneamente da un'indagine diretta sul testo. Una deviazione necessaria per potervi poi ritornare con la consapevolezza d'aver intanto acquisito dati utili ad una migliore comprensione delle dinamiche che lo hanno coinvolto.

È bene cominciare l'esame del *Landiano* riflettendo sul committente che ne ha promosso la copiatura.

---

[2] Bernardo Pallastrelli, Carlo Fioruzzi, *Il Codice Landiano della Divina Commedia di Dante Alighieri*, Piacenza, Del Manjo, 1865.

[3] Il primato del *Landiano* è riconosciuto nonostante le proposte della Pomaro di ritenere l'*Ash.* 828 antecedente al codice piacentino (Gabriella Pomaro, *Nuove prospettive sulla tradizione della Commedia*, a cura di P. Trovato, Firenze, Cesati, 2013, pp. 317-330). Va invece ad un non meglio identificato Forese Donati, pievano di S. Stefano di Botena, il riconoscimento di più antico copista della *Commedia*. Costui trascrisse il poema nella sua interezza tra l'ottobre del 1330 e il gennaio del 1331. Seppure tale codice sia andato perduto, era certamente a disposizione di Luca Martini, che nel 1548 lo ricevette in prestito nel corso di un soggiorno pisano dall'allora proprietario Prozio Grifi, potendone così trascrivere tutte le varianti nel cosiddetto cod. *Mart.*, esemplare dell'aldina della *Commedia* del 1515 (Biblioteca Braidense, *Aldina* AP XVI 25).

[4] La più antica, *Comincia la Comedia di Dante Alleghieri di Firenze*, è stata stampata a Foligno da Giovanni Neumeister di Magonza l'11 aprile del 1472. Il 18 luglio del 1472 vede invece la luce l'*editio* di Federico de' Conti Veronese, Venezia-Jesi.

2. Beccario de Beccaria

Nell'*Explicit* della c. 100 v., non senza alcune problematiche di grafia, si legge che il codice venne realizzato «[a]d petitionem et | instantiam Magnifici et Egregij | viri donini Beccharij de Becha | ria».

Beccario de Beccaria, membro dell'illustre famiglia pavese dalla quale sarebbe poi disceso il più noto Beccaria, nonno del Manzoni – il destino, in un curioso accostamento di secolari geniture, ha teso un vincolo invisibile tra i due padri della lingua italiana – fu dunque il committente del *Landiano* 190. Di tale personaggio, figlio di Nicoletto, non sappiamo molto. Gli schematici dati biografici in nostro possesso sono merito, oltre che di una serie di iscrizioni lapidarie,[5] soprattutto della premura documentaria di Giuseppe Robolini, storico pavese del Settecento che nelle sue *Notizie appartenenti alla storia della sua Patria* (1832) segnala l'attestazione del nome di Beccario nel X volume (332) dei *Rerurm Italicarum Scriptores* in cui Ludovico Antonio Muratori accenna ad un codice senechiano databile tra il 1331-32 scritto proprio per il pavese in cui risalta una sua nota autobiografica:[6]

> Infrascriptus Liber, sive volumen Librorum Senece, est Becarii de Beccaria Imperatorii militis et Legum doctoris, filii quondam Domini Nicoleti militis regii, filiique Domini Rycardi, filiique Domini Nicole, filiique Domini Villani, filiique Domini Lanfranchi, omnium de Becaria, de civitate Papie, sive ticinensi, Provincie Lombardie, et reddatur eidem per quemlibet ad cuius manus pervenerit. Et ipsum scribi fecit et fieri per Gybinum de Solario de Pergamo ejus domicelum, dum Mantue esset potestas idem Becarius, in qua civitate Mantue fuit potestas tribus regiminibus MCCCXXXI et MCCCXXXII etc. Becarius predictus manu propria scripsit predicata[7]

Nell'accurato resoconto di Emilio Nasalli Rocca, per quanto limitato agli esigui esiti di comunque ragionate ricerche d'archivio, è proposta un'esaustiva cronistoria della carriera politica e delle onorificenze di cui il Beccaria fece ampio sfoggio. Se per onore di cronaca si rimanda alla lettura di quello scritto, consultabile nel vol. XXXIII della *Biblioteca Storica Piacentina*

---

[5] Michele Caffi, *B.B.: una lapide medioevale milanese inedita*, «Archivio storico lombardo», VIII, 1881, pp. 522-527.

[6] Era questa una pratica comune per Beccario. Un riferimento *de manu* propria venne apposto anche alla c. IV del *Landiano* che venne però poi raschiato e definitivamente perso dopo l'uso sconsiderato di un reagente chimico per tentarne un affioramento in superfice.

[7] Giuseppe Robolini, *Notizie appartenenti alla storia della sua Patria raccolte ed illustrate da G. Robolini gentiluomo pavese*, IV, Pavia, Fusi, 1832, p. 208.

dedicato al VII Centenario della nascita di Dante ed utile per una ricognizione delle alterne vicende che hanno portato il *Landiano* nella collocazione in cui si trova oggi, si ricordano qui solamente alcuni aspetti della vita del succitato personaggio poiché utili ai propositi di studio prefissati ad inizio di questo scritto.

Stando alla sua data di nascita, orientativamente da collocarsi verso il 1285 – lo si deduce dalla carica podestarile di Monza assunta nel 1315 – e a quella di morte, che oscilla tra il 1352-53, può riconoscersi in Beccario un contemporaneo degli ultimi decenni di vita di Dante. Fu inoltre ghibellino, a seguito dell'appoggio ai Visconti che controllavano con la famiglia Beccaria la città di Pavia; ma soprattutto, poiché è plausibile che il seguente fatto storico riguardi la genesi del *Landiano*, è da ricordare che Beccario fu capitano della cittadina di Fermo nelle Marche. Tale ruolo dovette necessariamente essere assunto prima del 1336 – si noti bene, datazione ultima del *Landiano* – poiché in quell'anno Beccario fece erigere il suo monumento funerario su cui venne apposta un'iscrizione recante in ordine cronologico tutte le magistrature da lui acquisite, tra le quali vi è menzione anche del capitanato fermano.[8] Un'ipotesi non peregrina porta a credere che il contatto che Beccario ebbe allora con le Marche non si fosse esaurito a mere questioni diplomatico-militari, ma che invece fosse sfociato in ben altre occasioni di scambio inclini alla sua indole da preumanista e che sia stato proprio in uno dei suoi spostamenti marchigiani che venne in contatto con colui al quale avrebbe poi affidato la copiatura del *Landiano*. Come scrive Giulio Bertoni nel 1921 nel XXIV volume de *Il Giornale dantesco* diretto dal Pietrobono, e come ripeterà poi con minime variazioni nell'*Introduzione*, di quello stesso anno, della ristampa eliotipica della Olschki del *Landiano*, «[n] on è [infatti] improbabile che si sia ripetuto il caso del codice di Seneca e che il nuovo copista sia stato dallo studioso potestà trascelto fra le persone del suo séguito».[9]

3. Antonio da Fermo

Nell'*Explicit* prima menzionato per introdurre il committente del *Landiano* è apposto anche il nome di colui che ebbe l'onore di trascriverlo:

---

[8] Vittorio Franchini, *L'istituto del Podestà nei Comuni medioevali*, Bologna, Zanichelli, 1912.

[9] Giulio Bertoni, *Nota sul codice Landiano della Divina Commedia*, «Studi danteschi», XXIV, 1921, p. 190.

Explicit liber Paradasi tertie | Comedie Dantis Aligherij de | Florentia Scriptus per me Anto | nium de firimo Ad petitionem et | instantiam Magnifici et Egregij | viri donini Beccharij de Becha | ria de Papia Jmperatorij militis | legumque doctoris Necnon honora | bilis Potestatis Civitatis et districtus | Janue. Sub Anno Domini | Millesimo CCCXXXVI Indictione IIII | tempore domini B. pape XII Ponti | ficatus eius Anno secundo | Deo Gratias Amen

Il copista del *Landiano* 190 fu dunque Antonio da Fermo. Se tuttavia è possibile menzionare il nome e il luogo d'origine dell'amanuense marchigiano, null'altro se ne può dire, quantomeno con certezza storiografica, se non procedendo per inferenze desunte dalle tracce della sua attività scrittoria. Uno dei pochi azzardi, che esula il sostegno dell'informazione certa, è stato tentato dal già citato Bertoni che, giudicando alcune dissonanze calligrafiche di Antonio come segno di una giovanile inesperienza e non come manifestazione di una scarsa competenza, ritiene che l'accostamento con «Anthonius quondam domini Angari de Firimo iurisperitus, iudexm, vicarius et assesor»[10] che fu al servizio del podestà di Modena Orsato dei Cantagalli nel 1372 non sia del tutto infondato.

Non sembrano invece esserci dubbi sul luogo di copiatura del *Landiano*, che prese vita durante la podesteria genovese di Beccario. Tuttavia, sarebbe forse meglio riconoscere in Genova uno dei centri sicuri che fece da sfondo all'attività di Antonio poiché tanto le prassi itineranti del committente, e con esso di tutto il suo seguito, quanto evidenti marcature scrittorie – ad un esame codicologico si evince uno iato tra le prime 16 carte, con un distacco netto a partire dalla ventottesima, e le restanti sezioni del lavoro – inducono a credere che la copiatura si sia articolata in più fasi corrispondenti ad altrettanti e diversi soggiorni cittadini.

Paradossalmente, per un manoscritto che ha ormai quasi settecento anni, il comparto da cui è possibile ricavare maggiori conferme è quello linguistico-calligrafico. Antonio affida i versi danteschi ad una bastarda cancelleresca o minuscola gotica, poi catalogata come *littera rotunda*, che Giancarlo Savino[11] ipotizza addirittura possa essere dello stesso tipo impiegato da Dante. Come testimoniato da Leonardo Bruni, che ebbe modo di vedere delle epistole autografe dell'Alighieri, si ritiene infatti che «la lettera sua [era] magra e lunga e molto corretta».[12]

---

10 Emilio Paolo Vicini, *I podestà di Modena*, I, Modena, Società Tip. Modenese, 1918, p. 54.

11 Giancarlo Savino, *L'autografo virtuale della Commedia*, Firenze, Società Dantesca Italiana, 2000.

12 Leonardo Bruni, *Opere letterarie e politiche*, a cura di P. Viti, Torino, UTET, 1996, p. 548.

Spicca poi la forte componente dialettale del tracciato di Antonio da Fermo, un irriducibile idioletto fonomorfologico marchigiano che non venne mai meno neanche nel sincretismo linguistico che egli pur dovette subire nelle molte peregrinazioni al fianco di Beccario, ma che anzi innerva in più punti il *Landiano* con una concentrazione maggiore nei versi dell'*Inferno* e, a causa della complessità linguistica e contenutistica, minore in quelli del *Paradiso.*[13]

Stando ad un ricco prospetto allestito dal Bertoni,[14] si segnalano a titolo d'esempio alcuni dei tratti marchigiani da lui ritenuti più calcati. Oltre all'uso dell'articolo e pronome maschile «lu» in sostituzione di «lo» (ed es. «lu rio», *Inf.* III, 124; «lu buon maestro», *Inf.* IV, 31; «lu spiritu», *Inf.* X, 116), vi sono casi di metafonesi centro-meridionale di *-u* e *-i* (come «quill'altro», *Inf.* X, 73 o «quisto mondo», *Inf.* XX, 9) oppure plurali in *-ie* (per *-i*) come «genochie» (*Inf.* X, 54).

Tra l'altro, l'omogenea patina marchigiana, che a discapito delle segnalate differenze calligrafiche tra le prime e le ultime carte è utile a saldare i quaderni del *Landiano*, è indizio sufficiente ad attribuire l'intera copiatura del codice ad Antonio da Fermo (compresi i capitoli di Bosone da Gubbio e Jacopo Alighieri nelle carte CI-CIII), evenienza che più di una volta è stata invece messa in dubbio. Oltre al Bertoni, alla singola e comune paternità giunsero Petrocchi e Vandelli, con quest'ultimo che collazionò il *Landiano* con l'edizione della *Commedia* del Witte per quella del 1921 di Barbi.

Gli studiosi appena citati furono altresì coloro che si esposero in prima linea in merito alla delicata questione attributiva degli interventi correttivi di cui si ha testimonianza diffusa nel codice. Conclusa la trascrizione, il manoscritto fu infatti oggetto di una generalizzata revisione, di una *scriptura posterior* che si sovrappone a porzioni di testo raschiate con cura dal supporto originario. Il Bertoni, comparando le aggiunte e i passi risparmiati da modifiche, si dice certo che anche il lavoro di rivisitazione della *facies* scrittoria del *Landiano* sia opera di Antonio da Fermo. Più cauti Vandelli e Petrocchi,[15] con il primo che si limita alla constatazione dell'acribia che avrebbe guidato il revisore attento a non deviare eccessivamente dall'*usus scribendi* del copista principale – se fosse stato Antonio il revisore per quale motivo, si chiede il Vandelli, non corresse il *Paradasi* dell'*Explicit*? – e con

---

[13] Fabio Romanini, *Nuove prospettive sulla tradizione della Commedia*, cit., p. 53.

[14] Giulio Bertoni, *La Divina Commedia. Facsimile del codice Landiano*, Firenze, Olschki, 1921, pp. 7-9.

[15] Tra i dantisti moderni c'è chi ritiene con alta probabilità che il revisore non sia Antonio da Fermo (Enrico Malato, *Per una nuova edizione commentata delle opere di Dante*, Roma, Salerno Editrice, 2004, p. 113).

Petrocchi che controbatte alla sicurezza del Bertoni ritenendo non sostenibile la sua ipotesi se si considera una correzione che ecceda un intervento circoscritto come la modifica di un verso o di un'intera terzina.[16] Sempre con Petrocchi, è oggi comunemente accolta la sua proposta di collocazione delle fasi di revisione del *Landiano* dopo circa vent'anni dalla sua copiatura (anni '50 del 1300).

Prima di procedere ad una riflessione sull'importanza della collocazione genealogica del codice nello *stemma codicum* della *Commedia*, che per logica impone di considerare ciò che si trova sotto rasura, è bene, a fronte delle limitazioni stilistiche prima evidenziate, sottolineare la lungimiranza critica di Antonio da Fermo.

Premetto che ciò non obbliga ad accogliere nella figura del marchigiano quella del revisore, imposizione identificativa che avrebbe dato ragione a Bertoni. Ma se anche così fosse, poiché mi servirò di un esempio confinato alla modifica di una singola parola, non verranno eventualmente disattese neanche le raccomandazioni di Petrocchi. Inoltre, specifico che quanto verrà ora illustrato è dovuto ad un amichevole scambio d'opinioni avuto con Wayne Storey, *Professor Emeritus of Italian* alla Indiana University Bloomington che in passato ha avuto modo di vagliare analiticamente alcuni tratti del *Landiano* in una serie di importanti pubblicazioni.[17]

Tra i tanti risanamenti delle lezioni erronee del *Landiano*, la seconda mano emenda la parola in posizione di rima del verso 141 di *Par.* XII, dove la lezione abrasa «donati» viene corretta in «dotato» in modo da rispettare la rima con i versi 137 e 139:

> Natàn profeta e 'l metropolitano
> Crisostomo e Anselmo e quel Donato
> ch'a la prim'arte degnò porre mano
> Rabano è qui, e lucemi dallato
> il calavrese abate Giovacchino,
> di spirito profetico dotato (*Par.* XII, 136-141)

Pur con tutti i limiti che possono attribuirsi ad Antonio da Fermo è difficile credere che egli non avesse notato, né in fase di trascrizione né in un'ipotetica rilettura postuma, la dissonanza ritmica tra le due terzine

---

16 GIORGIO PETROCCHI, *La Commedia secondo l'antica vulgata*, I, Milano, Mondadori, 1966-1967, pp. 70-71.

17 WAYNE H. STOREY, *Franciscan Controversies and Paradigms in Dante*, «Medieval Perspectives», XXIV, 2009, pp. 12-18; ID., *Appunti sulla metodologia materiale e sui testi italiani del Medioevo*, «Medioevo Letterario d'Italia», XIV, 2017, pp. 89-116.

citate in cui la fluidità del suono viene bruscamente infranta con la non corrispondenza rimica tra i versi 137-139-141. È dunque possibile che Antonio sia stato mosso da una motivazione così pervasiva da persuaderlo a tralasciare l'errore prosodico a discapito persino dell'unità generale del suono e, soprattutto, della correttezza del contesto semantico che chiude il dodicesimo canto del *Paradiso*. Il passo citato accoglie infatti l'attestazione di Gioacchino da Fiore, figura che per quanto Dante beatifichi tra gli spiriti sapienti della seconda corona del cielo del Sole, rimane alquanto problematica, se non altro rispetto ad una deviazione spirituale che porta a «concepire una escatologia terrena e trasformare in tal modo la speranza [...] in utopia».[18] Antonio dovette aver sentore di un paventato rischio celato nei versi danteschi rispetto all'ortodossia cristiana – è sufficiente menzionare le denunce che Salimbene da Parma rivolge nelle pagine della sua *Cronica* ai frati gioacchimiti – al punto da tutelare il suo lavoro con l'unica arma che ebbe a disposizione, esercitando cioè una discrezionalità nella copiatura con cui rivendica un'assoluta autonomia persino rispetto alla volontà autoriale di Dante.[19]

Fu questo un approccio difensivo non certo fuori luogo se per un'indicativa vicinanza di date, per quanto in contesti diversi, l'8 settembre del 1335 – un anno prima della fatica di Antonio – il Capitolo provinciale dei Domenicani riunitosi a Firenze proibì ai frati più giovani il possesso e la lettura dei «libellos per illum qui Dante nominatur in vulgari compositos».[20] Coercizione forte, seppur scenicamente meno eclatante delle sorti riservate alla *Monarchia*, condannata dal cardinale Bertrando del Poggetto e pubblicamente bruciata nel 1329 a Bologna, con un atto che denota come le diffuse correnti ecclesiastiche erano in grado di esercitare un saldo controllo sulla circolazione delle opere in volgare dell'Alighieri.

4. *Stemma codicum*

Il recupero delle lezioni abrase dal revisore, reso possibile dall'azione congiunta tra la lampada al quarzo e istantanee scattate esponendo le carte del *Landiano* ai raggi ultravioletti, consente, oltreché una valutazione sui

---

[18] Henri de Lubac, *Esegesi medievale. I quattro sensi della scrittura*, III, Milano, Jaka Book, 2015, p. 585.

[19] W.H. Storey, *Appunti sulla metodologia materiale e sui testi italiani del Medioevo*, cit., p. 92.

[20] Dante Alighieri, *De vulgari eloquentia*, a cura di A. Marigo, Firenze, Le Monnier, 1948, p. XLIII, nota 1.

meriti e sull'ingegnosità di Antonio da Fermo, anche una stima del valore che il suo manoscritto ha nel quadro delle relazioni genetiche rispetto ad un oramai leggendario autografo della *Commedia*.

Ogni proposito di tentare una corretta classificazione stemmatica non può prescindere da una preventiva distinzione delle tipologie di lezioni proposte dal *Landiano*.

Alla casistica delle lezioni certamente o quasi del tutto attendibili e di quelle corrette ma modificate dal revisore con conseguente perdita di validità, si contrappone il gruppo di varianti erronee, suddivise in casi di assoluta tipicità del manoscritto del 1336 e in innovazioni poligenetiche indipendenti dal contatto tra testimoni. Considerando le caratteristiche scrittorie del *Landiano* si è proposta una vicinanza, a seguito di un riscontro eseguito prima da Umberto Marchesini[21] e poi ampliato dal Bertoni, con il ramo strozziano della *Commedia*. Tuttavia, all'inizio del processo di revisione segue una parallela *contaminatio*, parte di un più ampia corruttela tra codici che portò Edward Moore a ritenere impossibile ogni tentativo di costruzione di una genealogia complessiva della tradizione della *Commedia*.[22] Nel caso del *Landiano* tale fenomeno è dovuto alle scelte del correttore che attinse a testimoni diversi da quelli strozziani per l'*emendatio* del suo codice. In presenza di una mancata corrispondenza con questo primo gruppo di manoscritti, il *Landiano* propone lezioni congiuntive con un capostipite o con un discendente del *Barberiniano laurenziano-gaddiano Pluteo* 90 *sup*. 125 della Medicea Laurenziana del 1347, codice non per nulla in rapporto con il gruppo strozziano.

L'esito di una così eterogenea miscela filologica restituisce un'eccezionalità di forma e di testimonianze della complessa storia testuale della *Commedia*:

Il Landiano si fa apprezzare, dunque, come anello di congiunzione tra la tradizione settentrionale della *Commedia* (per la patina linguistica non toscana, sotto rasura) e la *littera* con cui è vergato, che è un canone paleografico molto prolifico nella Toscana della prima metà del Trecento (*scil.* l'impostazione grafica dell'officina della *Commedia* del Cento). Questo stato di cose fece dire a Ignazio Baldelli: «mezza Italia è convocata nel più antico codice della *Commedia*!».[23]

---

21 Umberto Marchesini, *I Danti del Cento*, «Bullettino della Società Dantesca», I, 1890, pp. 21 sgg.

22 Di uguale, sconfortante avviso il Vandelli (Giuseppe Vandelli, *L'edizione critica della Divina Commedia*, in append. a Guido Mazzoni, *Avviamento allo studio critico delle lettere italiane*, Firenze, Sansoni, 1907, pp. 68-69).

23 Rossano De Laurentiis, *Giulio Bertoni tra filologia romanza e dantistica*, «Theologica & Historica. Annali della Pontificia Facoltà Teologica della Sardegna», XXVIII, 2019, p. 331.

Stante così le cose era inevitabile non tenere in considerazione il *Landiano* nella preparazione di un'edizione critica della *Commedia*. Come prima accennato, il Barbi si servì della collazione del Vandelli per l'edizione del poema a nome della Società Dantesca Italiana del 1921. Due anni dopo Mario Casella dava alle stampe, per i tipi della Zanichelli e con la collaborazione del Parodi, il suo testo critico della *Commedia*, preceduto da un minuzioso studio dei primi sei canti dell'*Inferno* riprodotti diplomaticamente secondo le coordinate del *Landiano*[24] e seguito da un saggio esplicativo dei criteri filologici adottati.[25] In concomitanza del centenario del 1965, Petrocchi ha poi avviato i lavori dell'edizione critica del poema secondo l'antica vulgata, rilasciata tra il 1966-67, eletta oggi a principale riferimento dalla dantistica internazionale.

In Petrocchi «il problema critico del testo della *Commedia* è palesemente spostato dal campo della *recensio* a quello dell'*interpretatio*».[26] Sarà dunque l'interpretazione delle lezioni considerate il criterio alla base della *constitutio textus* della *Commedia* (questa stessa prospettiva, ma rivolta al campo dell'esegesi del testo, è il principio che Malato sta seguendo per la *NECOD* della *Commedia*).

Nel lavoro ricostruttivo di Petrocchi il *Landiano* assume un ruolo per nulla secondario. Fa parte di una delle due tradizioni sviluppatesi dall'originale della *Commedia* (O), rientrando nel ramo settentrionale (β)[27] insieme al *Mad.* 10186, all'*Urb. Lat.* 366 e al *Ricc. Bra.* 1005, ma condividendo anche trasversalmente con un collegamento interposto (*c* attraverso c_1) diverse lezioni con il ramo toscano (α). Tra la tradizione toscana e quella settentrionale, Petrocchi giudica migliore la seconda privilegiando con una certa insistenza l'*Urb. Lat.* Laddove questo appaia poco convincente si rivolge ai codici della sottocategoria «a» del filone toscano (*Tri.* 1080 e il *Mart.*) ma se anche le lezioni dei suoi testimoni appaiono dubbie, lascia che sia proprio il *Landiano* a ristabilire l'ordine della scelta (eventualmente, si procede ad una progressiva esclusione tra testimoni).

Se il *Landiano* non figura tra le prime scelte degli editori nell'edizione Lanza del 1995, dipendente dal *Tri.* 1080, ritenuto il *bon manuscrit* per antonomasia, e in quella di Sanguineti del 2001, eseguita collazionando nei soli *loci* critici barbiani tutti i codici riportanti almeno una cantica intera (circa

---

[24] Mario Casella, *Sei canti della Divina Commedia riprodotti diplomaticamente secondo il cod. Landiano della Comunale di Piacenza*, Piacenza, Del Maino, 1912, pp. xiv-lii.

[25] Id., *Studi sul testo della Divina Commedia*, «Studi danteschi», VIII, 1924, pp. 5-85.

[26] Antonio Pagliaro, *Altri saggi di critica semantica*, Messina, D'Anna, 1961, p. 186.

[27] Trovato mette tuttavia in dubbio questa collocazione (Paolo Trovato, *A very complicated tradition: Dante's Commedia, in Everything you always wanted to know about Lachmann's method: a non-standerd handbook of Genealogical textual criticism in the age of Post-Structuralism, Cladistics, and Copy-text*, Padova, Libreria Universitaria, 2014, pp. 299-333).

600), se ne segnala invece un maggior peso nella revisione del testo di Petrocchi fatta da Giorgio Inglese (2007, 2011, 2016, 2021). Qualora, infatti, Inglese si è trovato al cospetto di casi di varianti adiafore, ha proceduto accogliendo la proposta dell'*Ash.* 828, ma se questo fallisce ascolta quanto ha da dire il *Landiano.*[28]

5. Conclusioni

Il quadro emerso dallo studio del *Landiano* ne restituisce una fisionomia complessa e non priva di interrogativi che richiedono uno sconfinamento oltre i confini ben marcati della sola filologia, operando cioè secondo il principio per il quale una preventiva o parallela storia del testo ne può comportare un successivo e più adeguato esame critico. Si è pertanto cercato di seguire tale disposizione procedurale affiancandola implicitamente a quanto Giorgio Pasquali scriveva in risposta ad Ettore Romagnoli in merito all'intima essenza della disciplina filologica:

> La filologia non è né scienza esatta né scienza della natura, ma, essenzialmente se non unicamente, disciplina storica: questo sa qualunque filologo serio abbia riflettuto un poco sul proprio mestiere[29].

Una qualunque disamina filologica non può dunque prescindere dall'ecosistema culturale in cui è accolto il testo oggetto dei più settoriali e rigorosi accertamenti ecdotici poiché, come aveva compreso anche il Bédier, qui citato in lucido studio di Ezio Raimondi, «ogni manoscritto è un individuo storico e [...] il filologo opera solo a partire dal concetto di letteratura, appunto da critico e da storico».[30]

Pertanto, la storia politica di Beccario de Beccaria, quella scrittoria di Antonio da Fermo, persino i residui dialettali tenacemente conservati nel suo tracciato stilistico, lungi dall'essere informazioni paratestuali accessoriali per l'esame del *Landiano*, ne costituiscono invece i lasciti principali che rendono il codice qui considerato testimonianza di un'epoca storica che, se rievocata, fanno dello stesso manoscritto «uno dei capisaldi della futura edizione critica della *Commedia*».[31]

---

28 Giorgio Inglese, *Per il testo della Commedia di Dante*, «La Cultura, Rivista di filosofia letteratura e storia», XL, 2002, pp. 492-496.

29 Ettore Romagnoli, *Minerva e lo scimmione*, Bologna, Zanichelli, 1917, p. 43.

30 Ezio Raimondi, *La filologia moderna e le tecniche dell'età industriale*, Torino, Einaudi, 1975, p. 82.

31 G. Petrocchi, *Itinerari danteschi*, cit., p. 149.

Sara Ferrilli

CECCO D'ASCOLI, DANTE E LE MARCHE: STORIA DI UN INCONTRO MANCATO

Cecco d'Ascoli è uno dei marchigiani più celebri vissuti a cavallo tra Due e Trecento, la cui fama di astrologo e negromante, leggendaria già quando egli era ancora in vita, si sommò presto a quella di pungente contestatore del magistero dantesco. Nella biografia stabiliana, che si snoda tra Ascoli Piceno, lo Studio di Arti e Medicina di Bologna e la corte fiorentina di Carlo Duca di Calabria, gli anni giovanili risultano, tuttavia, i più difficilmente ricostruibili, a causa della penuria di documentazione disponibile e della scarsa attendibilità delle testimonianze indirette, più aneddotiche che storicamente fondate. A questi aspetti può aggiungersi la duplicità che caratterizza il rapporto di Cecco con la sua terra natale e la sua ricezione: se da un lato, infatti, diversi passi delle opere latine e dell'*Acerba* dimostrano il legame con Ascoli, dall'altro tale aspetto ha incentivato una ricezione locale dell'autore, fomentando gli eruditi marchigiani in senso apologetico contro Dante. Partiremo quindi dagli accenni contenuti nei testi di Cecco in cui il suo legame con le Marche viene effettivamente attestato, per giungere poi a esaminare come esso abbia sortito un effetto opposto, forzando i pochi elementi che suggeriscono un'interazione diretta con il rivale fino a snaturare del tutto il rapporto tra Cecco e Ascoli, e persino quello tra Dante e le Marche.

1. Cecco, le Marche e Ascoli Piceno

Secondo la rubrica del codice Vat. Lat. 2366, latore del commento al *De principiis astrologiae* di Alcabizio, l'insegnamento bolognese di Cecco d'Ascoli sarebbe iniziato in giovane età.[1] Non esistono ulteriori testimonianze

[1] Si veda Città del Vaticano, Biblioteca Apostolica Vaticana, Vat. Lat. 2366, c. 133r: «Incipit scriptum super librum de principiis astrologiae secundum Cicchum dum iuvenis erat electum

che comprovino tale dichiarazione, sebbene nei documenti che attestano la sua presenza presso lo studio felsineo egli compaia con il titolo di *ser*, col quale, esclusa la possibilità che lo Stabili abbia ricevuto una formazione notarile, se ne sottolinea probabilmente l'anzianità negli studi o il maggiore prestigio.[2] Stando a quanto lo Stabili dichiara nei commenti latini, nella natìa Ascoli egli avrebbe ricevuto una prima formazione astrologica e avrebbe intrapreso l'attività didattica, sebbene nessun documento attesti l'effettiva natura di tale insegnamento.[3] Qualche cenno storico, però, dimostra che Cecco fu a conoscenza di alcune vicende che riguardarono Ascoli e il territorio della Marca anche dopo il suo arrivo a Bologna, da far risalire, in base alla documentazione in nostro possesso, almeno al 1318.[4] In un brano del commento alla *Sphera Mundi* dedicato alle influenze del pianeta Marte lo Stabili accenna infatti alla dominazione di Giovanni Venibene (o Vennibene) sulla città nel triennio 1318-1321:

---

per universitatem Bononiae ad legendum». L'edizione del commento è stata procurata da Giuseppe Boffito, *Il commento inedito di Cecco d'Ascoli all'Alcabizzo*, Firenze, Olschki, 1905 (estratto da «La Bibliofilia», V, 1904, pp. 333-350: VI, 1904-1905, pp. 1-7, 53-67, 111-124, 283-291), d'ora in poi: *De princ. astrol.*

[2] Cfr. Francesco Filippini, *Cecco d'Ascoli a Bologna (con nuovi documenti)*, «Studi e memorie per la storia dell'Università di Bologna», X, 1930, pp. 3-35: 29-31 (ma per una discussione sul suo contenuto cfr. *ivi*, pp. 4-6). Bartocci legava l'appellativo *ser* ai documenti da lui rinvenuti negli archivi ascolani e ha sostenuto che Cecco ebbe una formazione notarile, sebbene il Francesco Stabili *de Castro Ceresie* non possa essere identificato con il nostro Cecco, che nei documenti bolognesi appare sempre come ascolano (si veda Giuseppe Bartocci, *La famiglia Stabili secondo i documenti ascolani e fermani*, in *Atti del I Convegno di Studi su Cecco d'Ascoli*, Ascoli Piceno (Palazzo dei Congressi, 23-24 novembre 1969), a cura di B. Censori, Firenze, Giunti-Barbèra, 1976, pp. 123-159: 142-145). Ho affrontato questi problemi in Sara Ferrilli, *Stabili, Francesco (Cecco d'Ascoli)*, in *Dizionario biografico degli italiani*, XCIII, Roma, Istituto della Enciclopedia italiana, 2018, pp. 825-829.

[3] Nel commento alla *Sphera Mundi* del Sacrobosco, la prima opera 'bolognese' di Cecco, egli infatti dichiara: «Et quidam noster Esculanus sepe fecit istam questionem cum matre sua ut convicine pauperrime de ipsius scientia admirentur [...]. Et propter hoc potestis solvere primo quod a me querebant multotiens Esculani dicentes 'Quare homines timent Lunam potius quam Solem vel Iovem, cum Sol sit nobilior Luna'» (Lynn Thorndike, *The 'Sphere' of Sacrobosco and Its Commentators*, Chicago, Chicago University Press, 1949, pp. 358-359, d'ora in poi: *Sphera*). La notizia è confermata nel commento all'Alcabizio: «Et ex hoc potestis solvere quod multotiens a me querebant nostri Esculani quare homo diligit istam et non illam et illa est pulchrior nobilior et sapientior et ista est turpis villana et fatua» (*De princ. astrol.*, p. 34). In merito al maestro di Cecco si veda *ivi*, p. 31: «Et Luna erat in Tauro coniuncta cum stella fixa que vocatur aldebran; sicut recitavit mihi magister meus cui Deus parcat».

[4] Sulla permanenza bolognese dello Stabili rimando ai miei *Cecco d'Ascoli a Bologna tra i cultori di Dante*, in *Dante e Bologna. Istruzioni, convergenze e saperi*, a cura di A. Antonelli, F. Meier, Ravenna, Giorgio Pozzi Editore, 2022, pp. 119-134, e alla monografia «*Per raggio di stella*». *Cecco d'Ascoli e la cultura volgare tra Due e Trecento*, Ravenna, Longo, 2022, pp. 20-33.

Cum Mars in zenith fuerit et dominans orienti, nato influit dignitatem ipsam cum crudelitatis habitu possidendo. Iuxta quod debetis intelligere quod cum Mars fuerit dominus ascendentis et fuerit in angulo celi fortunatus, dat potentiam et dignitatem ipsis utendo cum impietate et crudelitate maxima, et nisi respiciatur ab aliquo planeta benivolo, cito natus finiet dignitatem domini, ut patuit in domino Ioanne Venibene qui tribus annis Esculanis fuit cum crudelitate maxima dominatus, postea expulsus, deinde fuit mortuus estra terram.[5]

Si tratta di un passo particolarmente rilevante, considerando le scarse testimonianze che possediamo sulla vita del tiranno, di cui non si conosce nemmeno l'anno di morte, un problema che rende difficile datare con più precisione la stesura del brano.[6] Più complessa, invece, l'identificazione dell'ascolano Angelo, personaggio ricordato nella sezione onirologica del commento ad Alcabizio per un aneddoto riguardante un sogno premonitore:[7]

Et pauci sunt latrones et homicide qui non sompnient finem suum et in hoc sompniant verum, ut fuit quidam noster Esculanus nomine Angelus qui per consequens erat diabolus. Recitavit mihi quod sompniaverat se fore suspensum in partibus Romanis et Luna illa nocte erat in Leone; et fuit ita vehemens motus ymaginationis quod dolebat sibi gula, quia aliqui humores concurrerant. Iste ex timore factus est frater et stetit duobus annis: dimisso ordine, ivit Viterbium et spoliavit unum et sic suspensus fuit in Viterbio.[8]

Tralasciando queste spigolature, il dato più pregnante in merito alla caratterizzazione di Ascoli riguarda il costante confronto che viene istituito, sia nelle opere latine che nell'*Acerba*, tra la città marchigiana e gli altri luo-

---

5 *Sphera*, p. 404.

6 Si vedano Paolo Antonio Appiani, *Vita di S. Emidio vescovo d'Ascoli e martire*, con un ragguaglio della stessa città occasionato da S. Valentino martire suo diacono, primo scrittore delle gesta del santo, Ascoli, dalla Tipografia di Luigi Cardi, 1832[3], p. 75; Felice Bariola, *Cecco d'Ascoli e "L'Acerba". Saggio*, Firenze, Tipografia della Gazzetta d'Italia, 1879 (estratto da «Rivista Europea», a. XV, n. 4, 1879, pp. 606-640; a. XVI, n. 1, 1879, pp. 11-34; n. 2, pp. 199-232; n. 3, pp. 415-452), p. 35; Vincenzo Paoletti, *Il più antico documento autentico su Cecco d'Ascoli*, «Rendiconti della reale Accademia dei Lincei. Classe di scienze morali, storiche e filologiche», s. V, XIV, 1905, pp. 316-334; e ora Antonio De Santis, *Ascoli nel Trecento*, I, *1300-1350*, Rimini, Bruno Chigi, 1984, pp. 306-309. Non trova invece riscontro quanto afferma Giuseppe Castelli, *La vita e le opere di Cecco d'Ascoli*, Bologna, Zanichelli, 1892, p. 150, che avrebbe tratto dall'Appiani l'indicazione dell'anno di morte di Venibene, da far risalire al 1321 o 1322.

7 Sulle sezioni onirologiche dell'opera si veda ora Sara Ferrilli, *Divinazione, astrologia e profetismo politico in Cecco d'Ascoli*, «Linguistica e Letteratura», a. XLV, n. 1-2, 2020, pp. 17-49 (sez. monografica: *Letteratura medievale e testi profetici. Le profezie in versi nel Trecento*, a cura di L. Geri, M. Lodone).

8 *De princ. astrol.*, p. 31.

ghi nei quali Cecco opera. Già nel commento al Sacrobosco la Romagna e la Marca venivano infatti trattate parallelamente in merito a una «mortalitas» che avrebbe interessato una regione e non l'altra,[9] mentre nel *De principiis astrologiae* la confutazione delle teorie del medico *Gualfridinus* (in cui va probabilmente riconosciuto Dino del Garbo) sull'umidità e sulle malattie del capo è affidata al paragone prima con Ascoli, città più umida di Bologna e di cui Cecco parla per esperienza diretta, e poi con Firenze, il terzo polo che completa l'ideale triade geografica che caratterizza le opere stabiliane.[10]

D'altronde, se da un lato è vero che, come ha rilevato Antonelli, Cecco spesso utilizza «per i suoi esempi luoghi e persone a lui (come al suo uditorio) familiari»,[11] bisogna tuttavia sottolineare che Ascoli e la Marca sono sottoposte a un trattamento diverso. L'intera produzione letteraria dello Stabili va infatti ascritta al periodo bolognese per cui i riferimenti geografici relativi a Bologna risultano, a tutti gli effetti, efficaci per catturare l'attenzione degli studenti. Ciò non è però necessariamente vero per i luoghi ascolani e marchigiani nominati, coi quali il pubblico bolognese non poteva avere la stessa dimestichezza dell'autore: tale aspetto porta quindi a propendere per un'interpretazione dei riferimenti in senso autobiografico.[12] Ne sono prova i versi del secondo libro dell'*Acerba* dedicati a questioni morali, in cui l'ascolano esamina vizi e virtù delle città italiane. Qui si annida il tributo più significativo, e al contempo più amaro, che Cecco dedica ad Ascoli: il capitolo, che dovrebbe lodare la virtù della temperanza, si apre infatti con un'invettiva contro i concittadini, dei quali lo Stabili condanna, *de lonh*, l'incostanza, fondendo tra loro la topica della lontananza e dell'esilio e l'oroscopo delle città, in una prospettiva che è al contempo personale e professionale:[13]

O madre bella, o terra hescullana,
fondata fosti nel doppiato cerchio,
sì c'ài mutata tua natura humana.

---

[9] Cfr. *Sphera*, p. 375.

[10] Si veda *De princ. astrol.*, p. 50.

[11] Armando Antonelli, *Nuovi sondaggi d'archivio su Cecco d'Ascoli*, in *Cecco d'Ascoli: cultura, scienza e politica nell'Italia del Trecento*, Atti del Convegno di Studio svoltosi in occasione della XVII edizione del Premio internazionale Ascoli Piceno, (Ascoli Piceno, Palazzo dei Capitani, 2-3 dicembre 2005), a cura di A. Rigon, Roma, Istituto Storico Italiano per il Medio Evo, 2007, pp. 241-276: 251.

[12] Si prenda ad esempio *Acerba*, IV, iv, 3721-3723: «Perché, chiamando in Ascole, qui senti / presso alle mura delle honeste donne, / con simel voce respondendo senti?». Si citerà sempre da Cecco d'Ascoli [Francesco Stabili], *L'Acerba [Acerba Etas]*, a cura di M. Albertazzi, Lavis, La Finestra, 2002.

[13] Insiste sulla matrice autobiografica di questi versi anche A. De Santis, *Ascoli nel Trecento*, I, cit., pp. 388-392.

L'acerba setta de le genti nuove
sì t'à conducta nel vicio soperchio:
or ti conduca quel che tuto move.

Alteri occulti son li tuo' figliuoli
e timidi in conspetto de li gienti:
invidiosi son pur fra lor soli.
O hesculani, huomini incostanti,
tornati ne li belli acti lucenti,
prendendo note de li primi canti.

Ché da li cieli sète bien desposti,
ma non seguite el ben naturale
del sito bello ove fusti puosti.
Fra le vertude pur de temperanza
dovreste stare sotto le sue ale,
ma non potete s'il vicio avanza. (*Acerba*, II, VIII, 1185-1202)

Il lessico di queste sestine è ripreso anche qualche capitolo oltre, quando Cecco, soffermandosi sull'invidia, depreca di nuovo la condotta dei marchigiani, con riprese testuali che comprendono Dante e Cavalcanti e che lasceranno la loro impronta specialmente in Cino da Pistoia:[14]

O bel paese con li dolci colli,
perché nol conoscete, o gienti acerbe,
con li acti avari, invidiosi e folli?
Io ti pur piango, dolce il mio paese!,
ch'io non so che, nel mondo, te conserbe,
in contr'a Dio facendo tante offense.

E verrà 'l tempo de li tristi giorni
di guerra che farà sanguigni campi,
et infochati li toi monti adorni:
e, rotti li toi nervi, chaderai.
Se ciò s'alongha, però tu non scampi:
senza rimedio nuda piangerai.

---

[14] Per i rilievi testuali si vedano MARIALUISA CAMUFFO, *Presenze dantesche nell'"Acerba" di Cecco d'Ascoli*, «Rivista di Letteratura Italiana», a. V, n. 1, 1987, pp. 91-100: 92-93; FABIO TRONCARELLI, *L'Acerba età e i suoi problemi*, in *Ascoli Piceno: una città fra la 'Marca' e il mondo*, Atti del Convegno di Studio svoltosi in occasione della prima edizione del "Premio Internazionale Ascoli Piceno" (Ascoli Piceno, 21 febbraio 1987), a cura di E. Menestò, Todi, Amministrazione comunale di Ascoli Piceno, 1988, pp. 25-47: 41, e S. FERRILLI, *«Per raggio di stella»*, cit., pp. 313-324. Si consideri, infine, la vicinanza testuale con *Acerba*, IV, IV, 3775-3788.

L'avara invidiosa mente vostra,
o Marchiani con le grave colpe,
secondo che lo cielo mi dimostra,
conduceràvi, nelle guerre accese,
che lassarete l'ossa con le polpe
entrando l'anno dello tristo mese.

Da voi serà la invidia lontana
quando al ponente ritornerà Tronto,
e Chastellan di terra Eschulana:
sì v'à condocto Rechanati et Esi,
che, se tornate al ben, serà gionto
el monte di San Marco con Polesi. (*Acerba*, II, xvi, 1735-1758)

Qui si affacciano da un lato il compianto per la 'dolce' patria lontana, dall'altro la predizione di sventure politiche che si abbatteranno sulla regione, secondo un'evoluzione che, dall'astrologia giudiziaria impiegata nelle opere latine e in *Acerba*, II, viii, approda qui al profetismo in versi, già ampiamente sperimentato nella letteratura volgare. In sostanza, le menzioni di Ascoli e delle Marche all'interno delle opere di Cecco testimoniano del rapporto privilegiato che egli intrattenne con i propri luoghi d'origine e portano all'attenzione dell'uditorio aneddoti ed esperienze private, rielaborati come funzionali esempi didattici. In altri casi, e specialmente nell'*Acerba*, vengono invece combinate la perizia astrologica di Cecco e la sua esperienza personale, in un gioco di continui richiami con la poesia d'esilio e con il lessico delle invettive che si sposa perfettamente con la descrizione dei luoghi d'origine, bersagliati a livello politico e morale. Tali accenni sono però di poca utilità storiografica e non aggiungono molto a ciò che è deducibile dalla scarna documentazione sugli anni ascolani dello Stabili, né aiutano a chiarire il rapporto che egli ebbe con Dante o che quest'ultimo ebbe con il territorio della Marca.

2. Ascoli di fronte a Cecco e a Dante

Notoriamente, la critica nel corso dei secoli ha cercato di collegare le figure di Dante e Cecco al di là dei passi apertamente polemici dell'*Acerba* e di sostenere l'ipotesi di un'interazione diretta tra i due, avvenuta durante un imprecisato soggiorno fiorentino dello Stabili e tramutatasi poi in inimicizia.[15] Un episodio eclatante è quello riportato nell'apologia di Padre

---

[15] Tra gli eruditi più fantasiosi segnalo *Gli scrittori d'Italia cioè notizie storiche e critiche intor-*

Appiani contenuta all'interno dell'*Historia di tutte l'heresie* del Bernino: l'erudito ascolano riferisce infatti di una sfida su natura e cultura nella quale Cecco avrebbe avuto la meglio, e che ha come protagonista un gatto, a cui Dante aveva insegnato a reggere una candela. Cecco, al fine di dimostrare la prevalenza dell'istinto, avrebbe liberato dei topi di fronte all'animale il quale, lasciata la candela, si sarebbe messo a rincorrerli. Il racconto, che ebbe una certa fortuna, corrisponde in realtà alla facezia 134 del Piovano Arlotto, in cui però non figurano Cecco e Dante come protagonisti.[16]

Gli unici indizi che permettono di ipotizzare una corrispondenza tra i due risiedono nell'*Acerba*, in un noto passo del capitolo sulla nobiltà in cui l'ascolano, dopo aver discusso e contestato le posizioni de *Le dolci rime*, riferisce di una disputa avuta con Dante sui parti gemellari, alla quale Cecco avrebbe risposto fornendo un responso astrologico:

> Ma qui mi scripse, dubitando, Dante:
> «Son dui figlioli nati in un parto,
> e più gientil si mostra quel dinante;
> e ciò converso sì como già vedi.
> Torno a Ravenna, dillà non mi parto;
> dime, Hesculano, quel che tu ne credi». (*Acerba*, II, xii, 1439-1444)

Non ci sono riscontri nell'opera di Dante che facciano pensare all'invio del quesito all'ascolano ed è difficile pronunciarsi sulle modalità in cui la disputa ebbe luogo, ovvero se attraverso l'invio di un'epistola latina o mediante uno scambio di sonetti. Tralasciando le fonti della *quaestio* sui gemelli e la risposta fornita da Cecco, ampiamente discusse altrove,[17] ciò che qui interessa sottolineare è il dato geografico, in quanto lo Stabili rife-

---

no alle vite, e agli scritti dei letterati italiani del conte Giammaria Mazzuchelli bresciano, I.2, Brescia, presso a Giambattista Bossini, 1753, p. 1152.

[16] Ricostruisco la questione in Sara Ferrilli, *L'antidantismo di Cecco d'Ascoli e la sua fortuna critica*, in *Contra Dantem: tra antidantismo e indebite riappropriazioni*, Atti del Convegno di Milano (16-17 novembre 2020), Roma, Salerno Editrice, 2022, pp. 47-93. Per l'apologia dell'Appiani si veda *Historia di tutte l'heresie descritta da Domenico Bernino*, III, Roma, Stamperia del Bernabò, 1707, pp. 450-459; per il Piovano Arlotto cfr. *Motti e facezie del Piovano Arlotto*, a cura di G. Folena, Milano-Napoli, Ricciardi, 1995, pp. 191-192. Sulla questione si vedano anche *Dante secondo la tradizione e i novellatori. Ricerche di Giovanni Papanti*, Livorno, Vigo, 1873, pp. 197-199 e il recente Luca Carlo Rossi, *L'uovo di Dante. Aneddoti per la costruzione di un mito*, Roma, Carocci, 2021, pp. 172-174.

[17] Si vedano in particolare Gabriele Frasca, *«I' voglio qui che 'l quare covi il quia». Cecco d'Ascoli 'avversario' di Dante*, in *Dante e la scienza*, a cura di P. Boyde, V. Russo, Ravenna, Longo, 1995, pp. 243-263; Luca Carlo Rossi, *«Torno a Ravenna, di là non mi parto». Dante tra amici e nemici, fra vero e falso*, in *Dante e Ravenna*, a cura di A. Cottignoli, S. Nobili, Ravenna, Longo, 2019, pp. 93-117; S. Ferrilli, *«Per raggio di stella»*, cit., pp. 186-192.

risce di aver ricevuto il quesito mentre Dante si trovava a Ravenna, ovvero indicativamente tra il 1319 e il 1321, quando Cecco era a Bologna. Difficile, quindi, che l'Alighieri si sia imbattuto nell'astrologo prima che questi fosse attivo presso lo *studium*, e il fatto che non vi siano notizie su un suo ulteriore soggiorno ad Ascoli né su un viaggio di Dante nella Marca rende poco plausibile la possibilità che i due si siano conosciuti in tale contesto per poi avviare un carteggio in un momento successivo.

Queste precisazioni non sarebbero necessarie se la critica, ancora una volta, non avesse tentato di provare l'impossibile. Mi riferisco, in primis, agli studi di Giuseppe Castelli, fortemente orientati nel voler difendere a tutti i costi la grandezza letteraria e la perizia del concittadino Cecco. Castelli si inserisce, infatti, in uno scenario che tra la fine del XIX e l'inizio del XX secolo vede gli studiosi fortemente contrapposti nel voler condannare lo Stabili in quanto eretico o, al contrario, difenderne l'ortodossia e smussarne l'antidantismo. A questo secondo schieramento va ricondotta soprattutto la critica marchigiana, tra cui lo stesso Castelli, ma anche il collezionista ascolano Carlo Lozzi, che in una serie di articoli apparsi su *La Bibliofilia* aveva polemizzato con padre Giuseppe Boffito, scopritore ed editore di alcune opere latine di Cecco.[18] Nello stesso periodo, Castelli pubblica un pamphlet in cui ricostruisce, tappa per tappa, un surreale viaggio dell'Alighieri nelle Marche, e varrà la pena riportarne un brano significativo, data la rarità dell'opuscolo e l'assurdità delle tesi:

> Può del pari ammettersi che Dante visitò e conobbe la regione natale di Cecco d'Ascoli: l'ipotesi si avvalora quando si consideri con quale precisione di osservatore diretto il divino poeta disegna e colorisce luoghi, persone e fatti, che si riferiscono alle Marche. Forse dal mesto rifugio di Ravenna, dalla monumentale pineta in sul lito di Chiassi il ghibellin fuggiasco si avanzò verso il sud, lungo l'Adriatico, fino al paese mite e giocondo
>
> Che siede fra Romagna e quel di Carlo.
>
> E si recò a Fano per informarsi intorno alle particolarità del tradimento, per cui Guido del Cassero e Angiolello da Carignano furono oppressi e massacrati

---

[18] Sul battibecco si era pronunciato anche LEONARDO OLSCHKI, *Le contese intorno a Cecco d'Ascoli*, «La Bibliofilia», a. VII, n. 10, 1906, pp. 299-303, che aveva rimarcato il peso 'ideologico' della marchigianità di uno dei contendenti (a p. 299): «Il commendator Lozzi, marchigiano e anticlericale, si scaglia con tutta la foga del buon patriota contro inquisitori e preti, secondo lui autori primi della sventura di Cecco, rilevando la vastità e la profondità della sapienza del conterraneo, mentre Padre Boffito ribatte (convinto?) con una vibrata apologia della sentenza degli inquisitori. Gli altri poi che ricordano per una ragione o per un'altra il povero Cecco gli gridano la croce addosso per i suoi severi o ridicoli giudizi intorno al divino poeta».

dal tiranno Malatesta da Rimini. Ed ivi presso visitò certo, su l'altura di Focara, la chiesetta di Sant'Andrea, venerabile per i pietosi ex voto di marinai scampati dal naufragio.

E, scostatosi dal mare, ascese ad Urbino per ammirare il territorio comitale dei Montefeltro, ne' quali riscontrava una specie di risorgente gentilezza latina. E salì fino alle supreme gibbosità del Catria per venerare l'eremo di Fonte Avellana, ove San Pier Damiani, precursore di Dante nel denunziare gli errori e le colpe del cattolicismo decadente, aveva preso l'abito camaldolese di mano del soave frate Guido d'Arezzo.

E si spinse fino all'estrema punta del Piceno meridionale; donde si avanza fino all'Jonio e allo stretto

> ...quel corno d'Ausonia, che s'imborga
> di Bari, di Gaeta e di Crotona,
> da onde Tronto e Verde in mare sgorga.

Dopo aver contemplato mestamente due antiche città, Senigallia e Urbsalvia, che precipitavano alla ruina; fermatosi alla sinistra del verde Castellano, in un punto del territorio di Ascoli ghibellina e scomunicata, prima che il torrente rumorosamente si getti nel Tronto, vide la balza, su cui il pastor di Cosenza aveva abbandonato, a ludibrio della pioggia e del vento, il cadavere dello scomunicato Manfredi.

Forse non ultima cagione del pellegrinaggio dantesco pel Piceno fu l'ospitalità offerta all'uno dei due fiorentini, che erano allora i soli giusti, dal cantore dell'*Acerba*, che era uno della nobile famiglia degli Stabili e sapeva per esperienza quali stenti e quanti dolori seguano i passi dell'esule.

Forse lo sospinse fin laggiù meno cortese pensiero: quello di conoscere da vicino il paese, dond'era sbucato fuori un così autorevole e pertinace avversario dell'egemonia intellettuale fiorentina, e di studiare da presso una popolazione, di cui aveva tanto vituperato nel *De vulgari eloquentia* la lingua, quasi presentendo, che in quel dialetto appunto, raggentilito e fatto più ricco nei rapporti con la coltura toscana, doveva essere composto il libro non ossequente alla divinità della *Commedia*.[19]

Il viaggio di Dante all'ombra di Cecco permetterebbe secondo Castelli di reinterpretare alcuni passi della *Commedia*, per cui l'invocazione alle Muse di *Purg.* I sarebbe una vendetta personale di Dante contro l'*Acerba*, la menzione delle Piche celerebbe un riferimento al *picus*, insegna del popolo piceno, mentre il racconto del mito di Marsia in *Par.* I sarebbe un *senhal* dell'ascolano, a cui l'Alighieri augurerebbe una morte cruenta. Si tratta, naturalmente, di forzature interpretative che dimostrano come, tra i luoghi candidati a ospitare l'incontro tra Dante e Cecco, non solo sono state

---

[19] Giuseppe Castelli, *Una vendetta di Dante*, Roma, Società Editrice Dante Alighieri, 1907, p. 13.

chiamate in causa le città di Firenze e Bologna, ma persino le Marche, e come tale associazione sia stata fomentata esclusivamente da ragioni campanilistiche.[20] Posto che il viaggio dantesco è indimostrabile e che nessuna testimonianza coeva documenta la presenza dello Stabili ad Ascoli Piceno, bisogna escludere la possibilità di un contatto tra i due prima del periodo bolognese di Cecco e valutare con molte cautele l'ipotesi di una corrispondenza. Nondimeno, i passi autobiografici dell'*Acerba* ci restituiscono alcuni elementi importanti per valutare il rapporto dell'autore coi luoghi d'origine. La premura nei confronti delle sorti politiche della Marca, il metodo didattico per esempi adottato da Cecco, nonché l'influsso esercitato dalla letteratura volgare sulla tessitura formale dell'*Acerba* sono fattori da tenere in considerazione per una rivalutazione complessiva dell'opera stabiliana, che sia sganciata dal costante confronto con Dante ma perfettamente inserita nel contesto intellettuale e letterario del primo Trecento.

---

20 Un esempio più recente di come la marchigianità di Cecco abbia influito sulla valutazione della sua opera è in Anna Rosa Panaccione, *Cecco d'Ascoli, l'«Acerba» e la loro epoca*, «Il Cristallo», a. XXXVIII, n. 1, 1996, pp. 49-65.

VARIA FORTUNA UMANISTICA E RINASCIMENTALE

Anna Falcioni

DANTE E I MALATESTI NEI COMMENTATORI DEL XIV E XV SECOLO

È noto che la Romagna e le Marche sono, dopo la Toscana, tra le regioni più citate nella *Divina Commedia*, terre che Dante conobbe sia negli anni anteriori, sia in quelli successivi all'esilio.[1] È probabile, anche, che il Sommo poeta percepisse in esse mutamenti sostanziali: intuiva che la Romagna e le Marche erano ormai *de facto* preda di tiranni e così le tramanda ai posteri, sulla prepotenza dei loro signori adduceva il motivo principale di condanna, considerandoli non tanto politicamente usurpatori di un potere sovrano, quanto piuttosto traditori dei valori cristiani. Il giudizio di Dante sugli avvenimenti, sia quelli più lontani da lui al punto da assimilarsi con la mitologia, sia quelli vicini al suo tempo e alla sua storia è specialmente di tipo moralistico. Ogni momento narrativo della *Commedia*, ogni personaggio va dunque considerato nella duplice essenza di uomo storico e di segno di un concetto universale.[2]

Non c'è dubbio che anche i Malatesti, signori di Rimini, Pesaro e Fano, svolgessero questa doppia funzione di uomini storici, caporali guelfi, e di

---

1 Sui rapporti tra Dante, la Romagna e le Marche cfr. gli studi di Augusto Vasina, *I Romagnoli fra autonomie cittadine e accentramento papale nell'età di Dante*, Firenze, Olschki, 1965; Id., *Romagna medievale*, Ravenna, Longo, 1970; Id., *La Romagna al tempo di Dante (politica e società)*, «Cultura e scuola», LXXIV, 1980, pp. 91-99; Id., *Malatesta*, in *Enciclopedia dantesca*, III, Roma, Istituto della Enciclopedia italiana, 1971, pp. 782-785; Id., *Dante e Ravenna*, «Ravenna. Studi e ricerche», XII, 2005, pp. 15-44; Massimo Giansante, *Augusto Vasina dantista*, in *Augusto Vasina (1929-2016)*, Atti del Convegno di Bologna (16 ottobre 2017), a cura di L. Mascanzoni, Cesena, Società di Studi Romagnoli, 2018 («Saggi e repertori», 44), pp. 59-66; Mario Natalucci, *Dante e le Marche (... quel paese / che siede tra Romagna / e quel di Carlo)*, Bologna, Patròn, 1967; Anna Falcioni, *Malatesta (de Malatestis), Malatesta*, in *Dizionario biografico degli italiani*, LXVIII, Roma, Istituto della Enciclopedia italiana, 2007, pp. 77-81 e l'ampia bibliografia ivi contenuta; Ead., *Iacopo del Cassero (1260-1298) e Pietro de' Pili († 1375) nelle fonti epigrafiche coeve*, «Studia Picena», LXXXIV, 2019, pp. 77-91; Ead., *Dante, i Montefeltro e i Malatesti*, in *Dante e le Signorie di Romagna*, a cura di M. Mengozzi, Cesena, Società di Studi Romagnoli, 2021 («Saggi e repertori», 54), pp. 43-59.

2 Erich Auerbach, *Studi su Dante*, Milano, Feltrinelli, 1989, pp. 176-226.

figura del concetto universale di tirannide, intesa come momento catartico sul cammino di redenzione.[3]

Certamente nella *Commedia* Dante ha assegnato uno spazio specifico ai Malatesti suoi contemporanei: quattro componenti del casato precisamente Malatesta da Verucchio (1226-1312), Malatestino (1254-1317), Giovanni (1248-1304), Paolo (1250/1252-1283/1286) con sua moglie Francesca da Polenta (1259/60-ante 1286) vengono collocati tutti all'*Inferno* e, fatto di per sé curioso, è che Malatesta da Verucchio e due dei suoi figli, Giovanni e Malatestino, entrano a far parte del poema, nel mondo dei dannati, quando sono ancora in vita.[4] Per di più Malatestino appare in due canti consecutivi, il XXVII e il XXVIII dell'*Inferno*, un personaggio che gli storici riconoscono di grande capacità e carisma, che pur prendendo parte alla vita pubblica relativamente tardi, riuscì ben presto a rubare la scena ad altri esponenti del casato.[5] Lo stesso Malatesta da Verucchio aveva instaurato un rapporto preferenziale con il figlio omonimo nel quale, probabilmente, riconosceva, per valore e intraprendenza, il legittimo successore.

Una citazione così copiosa dei membri di Casa Malatesti indubbiamente non è dovuta al caso, ma rispondeva a un preciso progetto poetico meditato da Dante e determinato da più motivazioni. La prima, cui si riferisce la maggior parte dei critici, è riconducibile all'avversità politica, Dante cioè avrebbe avuto l'intenzione di punire il casato malatestiano, poiché militante su posizioni politiche avverse alle sue, in particolare nel corso degli avvenimenti storici che furono decisivi nella vita del poeta.[6] È noto che, per quanto l'adesione alla *pars* guelfa dei Malatesti fosse piuttosto altalenante, essi avevano costruito la base del potere con il supporto della Chiesa e con i romani pontefici, *in primis* con Bonifacio VIII, odiato da Dante e ricordato nella *Commedia* con parole sprezzanti, ma che alla fine del Duecento aveva riconosciuto *de iure* a Malatesta da Verucchio ampi territori nella Marca settentrionale. Inoltre, un altro fatto altrettanto abominevole per Dante fu la presenza di Malatestino a Firenze, quando l'1 novembre 1301 Carlo di Valois, nuovo rettore delle province pontificie, fece il proprio ingresso nella città toscana lacerata dalle cruenti lotte intestine e questo momento, funesto per il poeta, fu invece per i Malatesti un'ulteriore occasione per incrementare il ruolo della famiglia garantendosi l'appoggio del principe francese. Nel suo risentimento Dante poteva sicuramente considerare Ma-

---

3 A. Falcioni, *Dante, i Montefeltro*, cit., p. 43.

4 *Inf.* V, 73-142; XXXVII, 46-48; XXVIII, 76-90.

5 Cfr. A. Falcioni, *Malatesta (de Malatestis)*, cit.

6 Cfr. Giorgio Petrocchi, *Vita di Dante*, Bari, Laterza, 1983, pp. 57-69, 77-90.

latesta da Verucchio, ormai *leader* indiscusso del guelfismo romagnolo, e suo figlio tra i responsabili che a Firenze avevano procurato la sua rovina.

La rappresentazione metaforica di padre e figlio, «'l mastin vecchio e 'l nuovo da Verucchio»,[7] in rapporto al simbolo animalesco con cui sono stati definiti,[8] è sempre stata considerata dalla critica la più terribile e su di essa si è formato il giudizio nei confronti della famiglia riminese.[9] La letteratura sui Malatesti, che li dipinge come feroci, violenti e pericolosi signori, nasce quindi da questo passo dell'*Inferno*. Così, violentemente appaiono sulla scena i due mastini dei Malatesti (nel significato di «cani da guardia»),[10] pronti a difendere con i denti ciò che possedevano, disposti a tutto pur di impedire a Guido di Montefeltro e alla *pars* ghibellina l'intromissione nella loro città.[11] Ma è proprio Malatestino, che, rispetto al padre, sembra suscitargli lo sdegno e il biasimo più profondo, divenendo uno dei bersagli prediletti dal poeta. Egli, quindi, è il «traditor che vede pur con l'uno» (cioè guercio), menomazione fisica, che pare conformarsi appieno con la dissolutezza d'animo.

L'episodio dell'uccisione di Montagna Parcitadi, capo dei ghibellini, evocato nella terzina dantesca come vittima paradigmatica delle animalesche crudeltà perpetrate dai Malatesti, fa riferimento alla celebre giornata

---

7 *Inf.* XXVII, 46-48.

8 Nella cultura e nel vissuto medievale era ricorrente equiparare i comportamenti degli uomini a quelli degli animali. Fonte principale erano i cosiddetti bestiari moralizzanti e allegorici che dal *Fisiologo* (II sec. d.C.) in poi si erano diffusi in tutta Europa. Certamente Dante li conosceva e se ne servì. Sull'universo simbolico animalesco medievale cfr. Jacques Le Goff, *Immagini per un Medioevo*, Roma-Bari, Laterza, 2000, pp. 118-135; Michel Pastoureau, *Bestiari del Medioevo*, Torino, Einaudi, 2012; Id., *Medioevo simbolico*, Roma-Bari, Laterza, 2019.

9 Francesco Torraca, *Studi danteschi*, Napoli, F. Perrella & C., 1912, pp. 319-320; Peter Dronke, *Dante e le tradizioni latine medievali*, Bologna, il Mulino, 1990, p. 30.

10 Il termine «mastino» nel significato di «cane da guardia» è stato già usato da Dante in *Inf.* XXI, 44. Secondo i commentatori antichi i due concetti di cane e di mastino vanno considerati separatamente, poiché il primo termine è più dispregiativo del secondo. Cfr. *Chiose anonime alla prima cantica della Divina Commedia di un contemporaneo del poeta*, a cura di F. Selmi, Torino, Stamperia reale, 1865, p. 146; *Chiose sopra a Dante testo inedito ora per la prima volta pubblicato da G.G. Warren Lord Vernon*, Firenze, Tip. Piatti, 1846, p. 217; *Comedia di Dante degli Allagherii col commento di Jacopo Della Lana bolognese*, nuovissima edizione della Regia commissione per la pubblicazione dei testi di lingua sopra iterati studii del suo socio L. Scarabelli, I, Bologna, Tip. Regia, 1866, p. 104; *Il commento dantesco di Graziolo de' Bambaglioli dal "Colombino di Siviglia", con altri codici raffrontato*, a cura di A. Fiammazzo, Savona, Tip. Bertolotto, 1915, p. 64; *Benvenuti de Rambaldis de Imola Comentum super Dantis Aldigherij Comoediam*, curante I.P. Laicata, II, Florentiae, typis G. Barbèra, 1887, p. 310; *Commento di Francesco da Buti sopra la Divina Commedia*, a cura di C. Giannini, I, Pisa, F.lli Nistri, 1858, p. 695.

11 Nel 1303, con la nuova redazione statutaria, Malatesta da Verucchio ottenne a Rimini il titolo di «difensore del bene pubblico e della città». Cfr. A. Falcioni, *Malatesta (de Malatestis), Malatesta*, cit., p. 68.

di Santa Lucia del 1295, che sancì il trionfo malatestiano sulla città di Rimini. Lo storico colpo di mano fu, con ogni probabilità, organizzato e diretto dall'astuto Malatesta da Verucchio,[12] tuttavia il figlio Malatestino gestì in prima persona tutte le azioni militari all'interno della città, mettendo in fuga la fazione antagonista dei *populares* e dei Parcitadi e procurando la morte dello stesso Montagna Parcitadi, omicidio imputato da alcuni commentatori danteschi al solo Malatestino.[13]

Nel canto XXVII Malatestino era stato accomunato al padre, invece nel canto successivo, in un'altra bolgia, tra i seminatori di scandali, è altresì additato come «tiranno fello». Ne scaturisce un personaggio terribile, che viola le leggi sacre dell'ospitalità, dalla coscienza definitivamente infestata dall'ambizione, quasi a personificare la *pravitas* della tirannide, intesa quale concetto di superbia, di invidia e di avarizia, di una visione della vita e della gloria terrena.

L'episodio, narrato nel XXVIII canto dell'*Inferno*,[14] consente dunque al poeta di lanciare l'ennesima *damnatio memoriae* contro Malatestino, inaffidabile e traditore, mandante del delitto dei nobili fanesi Guido del Cassero e Angiolello da Carignano, capi delle opposte fazioni cittadine. Questi, secondo le terzine dantesche, dopo essere stati riconciliati per mediazione e al cospetto di Malatestino, furono entrambi trucidati nei pressi di Cattolica, per volere dello stesso signore di Rimini. La scarsità di riscontri documentari impedisce di accertare la veridicità degli avvenimenti narrati nei celebri versi danteschi, ma la vicenda potrebbe essere facilmente riconducibile a motivi politici, cioè al tentativo di Malatestino di consolidare la crescente influenza malatestiana anche sulla città di Fano.[15]

Certo è che, rispetto agli altri tiranni (Ordelaffi, da Polenta, Pagani di Susinana), la particolare attenzione assegnata da Dante ai Malatesti e l'immagine ferina con cui vennero rappresentati suscitarono fin da subito l'interesse dei commentatori della *Commedia*, indubbiamente più attratti dalla singola metafora che non dal contesto generale in cui era stata inseri-

---

[12] Artefice e fondatore della signoria malatestiana, Malatesta da Verucchio impiegò l'intera esistenza nell'instancabile attività di promozione e affermazione della propria famiglia nel grande quadro della politica italiana. Intraprendenza e straordinarie capacità di governo hanno, pertanto, indotto la tradizione storiografica a consacrare Malatesta capostipite del casato che, sin dagli ultimi lustri del XII secolo, aveva raggiunto una certa influenza ben oltre il comitato riminese. Cfr. *ibid.*

[13] *Chiose anonime*, cit., p. 146; *Chiose sopra Dante*, cit., p. 217. In alcuni manoscritti della *Commedia* viene addirittura eliminata una 'r' – omissione alquanto eloquente – per considerare il solo Mastin Nuovo come colui che «fece di Montagna il malgoverno».

[14] *Inf.* XXVII, 76-80.

[15] A. Falcioni, *Iacopo del Cassero*, cit., p. 84.

ta, conferendole un'esegesi *sui generis*. Già dai primi chiosatori, in effetti, si riscontra che Malatesta da Verucchio e i suoi figli non solo sono considerati come personaggi a sé stanti, ma soggetti a trasformazioni interpretative. Si pensi alla forte impronta novellistica e alle fantasiose ricostruzioni di luoghi e di fatti che nel corso dei secoli furono elaborate attorno al dramma di Paolo e Francesca o ai giudizi sprezzanti, che superando addirittura quelli espressi da Dante, inficiarono di gran lunga la personalità storica del Mastin Vecchio e Nuovo da Verucchio. Pure in tempi più recenti, ad esempio, nella tragedia *Francesca da Rimini* Gabriele d'Annunzio attinse dal Sommo poeta proprio la torbida immagine di Malatestino, quale emblema della malvagità umana, al punto da presentarlo ancora più crudele di quello dantesco.[16]

Se, dunque, i commentatori antichi e, sulla loro scia, gli esegeti seguenti tendevano a privilegiare l'interesse per il significato allegorico e teologico della *Divina Commedia*, la parte storica e narrativa del poema, quando questa veniva presa in considerazione, era quasi sempre condizionata da finalità novellistiche e narrative.

Di particolare rilevanza appaiono i commenti del secolo XIV, redatti da contemporanei di Dante, autori che, oltre ad essere informati sugli avvenimenti narrati nella *Commedia*, partecipavano con il poeta al medesimo *milieu* culturale e alla stessa temperie di faziosità politica: sia che aderissero alla *pars* guelfa, sia a quella ghibellina, il loro commento dei versi danteschi non fu certo equanime e oggettivo, né si mantenne distaccato dalla loro aderenza politica.

Come è noto il primo commentatore ed editore della *Commedia* fu il figlio del poeta, Jacopo Alighieri (ante 1300-1348).[17] Il suo commento, circoscritto alla prima cantica e piuttosto sintetico, presumibilmente risale tra la morte del padre e il 1325 e fu composto con l'esplicito intento di spiegare l'allegoria del testo, riservando poco spazio all'analisi storica. Riguardo alle terzine malatestiane Jacopo manifestò senza ombra di dubbio un parere sprezzante e negativo sui Malatesti, in generale, e su Malatestino, in particolare, pur eludendo la forza poetica della metafora del fiero cane. In effetti nel suo commento non compare mai il termine 'mastino', anche quando

---

16 Nella tragedia dannunziana Malatestino Malatesti, protagonista assoluto del quarto atto, viene così descritto: «avido d'ogni sangue / tu sei, sempre in agguato, / nemico a tutti. In ogni tua parola / è una minaccia oscura. Come una fiera mordi / et aggraffi chiunque s'avvicina» (Gabriele d'Annunzio, *Francesca da Rimini*, a cura di D. Pirovano, Roma, Salerno Editrice, 2018, pp. 154-182, part. p. 155).

17 *Chiose alla cantica dell'Inferno di Dante Alighieri scritte da Jacopo Alighieri*, pubblicate per la prima volta in corretta lezione con riscontri e fac-simili di codici, e precedute da una indagine critica per cura di Jarro (G. Piccini), Firenze, Bemporad, 1915.

cita i signori di Romagna allegoricamente identificati con gli animali presenti sui loro stemmi: i Pagani di Susinana con il leone azzurro, i da Polenta con l'aquila, gli Ordelaffi con il leone verde.[18]

Differente, invece, è la posizione del bolognese Graziolo Bambaglioli detto Bonagrazia (1291-ante 1343), coevo a Jacopo Alighieri e autore di un *Commento alla cantica dell'Inferno*, che, secondo la critica, potrebbe essere perfino anteriore all'opera del figlio di Dante. Di chiara militanza guelfa, nel suo *Commento* Graziolo esaminò approfonditamente i guelfi Malatesti, non accanendosi troppo su di essi e non dipingendoli affatto come tiranni rapaci che lacerano «con i denti» i loro sudditi. Per Graziolo, infatti, la parola 'mastino' aveva un significato più positivo rispetto a quella di cane generico.[19]

Tra gli autori trecenteschi si distinse soprattutto il ghibellino Jacopo della Lana soprannominato «Il Laneo» (post 1278-post 1358),[20] che conferì alle personalità di Malatesta da Verucchio e del figlio Malatestino quella forte immagine di negatività, così come è stata tramandata fino ai nostri giorni. Rispetto agli scritti di Jacopo di Dante e di Graziolo, l'opera lanea offriva per la prima volta un commento integrale delle tre cantiche della *Commedia*, esaminando il testo in una duplice prospettiva sia in senso letterale, sia in quello allegorico. La sua esegesi, tuttavia, è particolarmente condizionata dal credo politico dell'autore, che si connotò per un deciso orientamento antipapale. Ne consegue che i guelfi Malatesti sono da lui descritti quali uomini violenti e opportunisti, esponenti di una stirpe abituata a vivere al di fuori di ogni norma umana e divina; per questo – a parere di Jacopo – Dante li definisce mastini.[21] Il commento laneo, che fu una chiara interpretazione ghibellina della *Commedia* e, quindi, apertamente ostile ai Malatesti, ebbe una notevole diffusione e costituì quel tipico *cliché* cui fecero riferimento i commentatori successivi, compresi l'anonimo scrittore delle *Chiose alla prima Cantica*[22] e Andrea Lancia (ante 1296-post 1357).[23] Forse

---

18 *Ivi*, p. 137.

19 *Il commento dantesco di Graziolo de' Bambaglioli*, cit., p. 64.

20 Cfr. Francesco Mazzoni, *Lana, Jacobo della*, in *Enciclopedia dantesca*, cit., III, pp. 563-565.

21 *Commedia di Dante Alighieri col commento di Jacopo*, cit., I, pp. 431-433.

22 Di questo testo sono state tramandate due diverse redazioni: la prima fu pubblicata nel 1865 da Francesco Selmi e si basa sui cosiddetti codici fiorentini (*Chiose anonime*, cit.), la seconda edita nel 1900 da Avalle riprende la versione del codice Marciano (cfr. Giuseppe Avalle, *Le antiche chiose anonime all'Inferno di Dante secondo il testo Marciano ital., cl. 9., cod. 179*, Città di Castello, Lapi, 1900 («Collezione di opuscoli danteschi inediti o raccolti», LXI-LXII).

23 Il notaio e volgarizzatore fiorentino Andrea Lancia è stato identificato dalla critica con l'autore dell'*Ottimo commento della Divina Commedia, testo inedito di un contemporaneo di Dante*, a cura di A. Torri, I, Pisa, presso Niccolò Capurro, 1827, risalente al 1333 circa.

minor fortuna avrebbe avuto l'opera lanea se nei secoli XIII e XIV fosse stato altrettanto conosciuto il commento di Graziolo Bambaglioli, guelfo e paladino della politica malatestiana; perciò anche il pregiudizio nei confronti di Casa Malatesti e la spiegazione delle terzine dantesche avrebbero potuto avere un significato diverso.

Neppure l'altro figlio di Dante, Pietro Alighieri (1300-1364) nel suo *Commentarium*, redatto nel 1340, apportò ulteriori novità all'analisi delle figure dei due mastini malatestiani.[24] Con Pietro Alighieri terminava l'insieme degli scritti composti da contemporanei del poeta, per passare il testimone, dopo parecchi anni di silenzio, alla seconda generazione di commentatori, differenti per impostazione e per finalità dai primi.

I commenti datati all'ultimo trentennio del 1300, infatti, si qualificavano soprattutto nel sottolineare il fondamentale ruolo che, al pari degli scrittori classici, Dante ricoprì nella storia della letteratura italiana. Ne consegue che la maggior parte dei commentatori risalenti a questo periodo fossero o dei docenti o degli autorevoli uomini di cultura. Una particolare menzione merita Benvenuto da Imola (primi decenni del sec. XIV-1387), che nel suo *Comentum* trattò approfonditamente il 'caso malatestiano' e le figure di Malatesta da Verucchio e di Malatestino, come *topoi* poeticamente adatti a rappresentare il concetto di tirannide.[25] Ma, a differenza di Dante, Benvenuto da Imola motivava sul piano storico la tirannide e, da questa prospettiva, non poteva non considerare il Mastin Vecchio quale emblema di signore artefice delle proprie fortune, che fu il tipico ideale di un umanesimo fortemente profuso anche nella corte malatestiana. Per di più furono i commentatori del secolo XIV che influenzarono in maniera incisiva la successiva produzione cronachistica malatestiana. Ne è un esempio la *Cronaca* quattrocentesca di ser Baldo Branchi, che pur essendo ispirata da un manifesto tono encomiastico verso i Malatesti, non indugiava a conferire a Malatesta da Verucchio l'abilità e la scaltrezza, l'astuzia e la perizia,[26] caratteri già rimarcati dai chiosatori danteschi, di cui il Branchi, tra l'altro,

---

[24] *Petri Allegherii super Dantis ipsius genitoris Comoediam Commentarium*, nunc primum in lucem editum consilio et sumtibus G.J. Bar. Vernon, curante V. Nannucci, Florentiae, apud Guilielmum Piatti, 1845, pp. 240, 248.

[25] Così Benvenuto da Imola spiega la metafora animalesca: «appellat Mastinum metaphorice, quasi velit dicere, ambo magni magistri tyrannidis. Mastinus enim est fortis, violentus et rapax, qui non de facili dimittit praedam, quam assannat» (*Benvenuti Comentum*, cit., II, p. 310).

[26] *Cronaca malatestiana di ser Baldo Branchi (- a. 1474)*, in *Rerum Italicarum scriptores. Raccolta degli storici italiani dal Cinquecento al Millecinquecento*, 34 voll., Bologna, Zanichelli, XV/2, fasc. 201: *Cronache malatestiane del secolo XIV al XV (aa. 1295-1385 e 1416-1452)*, a cura di A.F. Massèra, Bologna, Zanichelli, 1924, pp. 150-152.

dimostrava di avere più dimestichezza della *Commedia* stessa, spesso da lui richiamata in modo impreciso e vago.

Le terzine dantesche malatestiane attrassero anche l'attenzione di Francesco Buti (1324 circa-1406), ultimo commentatore del Trecento, che, sulla scia dei suoi predecessori, qualificò negativamente i mastini, definendoli nel contempo cani nonché «sforzevoli uomini e di rapace condizione» che con i denti facevano «trivello, o vero succhiello; cioè fora[va]no e divora[va]no».[27] Questa rappresentazione plastica e potente, presente nello scritto del Buti, è ulteriore conferma che i Malatesti fossero già considerati dagli stessi esegeti delle autentiche immagini letterarie e che non fosse più rilevante riflettere sulla funzione e sul ruolo storico affidati da Dante ai dinasti malatestiani.

Un'analoga interpretazione sui Malatesti venne ripresa nel successivo secolo XV, non apportando nessun contributo innovativo a quanto già scritto e consolidando le analisi più diffuse o affascinanti del secolo precedente. I pochi commenti quattrocenteschi, che conosciamo, non sono altro che delle rivisitazioni o semplicemente delle buone trascrizioni degli scritti di Benvenuto da Imola e di Francesco Buti.[28] Tra gli autori del secolo XV merita di essere ricordato il francescano sammarinese Giovanni Bertoldi da Serravalle (1350 circa-1445), non tanto perché il suo commento si distinse per novità rispetto agli altri, ma per il fatto che fra' Giovanni era sodale con i Malatesti e soprattutto con Carlo, signore di Rimini.[29] Perciò dalle chiose di fra' Giovanni è possibile cogliere trasversalmente il punto di vista dell'*entourage* culturale malatestiano nei confronti della *Commedia*, che non fu affatto contrario all'opera del Sommo poeta. Nel suo commento alla terzina dei due mastini del canto XXVII, fra' Giovanni fu indubbiamente più severo di Benvenuto da Imola nei riguardi di Malatesta da Verucchio e del figlio Malatestino,[30] altrettanta durezza dimostrò per Paolo Malatesti, cita-

---

27 *Commento di Francesco da Buti*, cit., pp. 694-695.

28 Cfr., ad esempio, *La Commedia di Dante Alighieri col commento inedito di Stefano Talice da Ricaldone*, pubblicato per cura di V. Promis, C. Negroni, Torino, Vincenzo Bona, 1886; *Lo Inferno della Commedia di Dante Alighieri col comento di Guiniforto delli Bargigi tratto da due manoscritti inediti del sec. decimo quinto*, con introduzione e note dell'avv. G. Zac[c]heroni, Marsilia, Mossy – Firenze, Molini, 1838; Cristoforo Landino, *Comento sopra la Comedia*, a cura di P. Procaccioli, 4 voll., Roma, Salerno Editrice, 2001.

29 Cfr. Giovanni Ferraù, *Bertoldi, Giovanni*, in *Enciclopedia dantesca*, cit., I, pp. 608-609; Carlo Paolazzi, *Giovanni da Serravalle espositore della "Commedia" e Benvenuto da Imola (con nuovi accertamenti sul Laurenziano ASHB. 839)*, in *Giornata di studi malatestiani a San Marino*, Atti, Rimini, Bruno Ghigi, 1991, pp. 5-37.

30 *Fratris Iohannis de Serravalle ordinis minorum, episcopi et principis Firmani, translatio et commentum totius libri Dantis Aldighierii, cum textu italico fratris Bartholomaei a colle eiusdem ordinis*, nunc primus edita, Prati, Ex Off. Giachetti, Filii Et Soc., 1891, p. 333.

to nel noto canto V dell'*Inferno*, mentre maggior rispetto ebbe per il fratello Giovanni o Giangiotto.[31] Questi – a parere di fra' Giovanni – generoso e audace, trucidò i due amanti, Paolo e Francesca, in preda solo alla gelosia, e non certo per cattiveria, il che rendeva 'il fattaccio' più giustificato da parte malatestiana. È evidente che anche nell'opera di fra' Giovanni traspare come le figure malatestiane, evocate nella *Commedia* e risalenti a più di un secolo prima, si erano ormai sviluppate in personaggi letterari e svuotati della loro essenza storica. Da questa prospettiva i Malatesti non potevano non essere orgogliosi di comparire nel grande capolavoro dantesco, anche se – come è ovvio – cercassero di mantenere un atteggiamento di distacco da quel «tiranno fello» del canto XXVIII o da quanto afferma Francesca da Polenta nel celebre V canto: «Caina attende chi a vita ci spense».[32] Questa è l'unica frase dura e tremenda che prorompe all'improvviso dopo che la donna ha unicamente rivelato il suo amore per il cognato, Paolo Malatesti. I celeberrimi versi danteschi hanno contribuito a rendere universalmente note le figure dei due amanti, Paolo e Francesca, condannati a morte violenta da Giovanni, a un tempo fratricida e uxoricida, ma non forniscono elementi per ricomporre le coordinate storiche legate all'efferato misfatto, accaduto probabilmente fra il 1283, quando Paolo era ancora vivo, e il 1286, data del secondo matrimonio di Giovanni con Ginevra Zambrasi. Solo il tragico epilogo pare rappresenti l'unico dato certo, mentre insoluta rimane la questione relativa al movente. Il delitto passionale, che tutta la tradizione letteraria rievoca con accorata partecipazione,[33] facendo leva sulla menomazione fisica di Giangiotto contrapposta alla superba bellezza di Paolo, è di grande suggestione e, di certo, ammissibile, ma, con ogni probabilità, altri fattori concorsero al compimento della tremenda esecuzione. *In primis* la spartizione della cospicua eredità paterna che, senza dubbio, fece insorgere motivi di attrito fra il primogenito e il figlio cadetto e, nello specifico, il possesso del feudo di Ghiaggiolo, non ancora assegnato da Malatesta da Verucchio, sul quale entrambi i fratelli pare vantassero velleità di dominio.[34]

---

31 *Ivi*, p. 81.

32 *Inf.* V, 107. Su Francesca da Polenta cfr. Enrico Angiolini, *Polenta, Francesca da*, in *Dizionario biografico degli italiani*, LXXXIV, Roma, Istituto della Enciclopedia italiana, 2015, pp. 545-547.

33 Cfr. Silvia Pari, *Francesca da Rimini nei commentatori danteschi del Trecento*, in *Le donne di Casa Malatesti*, a cura di A. Falcioni, premessa di G. Bonfiglio Dosio, Rimini, Bruno Chigi, 2005 («Storia delle signorie dei Malatesti», 19.1), pp. 93-119.

34 Cfr. Anna Falcioni, *La contea dei Malatesti di Ghiaggiolo (secoli XIII-XV)*, «Studi Romagnoli», LXXI, 2020, pp. 517-540.

Il racconto di Francesca non testimonia soltanto la passione dei sensi, la debolezza e la colpa della lussuria, ma anche quella realtà politica truce e turbolenta che è una costante nel poema dantesco e che caratterizzava la Romagna e le Marche papali. Un triplice tradimento coinvolse Paolo, Francesca e Giovanni, a cui certo non furono estranei quelle lotte interne alla famiglia per l'ascesa al potere o quei motivi politici, che a noi oggi, purtroppo, sfuggono in tutta la loro interezza a causa della scarsità di fonti, ma di cui Dante era certamente a conoscenza. Di queste contese dinastiche Giovanni ne è quasi il simbolo, tanto più se si riflette sulla predestinazione chiara e incisiva che il poeta attribuì alle due vittime Paolo e Francesca, rimarcando così la sua condanna nei confronti della tirannide malatestiana.[35] Ma tutto ciò non viene ad intaccare quella dignitosa forza che traspare dall'immagine del vecchio mastino in cui il Sommo poeta identificava soprattutto il capostipite della famiglia, il 'grande vegliardo' Malatesta da Verucchio.

---

[35] A. Falcioni, *Dante, i Montefeltro*, cit., p. 59.

Silvia Fiaschi

«DANTEM IMBIBI TOTUM»: GIAN MARIO FILELFO INTERPRETE E BIOGRAFO

In una fantomatica proiezione della storia di Ancona entro la cornice della storia romana, Gian Mario Filelfo descrive così il «novello ingiegno» di Nerone, che prova ad assoggettare la città con un'azione tirannica, sottraendole l'antica libertà degli scambi commerciali, grazie ai quali era divenuta un importantissimo emporio sul mare:

Acchadde che Neron, chome malegno,
cierchò quei giorni sobiurghare Anchona,
et operava un suo novello ingiegno:
ordina a Roma che non sia persona
qual presumischa andarvi ad abitare
senza licentia de la sua chorona;
et che navilio non entri per mare
nel porto, o nel tenere anchonitano
senza saperlo al suo dominio fare.
Eravi usato andare ciciliano,
il grecho, l'albanese, il dalmatino,
qual non dette favore a l'auximano.
Eravi usato andar spesso il vicino
da Fermo, Terranova, et Macerata,
da fino al novel facto Camerino,
da Phano antiquo et la già instaurata
Ravenna de l'excidio, et molte terre,
chome spesso si chorre a l'honorata.
Quando ciessava dunque l'aspre guerre,
non è patria che per fare il suo facto
da vecchia inimicicia non si sferre.
Ognun rimase molto stupefacto
pel neroneo chomando universale,
né sapìa alchun che avesse chontrafacto.[1]

---

[1] Gian Mario Filelfo, *Chroniche de la città de Anchona*, a cura di P. Frassica, Firenze, Licosa, 1979, p. 110.

L'autore osserva che, nel variegato panorama dei localismi marchigiani e dei complessi rapporti interadriatici, una volta finite le guerre «non è patria che per fare il suo facto / da vecchia inimicicia non si sferre», ossia non c'è popolo che per interesse non sia disposto a dimenticare antiche rivalità e ad andare incontro ai 'nemici' «come si chorre a l'honorata». Le terzine dantesche si piegano così – potremmo dire per inatteso contrappasso – a tessere l'elogio del commercio quale inibitore di discordie interne, e della 'macchina economica' nel suo complesso, quale strumento di controllo per salvaguardare assetti istituzionali indipendenti e autonomi da possibili minacce imperialistiche.

Il brano è tratto dalle *Chroniche della città de Anchona,* lungo poema volgare composto intorno al 1471, su precisa richiesta del Comune che, come apprendiamo dalla prefazione, aveva imposto la lingua e la forma metrica da adottare, a dispetto delle preferenze dell'umanista, che si sarebbe invece orientato verso il latino e l'esametro. L'approdo, nel 1471, di Gian Mario ad Ancona – località che rappresentava, sul piano della geografia storica, il capoluogo della Marca Anconitana, cioè di tutto il territorio che ricomprendeva anche Tolentino, dove era nato il padre Francesco – segnò l'inizio del suo settennio marchigiano, proseguito fino al 1478, con spostamenti e incarichi diversi (fra Tolentino, Macerata, Urbino), prima della 'sistemazione' finale a Mantova, dove sarebbe morto nel 1480.[2]

Fu, questo, un periodo per lui assai prolifico dal punto di vista letterario, durante il quale dimostrò ampiamente quanto di 'Dante fosse imbevuto', non solo con le *Cronache di Ancona* appena richiamate, ma anche, ad esempio, con la *Raguseide* – composta in onore del fratello Senofonte, scomparso nel 1470, che della città dalmata era stato celebre *cancellarius* –, una delle cui quattro versioni è appunto in terzine; e con il resto della produzione latina, disseminata di reminiscenze della *Commedia* (penso in particolare all'*Amyris*).[3] Siamo alla fine dell'esistenza rocambolesca e irrequieta

[2] Per un ragguaglio bio-bibliografico d'insieme sul personaggio rimando a LAVINIO AGOSTINELLI – GIOVANNI BENADDUCI, *Biografia e bibliografia di Gian Mario Filelfo*, Tolentino, Tipografia Filelfo, 1899; FRANCO PIGNATTI, *Filelfo, Giovanni Mario*, in *Dizionario biografico degli italiani*, XLVII, Roma, Istituto della Enciclopedia italiana, 1997, pp. 626-631; LUCA RUGGIO, *Repertorio bibliografico del teatro umanistico*, Firenze, SISMEL, Edizioni del Galluzzo, 2011, *ad vocem;* RODOLFO SIGNORINI, *Novità per la biografia di Giovanni Mario/Mario Filelfo (Il testamento dell'umanista; Andrea Mantegna)*, «Giornale storico della letteratura italiana», a. DCIII, n. 3, 2011, pp. 424-427; ROCCO BORGOGNONI, *Il ritorno dei Greci in Adriatico nel settennio marchigiano di Gian Mario Filelfo: le* Chroniche de la città de Anchona, in *Filelfo, le Marche, l'Europa. Un'esperienza di ricerca*, a cura di S. Fiaschi, Roma, Edizioni di storia e letteratura, 2018, pp. 77-109.

[3] Tali aspetti sono stati indagati da ALDO MANETTI, *Reminiscenze dantesche in un poema inedito del Quattrocento*, in *Medioevo e rinascimento veneto. Con altri studi in onore di Lino Lazzarini*,

del personaggio, quando ormai il grado di assimilazione dantesca è evidentissimo. Vediamo dunque da chi e in quali circostanze questo modello egli lo avesse assorbito.

La prima fonte era stata certamente il padre Francesco, che come noto a Firenze (1429-'34), con il sostegno dell'oligarchia locale, si era cimentato nella «fatichevole e pericholosissima impresa della lectura Dantis» in Santa Maria del Fiore nei giorni festivi. Si trattò di un'esperienza davvero rivoluzionaria, che ridette vigore alla celebre tradizione avviata dal Boccaccio, la cui pratica aveva subito interruzioni e decadenza qualitativa nei primi decenni del XV secolo. Il suo forte impatto fu dovuto non tanto ai violenti dissidi personali che anche a tale esperienza si legarono in relazione alle vicende politiche legate all'avvicendamento al potere di Cosimo il Vecchio, ma alla 'rivoluzione' sul piano culturale e linguistico che il suo approccio alla *Commedia* determinò nell'ambiente fiorentino di quegli anni, sul quale ricerche in corso stanno portando nuova luce.[4]

Ma l'operazione condotta da Francesco Filelfo su Dante fu di rilievo non solo in relazione alla *lectura*, ma anche e soprattutto in relazione alle modalità del suo reimpiego e del suo adattamento alle istanze umanistiche che egli indirizzò con scelte determinate e originali. Faccio al riguardo solo alcuni esempi scaturiti da indagini condotte su fronti diversi della sua sterminata produzione che qui ripercorro nell'ottica di questo intervento.

Innanzitutto il Tolentinate indicò nella terzina dantesca la forma metrica prediletta per il volgarizzamento (cioè per la divulgazione) di testi greci e latini. Ne è una prova evidente la *Vita del Sanctissimo Johanni Battista*, lungo poema di quarantotto canti nel metro della *Commedia*, realizzato su richiesta di Filippo Maria Visconti, nel 1445, in occasione della festività del *corpus Domini*, come recita il *colophon* posto in calce al codice di dedica

2 voll., Padova, Antenore, I: *Dal Duecento al Quattrocento*, Padova, Antenore, 1979, pp. 426-441; Pietro Frassica, *Riprese dantesche nelle «Croniche de la città de Anchona» di G. M. Filelfo*, «Quaderni di Italianistica», a. III, n. 2, 1982, pp. 175-190.

[4] Si veda al riguardo il saggio di Luca Boschetto, *«Fatichevole e pericolosissima impresa». Francesco Filelfo lettore di Dante e filosofia morale, 1431-1434*, in *Da Boccaccio a Landino. Un secolo di "Lecturae Dantis"*, Atti del Convegno internazionale (Firenze, 24-26 ottobre 2018), a cura di L. Böninger, P. Procaccioli, Firenze, Le Lettere, 2021, pp. 253-289 (con ulteriore bibliografia pregressa ivi indicata). Per il soggiorno fiorentino del Filelfo rimando a Francesco Filelfo, *Satyrae*, I *(Decadi I-V)*, a cura di S. Fiaschi, Roma, Edizioni di Storia e Letteratura, 2005, pp. xix-xx, xxxi-xlv in part. *et ad indices*; Arthur Field, *The Intellectual Struggle for Florence: Humanists and the Beginnings of the Medici Regime, 1420-1440*, Oxford, University Press, 2017, pp. 187-229; Luca Boschetto, *L'umanista e l'ambasciatore. Nuove ricerche su Filelfo a Firenze*, in *Filelfo, le Marche, l'Europa*, cit., pp. 111-144. Molte delle nuove acquisizioni scientifiche sulla biografia e sull'attività intellettuale del Tolentinate sono scaturite dal progetto *Philelfiana* (<http://philelfiana.unimc.it/>).

(Trivulziano 732) e all'*editio princeps* uscita postuma a Milano nel 1494 per le cure di Pietro Giustino Filelfo (ISTC ip00615500).[5] Le sequenze narrative del racconto sono il frutto della rielaborazione letteraria di ampie traduzioni da fonti scritturali, teologiche e di storia sacra. Le linee essenziali della biografia (canti II-X, XXI-XXIII, XXXV-XXXVI) si rifanno ai Vangeli – in particolare quelli di Luca (1,15-80; 3,1-23; 7,18-30; 9,7-9) e Matteo (3,2-3; 11,5-12); ma il racconto sacro è integrato sulla scorta di Giuseppe Flavio (da cui dipendono i canti XVI-XVIII, XX, XXV-XXVI, XL-XLVII), che fornisce il contesto storico e la materia per la parte conclusiva del poema (canti XXXVII-XLVII), dedicata alle sciagure abbattutesi sul regno di Erode ed al suo esilio a Lione, vicende tutte desunte dal cap. XVIII delle *Antichità giudaiche*. Le riprese consistono in autentiche traduzioni poetiche in metro dantesco, come dimostra in maniera emblematica l'*excursus* idrografico sul Giordano (canto XX), ripreso alla lettera da *Bellum Iudaicum* III 10,7, con la sostituzione del riferimento al lago di Semeconitide con le acque di Merom (*Ios* 11,5), secondo un'associazione invalsa nella tradizione esegetica (vv. 1-26):

Jordano è fiume la cui fama al mondo
non per grandezza ma per divin dono
è celebre et illustre col suo pondo.
Questo descende col suo primo suono
sopra Cesarea stadia centoventi
d'un fonte chiaro e piacevole e buono,
che Piale se chiama onde son penti
i primi ruscelletti in la spelonca
di Paneas i qual da quelle genti,
dove prima adunati se dtronca
nel Jordan fiume, Maron sono nomati
per Josuè famosi, il qual pria tronca
gli eserciti di Jabis spaventati;
ma quindi poi drizzato Jordan fiume,
descende al basso ne' paesi lati
di Galilea ove col suo volume
girando intorno ivi quasi invallato
in laco se trasmuta che assai tume,

---

[5] L'opera è stata pubblicata, sulla base dell'*editio princeps* del 1494, in Giovanni Benadduci, *Prose e poesie volgari di Francesco Filelfo*, «Atti e memorie della R. Deputazione di storia patria per le province delle Marche», V, 1901, pp. xli-262: 45-114. Su di essa rimando da ultimo a Simone Albonico, *La* Vita del Battista *di Francesco Filelfo. Funzioni dell'agiografia di corte a Milano tra Visconti e Sforza*, in *Santi, santità e agiografie nell'Italia settentrionale. Percorsi letterari e storico-artistici tra Medioevo e età moderna*, a cura di S. Albonico, N. Bock, Pisa, ETS, 2017, pp. 123-146 (con pregressa bibliografia ivi indicata).

in modo che da quei 'mar' è chiamato,
onde via più cresciuto per ruscelli
in sé descesi, corre più exaltato,
prima che se ricolga nell'ostelli
d'Asfaltide nel laco, ch'è 'l Mar morto
per li confin di Jerico più belli.
A questi tal confin con passo accorto
venut'era il Battista predicando [...][6]

La terzina si fa dunque veicolo della tradizione classica, riscoperta e riacquisita secondo nuove prospettive e nuove modalità (con maggiore attenzione per le qualità filologiche e la rarità dei testi), come dimostrano anche i numerosi volgarizzamenti, secondo questo schema, di passi desunti da Ovidio, Virgilio, Giovenale, inseriti nell'incompiuto *Commento* al *Canzoniere* del Petrarca, realizzato sempre su istanza del Visconti e nello stesso torno d'anni (1445-46 circa).[7]

Dante, dunque, 'mediatore' del mondo antico; e ciò non solo al livello formale, bensì anche sul piano microstrutturale delle parole e del loro significato, al cui ampliamento semantico partecipa – grazie alle scelte orientanti del Filelfo – in maniera efficacissima. L'ho potuto constatare lavorando sul lemma greco πορδή, inserito al v. 37 della *Sat.* VI 3 indirizzata al giurista pavese Catone Sacco.[8] In una chiosa d'autore posta a margine di alcuni manoscritti delle *Satyrae*, esso è così glossato: «πορδή 'porde' id 'trullam' significat, hoc est ventris crepitum».[9] Il latino *trulla* è qui evidentemente interpretato non nel suo significato classico di *vaso*, ma in quello

[6] Cfr. G. Benadduci, *Prose e poesie volgari di Francesco Filelfo*, cit., pp. 74-75. Ho discusso di questo aspetto in Silvia Fiaschi, *Francesco Filelfo e la Bibbia*, «Studi di erudizione e di filologia italiana», V, 2016, pp. 175-206: 182-186.

[7] È stata recentemente pubblicata un'edizione anastatica della *princeps* del *Commento* (ISTC ip00380000): Francesco Filelfo, *Commento a «Rerum vulgarium fragmenta» 1-136. Edizione anastatica dell'incunabolo Bologna, Annibale Malpigli, 1476*, con introduzione e indici di M. Rossi, Treviso, Antilia, 2018. Sull'opera, rimando all'ultimo dei vari contributi ad essa dedicati da Luca Verrelli, da cui è possibile ricavare la bibliografia pregressa: Luca Verrelli, *Il Proemio del* Commento *di Francesco Filelfo ai «Rerum vulgarium fragmenta»: ipotesi preliminari*, «Medioevo e rinascimento», XXVIII, 2014, pp. 95-126. Sui rapporti tra Filelfo e Petrarca in relazione a un volgarizzamento, ma in prosa, da Erodoto, contenuto sempre nel *Commento*, rinvio a Silvia Fiaschi, *Rivisitazioni umanistiche di una storia antica*, in *Solone e Creso. Variazioni letterarie, filosofiche e iconografiche su un tema erodoteo*, Atti della giornata di studi (Macerata, 10 marzo 2015), a cura di L. Moscati Castelnuovo, Macerata, eum, 2016, pp. 81-104: 90-104.

[8] Silvia Fiaschi, *Nobilitare il Medioevo intorno a Giovenale: Filelfo fra interpretazioni e riscritture*, «Archivum mentis», IX, 2020, pp. 3-28: 15-18.

[9] Cfr. Ead., *Autocommento ed interventi d'autore nelle «Satyrae» del Filelfo: l'esempio del codice viennese 3303*, «Medioevo e Rinascimento», XVI, 2002, pp. 113-188: 159-160.

medievale di *crepitus ventris*, derivato dal fraintendimento del celebre passo di Iuv. 3, 108 «si trulla inverso crepitum dedit aurea fundo», attestato già negli *scholia antiquiora*, poi consolidatosi nei *recentiora* e nella lessicografia successiva.[10] L'influenza dantesca nel processo di risemantizzazione – che associava il significato corretto di un termine greco all'errata interpretazione di un termine latino classico – si comprende grazie ad un epigramma *De iocis et seriis* indirizzato a Mattia Triviano (VI 3), autentica scheda lessicografica in versi, attraverso la quale l'umanista-precettore ripercorre con ironia e sarcasmo per il vecchio allievo – ora maestro a sua volta –, la tradizione interpretativa della parola:

Nos ventris crepitus *trullas*, Triviane, vocamus;
trullarum a Leuco copia magna crepat.
Et *trullam* dicunt quae calcem *trudit*, ut istam
trudis ab incesto podice, Leuce, tuo.
Nominat hanc *porden* Graecus, sed *trulla* latino
dicitur; in *trullam* vim variam invenias.
Aurea trulla gravi Iuvenali est dicta poetae,
quam faex extrusam fulva comes sequitur.
Id paedens, si forte minus, Triviane probaris,
vasis item speciem quod tibi *trulla* sonet,
sit tibi pro *trulla* culus, qui podice *trullas*
cum faece excipiens, sit tibi pro cyatho.[11]

All'interno di questo esercizio retorico della *variatio*, tutto giocato sugli espedienti dell'accumulo e del poliptoto, acquista un'evidenza speciale il *trullas* in clausola di v. 11: a differenza delle occorrenze precedenti esso non è un sostantivo, ma un verbo, la prima attestazione latina – per quanto di mia conoscenza – del dantesco *trullare* (*Inf.* XXVIII, 25), una memoria di-

---

[10] Ha indagato l'evoluzione semantica di *trulla* nel medioevo Stefano Grazzini, *Innovazioni esegetiche e lessicali degli* scholia *carolingi a Giovenale*, in *Strategie del commento a testi greci e latini*, Atti del Convegno (Fisciano 16-18 novembre 2006), a cura di P. Esposito, P. Volpe Cacciatore, Soveria Mannelli, Rubbettino, 2008, pp. 239-258: 248-251.

[11] Pubblico il testo dell'epigramma, inedito, secondo la lezione del *codex unicus* che lo trasmette (Milano, Biblioteca Ambrosiana, G 93 inf., ff. 121*v*-122*r*), sul quale sono intervenuta normalizzando l'uso delle maiuscole e la punteggiatura (miei sono i corsivi). Sulla raccolta epigrammatica disponiamo adesso del lavoro di Martina Saraceni, *Il «De iocis et seriis» di Francesco Filelfo: libri I-IV*, tesi di perfezionamento in Civiltà del Rinascimento, relatore M. Cortesi, Pisa, Scuola Normale Superiore, a.a. 2018-2019, che menziona il carme a p. 102 (per ulteriori occorrenze del termine *trulla* si vedano anche le pp. 22, 38, 43, 93, 208). Sul destinatario del componimento, che è fra i principali protagonisti del *De iocis et seriis*, resta ancora fondamentale il contributo di Edoardo Fumagalli, *Per la biografia di Mattia Triviano, precettore di Gian Galeazzo Sforza*, «Aevum», LXX, 1996, pp. 351-370.

rompente, trasferita dallo stile basso del contesto in cui il poeta fiorentino lo aveva impiegato, nella dimensione del dibattito erudito, senza perdere il tono ironico, giocoso e persino scommatico che l'aveva contraddistinta *ab origine*.

Tali esempi, rendono la misura del ruolo che Filelfo *senior* giocò nel suo secolo nell'ambito della ricezione dantesca, non solo, come detto, attraverso operazioni esplicitamente intestate alla grande Corona, ma anche attraverso sperimentazioni che solo attraverso un'attenta indagine filologica sulle sue opere si è potuto cogliere.

Se l'esperienza paterna fu dunque la prima fonte di 'suzione' per Gian Mario, la seconda fu lo studio matto e disperatissimo che egli in prima persona dovette condurre sul poema, a Verona, a partire dall'estate del 1467, dove il 25 giugno il Comune lo aveva incaricato di tenere per un biennio la *lectura Dantis* festiva.[12] Da tale circostanza scaturì la *Vita Dantis*, allestita nella città scaligera alla fine del 1468, un autentico *unicum* nel panorama delle biografie dantesche del Quattrocento, in quanto fu la sola collegata ad una pubblica lettura, per di più di area non toscana.[13] Si tratta di un testo interessantissimo, a lungo trascurato per ragioni pregiudiziali rimontanti sostanzialmente al Foscolo, che nel *Discorso sopra il poema di Dante* (1826) l'aveva drasticamente bollato come il prodotto di un impostore, disonesto e sfacciato 'come il padre', poiché vi aveva rinvenuto materiale di biografie preesistenti, senza alcun elemento di originalità.[14] Lo scritto è invece un

---

12 L'entità dell'impegno richiesto al Filelfo dall'incarico si evince da una lettera che quest'ultimo inviò nell'agosto del 1467 all'amico Giacomo Cardogna, dove lamentava di non avere per questo un momento libero, dovendo reperire materiali per soddifare contemporaneamente *vulgo et eruditis hominibus* (ms. Città del Vaticano, Biblioteca Apostolica Vaticana, Chigi I VII 241, c. 104r), secondo la tradizione delle letture dantesche, destinate a un pubblico eterogeneo.

13 Lo strumento più completo per la tradizione biografica dantesca resta sempre Angelo Solerti, *Le vite di Dante, Petrarca e Boccaccio scritte fino al secolo decimosesto*, Milano, Vallardi, 1904, che include anche il testo di Gian Mario Filelfo (alle pp. 158-185). Per l'epoca umanistica è ottima la recente antologia *Le vite di Dante dal XIV al XVI secolo. Iconografia dantesca*, a cura di M. Berté, M. Fiorilla, S. Chiodo, I. Valente, Roma, Salerno Editrice, 2017, che però non contiene il Filelfo (solo fugacemente menzionato alle pp. xxii, xli, xlv dell'*Introduzione*).

14 Cfr. Ugo Foscolo, *Studi su Dante*, a cura di G. Da Pozzo, Firenze, Le Monnier, 1979, pp. 487-488. Foscolo conosceva la biografia dantesca di Gian Mario Filelfo – stampata integralmente nel 1828 (*Vita Dantis Aligherii a J. Mario Philelpho scripta nunc primum ex codice Laurentiano in lucem editam et notis illustrata*, a cura di D. Moreni, Firenze, Tipografia Magheriana, 1828) – solo attraverso gli estratti pubblicati dal Mehus e dal Pelli: Lorenzo Mehus, *Specimen historiae litterariae Florentinae saeculi decimitertii ac decimiquarti, sive vitae Dantis, Petrarchae ac Boccaccii a cel. Iannotio Manetto saeculo XV scriptae [...]*, Firenze, Paolo Giovannelli, 1747, pp. xxii-xxxi; *Ambrosii Traversarii generalis Camaldulensium aliorumque ad ipsum, et ad alios de eodem Ambrosio latinae epistolae*, 2 voll., Bologna, Forni, II: *Ambrosii Traversarii Latinae epistulae, et orationes*,

documento preziosissimo sul piano storico-culturale, letterario e codicologico, come ho potuto dimostrare in un lavoro di recente pubblicazione, al quale qui naturalmente mi allaccio, facendo il punto sui principali risultati acquisiti, integrandoli con ulteriori considerazioni, soprattutto in merito alla sezione prefatoria.[15]

L'elaborazione dell'opera e la sua confezione nell'unico manoscritto che la tramanda, il Laurenziano Plut. 65.50, scaturirono da un unico progetto complessivo, cui partecipò direttamente il celebre antiquario Felice Feliciano di Verona, da me riconosciuto quale estensore del raffinatissimo manufatto. Ciò ha consentito sia di aggiungere un nuovo tassello al mosaico dei rapporti fra i due personaggi (e un nuovo *item* all'elenco dei codici riconducibili all'attività scrittoria del copista);[16] sia di documentare gli spiccati interessi artistici di Gian Mario, la cui prolifica, versatile ed eccentrica produzione si comprende solo alla luce del connubio indissolubile fra letteratura ed espressionismo visuale, alimentato dalla frequentazione degli ambienti più all'avanguardia sotto tale aspetto (basti ricordare che al suo capezzale, quando morì, c'era Andrea Mantegna);[17] sia di connotare

---

Bologna, Forni, 1968 (anast. dell'ed. *Ambrosii Traversarii generalis Camaldulensium aliorumque ad ipsum, et ad alios de eodem Ambrosio Latinae epistolae a domno Petro Canneto abbate Camaldulensi ... Adcedit eiusdem Ambrosii vita in qua historia litteraria Florentina ab anno 1192 usque ad annum 1440. ex monumentis potissimum nondum editis deducta est a Laurentio Mehus Etruscae Academiae Cortonensis socio*, Firenze, Cesareo, 1759), pp. 57, 167, 175-178, 180, 182, 259, 375-380, 406; Giuseppe Bencivenni Pelli, *Memorie per servire alla vita di Dante Alighieri e alla storia della sua famiglia*, Firenze, Piatti, 1823, *passim*.

[15] Silvia Fiaschi, *L'oracolo della voce: digressioni boccacciane nella biografia dantesca di Gian Mario Filelfo, esemplata da Felice Feliciano*, «Studi sul Boccaccio», XLIX, 2021, pp. 381-420. Che l'opera meritasse attenzione lo rilevava già Gianvito Resta, *Dante nel Quattrocento*, in *Dante nel pensiero e nella esegesi dei secoli XIV e XV*, Atti del Convegno di Studi realizzato dal Comune di Melfi in collaborazione con la Biblioteca provinciale di Potenza e il Seminario di studi danteschi di Terra di Lavoro (Melfi, 27 settembre – 2 ottobre 1970), Firenze, Olschki, 1975, pp. 71-91: 89-90.

[16] Sui rapporti di Gian Mario Filelfo con Felice Feliciano si vedano Giovanni Mardersteig, *Tre epigrammi di Gian Mario Filelfo a Felice Feliciano*, in *Classical, Mediaeval and Renaissance Studies in honor of Berthold Louis Ullmann*, II, edited by C. Henderson jr., Roma, Edizioni di Storia e Letteratura, 1964, pp. 375-383; Franco Pignatti, *Due sonetti di Giovan Mario Filelfo al Feliciano*, in *L'"Antiquario" Felice Feliciano veronese. Tra epigrafia antica, letteratura e arti del libro*, Atti del Convegno di Studi (Verona, 3-4 giugno 1993), a cura di A. Contò, L. Quaquarelli, Padova, Antenore, 1995, pp. 197-212; Camilla Russo, *Firenze nuova Roma. Arte retorica e impegno civile nelle miscellanee di prosa del primo Rinascimento*, Firenze, Cesati, 2019, pp. 233-236; Daniela Delcorno Branca, *Vicende di una falsa attribuzione a Boccaccio: prime osservazioni sulla «Novella di Federico Barbarossa» detta l'«Urbano»*, «Studi sul Boccaccio», XLVIII, 2020, pp. 213-271: 262-267. Il ms. Plut. 65.50 è digitalizzato nella teca *online* della Biblioteca Medicea Laurenziana (<http://teca.bmlonline.it/ImageViewer/servlet/ImageViewer?idr=TECA0000783962&keyworks=plut.65.50#page/1/mode/1up>).

[17] Cfr. R. Signorini, *Novità per la biografia di Giovanni Mario/Mario Filelfo*, cit.

in senso squisitamente veronese, anche sul piano materiale, la biografia. A questo contesto geografico, come anticipato, riconducono le circostanze esterne ed interne della sua stesura, dedicata a Pietro III Alighieri,[18] discendente del poeta, il quale ne fece poi omaggio a Piero de' Medici e a Tommaso Soderini, ai quali egli indirizza la lettera di accompagnamento ufficiale che nel codice precede l'opera (cc. 2r-3v), datata 20 dicembre 1468.[19] Con il dono esprimeva la sua gratitudine per l'ospitalità che aveva ricevuto alcuni mesi prima a Firenze, dove era stato invitato nell'ambito delle iniziative politiche messe in campo dai Medici negli anni '60 per il 'recupero' di Dante in patria;[20] la sinergia delle intenzioni che avevano animato l'intera operazione letteraria è emblematicamente suggellata nell'espressione araldica di c. 5r, dove lo stemma degli Alighieri è inquartato con quelli di Piero de' Medici e di Tommaso Soderini.

Il capoluogo toscano è dunque, insieme a Verona, l'altro polo intorno a cui ruota la *Vita* filelfiana. Se valutassimo questo elemento in relazione alla prospettiva dantesca, la scelta apparirebbe abbastanza comune e scontata. È invece il connotato politico e le sue conseguenze 'familiari' – non solo per la stirpe del sommo poeta, ma anche per quella dell'autore Gian Mario – a renderla peculiare. Infatti, quando, nel 1468 il testo veniva messo insieme, un altro personaggio si trovava a condividere con Dante la sorte dell'esilio da Firenze, Francesco Filelfo, il quale, come ho avuto modo di dimostrare, ebbe verosimilmente un ruolo diretto nell'operazione complessiva e, forse, anche nella consegna del codice a Piero, con il quale il Tolentinate cercò di sanare i vecchi dissidi che lo avevano opposto a Cosimo il Vecchio.[21] A lui il figlio rivolge un elogio smaccato, sostenendone le insuperabili competenze retoriche, che ne facevano il più *disertus* fra gli intellettuali del suo tempo, e lo rendevano capace di competere con l'eloquenza degli antichi

---

18 Sul personaggio si veda la voce di Simonetta Saffiotti Bernardi, *Alighieri, Pietro III*, in *Enciclopedia dantesca*, I, Roma, Istituto della Enciclopedia italiana, 1970. Per la linea veronese dei nipoti di Dante, fino al Leonardo incontrato da Bruni, si veda *Appendice III. Documenti relativi ai nipoti veronesi di Dante*, in Dante Alighieri, *Le opere*, 8 voll., Roma, Salerno Editrice, VII: *Opere di dubbia attribuzione e altri documenti danteschi*, 3 tt., Roma, Salerno Editrice, VII.3: *Codice diplomatico dantesco*, a cura di S. Zamponi, L. Regnicoli, G. Milani, T. De Robertis, Roma, Salerno Editrice, 2016, pp. 580-630.

19 L'epistola non è di mano del Feliciano; potrebbe forse essere autografa dello stesso Pietro Alighieri, ma l'ipotesi è da sottoporre ad ulteriori verifiche.

20 Della connessione di questa lettera con la politica propagandistica e il culto antiquario di Dante al tempo di Piero de' Medici discute Nicoletta Marcelli, *Dante nella Firenze di Cosimo e Piero de' Medici: indagine fra cultura e propaganda*, in *Da Boccaccio a Landino. Un secolo di "Lecturae Dantis"*, cit., pp. 173-201: 178-182.

21 Cfr. S. Fiaschi, *L'oracolo della voce*, cit., pp. 393-396.

per la sua *dicendi vi sententiarumque gravitate atque copia*.[22] È interessante rilevare che tale considerazione, a prima vista liquidabile come grossolana piaggeria, è inserita in realtà all'interno di un passaggio di straordinario rilievo, dove Francesco supera Dante in merito alla conoscenza del latino. Il banco di prova per la valutazione sono i *Commentarios* sul *Paradiso*, che Gian Mario dichiara di possedere integri e di leggere con grande diletto:

> Rediit [*scil.* Dante] in Italiam et apud Canem Grandem, Veronae principem, egit aliquandiu, a quo fuisset maximis nuper honoribus affectus, cuius precibus motus est ut interpretaretur sui operis *Paradisum* eique titulo daret. *Commentarios* ego illos integros habeo et illis delector maximopere; non sunt ea eloquentiae praestantia qua vel Ciceronis sunt orationes, vel eorum codices qui fuerunt apud veteres disertissimi, vel eorum rursus qui hac tempestate praestant, qualem ego clarissimum virum patrem meum Franciscum Philelfum multa saecula superasse non nescio, quique primas inter nostros habeat partes, et haud priscis cedat multum dicendi vi sententiarumque gravitate atque copia.[23]

Lo scritto in questione non può che essere identificato con l'epistola a Cangrande, di cui rinveniamo qui una testimonianza eccezionale e nuova a proposito della sua circolazione in età umanistica.[24]

Le acquisizioni richiamate mi consentono di mettere in evidenza la cifra peculiare della biografia filelfiana, la cui dedizione esclusiva a Dante ne fece un prodotto ben distinto rispetto alla tradizione quattrocentesca prevalente, avviata dal Bruni e ispirata a Plutarco, che metteva sempre la vicenda umana del poeta fiorentino in parallelo con almeno un'altra delle Corone. Nel resoconto allestito da Gian Mario, la vicenda storica, intellettuale e morale dell'Alighieri diventa una questione essenzialmente di famiglia. Il ruolo della progenie nella definizione e nella conservazione della memoria di Dante diventa fondamentale per l'umanista, che da un lato sviluppa una prospettiva avviata dal Boccaccio a proposito del famoso rinvenimento degli ultimi canti del *Paradiso* ad opera dei figli Iacopo e Piero; dall'altro si pone in continuità con Leonardo Bruni, il quale aveva concluso la sua vita proprio sulla discendenza del poeta, in particolare su *Lionardo*

---

[22] Cfr. A. SOLERTI, *Vite*, cit., p. 176.

[23] *Ivi*.

[24] Per le note e complesse vicende relative alla tradizione e alla conoscenza della XIII epistola, rimando ora a DANTE ALIGHIERI, *Epistola XIII*, a cura di L. Azzetta, in D. ALIGHIERI, *Le opere*, cit., V: *Epistole, Egloge, Quaestio de aqua et terra*, a cura di M. Baglio, L. Azzetta, M. Petoletti. M. Rinaldi, introduzione di A. Mazzucchi, Roma, Salerno Editrice, 2016, pp. 271-417: 298 per la tradizione diretta del Quattrocento; e LUCA AZZETTA, *Appendice. La tradizione indiretta dell''Epistola a Cangrande'. Nota introduttiva*, in D. ALIGHIERI, *Le opere*, cit., V: *Epistole*, cit., pp. 418-487: 419-420. Ho discusso di questa identificazione in S. FIASCHI, *L'oracolo della voce*, cit., pp. 393-394.

veronese, da lui conosciuto a Firenze e al quale aveva mostrato le case del progenitore:

Questo messer Piero ebbe un figliuolo chiamato Dante e di questo Dante nacque Lionardo, il quale oggi vive e ha più figliuoli; né è molto tempo che Lionardo antedetto venne a Firenze con altri giovani veronesi, bene in punto e onoratamente; e me venne a visitare come amico della memoria di suo proavo Dante. E io gli mostrai le case di Dante e de' suoi antichi e diegli notizia di molte cose a lui incognite, per essersi estraniato lui e i suoi dalla patria. E così la fortuna questo mondo gira e permuta gli abitatori con volgere di sue rote.[25]

Di questo *Lionardo* era appunto figlio Pietro III Alighieri, destinatario della biografia, che conservava nel volto tratti somatici del nobile progenitore e che Gian Mario aveva avuto la fortuna di poter frequentare.[26] La famiglia, quindi, anche come insieme di caratteristiche fisiche dal valore e dal connotato simbolico, capaci di testimoniare esperienze passate e di farsi modello di processi futuri, grazie all'operazione intellettuale dell'umanista che ne interpreta la funzione.

Tale peculiarità, che costituisce l'asse portante del testo, a fronte delle sue articolate divagazioni e dei suoi molteplici inserti, è messa bene a fuoco nella prefazione che il Filelfo indirizza a Pietro III Alighieri, da cui è tratta l'espressione che dà il titolo a questo intervento (*Dantem imbibi totum*) e sulla quale intendo qui soffermarmi:

Ioannis Marii Philelfi, Artium utriusque Iuris doctoris, Equitis aurati et Poetae laureati, ad generosum civem Veronensem Petrum Aligerum, Dantis et successorum vita, genus et mores.

---

25 Leonardo Bruni, *Le vite di Dante e del Petrarca [Vita di Dante]*, a cura di M. Berté, testo critico di R. Rognoni, in *Le vite di Dante dal XIV al XVI secolo*, cit., pp. 246-247 (e note 62-63 per rinvii bibliografici sui personaggi citati).

26 Cfr. il passo in questione: «[...] ex Petro vero iureconsulto post Iacobum, natus est alter Dantes, ob avi memoriam sic a patre nominatus, qui et civis optimus fuit et vir deditus familiaribus negotiis. Ex Dante hoc secundo natus est *Leonardus vir integerrimus, quem se meminit Leonardus Aretinus vidisse Florentiae*, quo profectus est visendae urbis gratia, ad seque tamquam ad proavitae memoriae amicissimum devenisse, a quo multa suae antiquitatis maiorumque didicerit ornamenta, quae illi fuissent idcirco incognita, quod iam dudum alias urbes incoluisset familia Dantis. Venisse vero dixit eum illo multis comitatum summoque cum vestimentorum ornatu omnique splendore iuvenemque fatetur Aretinus se vidisse, ut nobilissimum ita prae se ferentem maxime signa et virtutis et gratiae. Hic, cum et paterna manu perscripta legisset quam plurima diligenterque conspexisset omnem pristinam antiquitatem, rediit Veronam progenuitque filios nonnullos e quibus hodie dumtaxat hac vescitur aura Petrus iunior, qui a Petro Dantis primo filio nomine donatus est, qui et optimus vir est, et civis integerrimus, quique in urbe Verona maxima et apud cives et apud universam Venetorum Rempublicam et auctoritate valet et gratia» (A. Solerti, *Vite*, cit., p. 174).

Cum essem Veronam discessurus Venetiasque profecturus, Petre Aliger vir optime, volui priusquam hinc abirem donare te hoc munusculo, quod et tibi non nesciam futurum quam gratissimum et mea dignitate non indignum ipse futurum esse cognoscam. Nam cum et tu sis pronepos Dantis, poetae praestantissimi, iucundissime leges quae ad atavi tui vitam attinent ac mores, et ego mihi satisfecero qui quidem illius codicem delector plurimum, cum haec indigesta incompositaque in maternum sermonem distincta digesserim unumque in locum redegerim, latinae linguae immortalitati commendata. Iohannes enim Bocchacius florentinus, vir sua tempestate doctissimus, et Leonardus Aretinus, vir nostris diebus unice doctus ac eloquens, inanem ac in re, mea sententia, laborem assumpserunt, qui, vulgo servire malentes quam doctis hominibus, vulgari Dantis vitam stilo perscripserunt, quorum uterque, ut arbitror, diversa ductus est opinione: Bocchacius, quoniam valeret plurimum politissima Florentiae lingua; Leonardus, quia videret Dantis codicem rhythmis esse, non carmine insignitum. Expedite autem neuter executus est quod incoeperat, cum et alter cupidineis ludendis aptior quam hominum gravium et excellentium enarrandis moribus, ita sit, quae ad Dantem attinebant, complexus, ut amantem aliquem Florium se censeat effinxisse. Alter vero latinae historiae quam maternae aptior, tenui admodum stilo et ieiuna sit rem ipsam meditatus oratione.

Ego vero et commodius potui hoc efficere, qui Dantem, ut ita dixerim, imbibi totum, et diligentius scribere, qui te tuosque filios ex hac successione natos intuear, de quibus erat litterarum aeternitati nulla memoria commendata, et propriis sim oculis multa conspicatus huius opera, quae video et siluisse superiores illos scriptores, et nunquam manibus attigisse. Cum rimatus sum studiosius, ad te potissimum idcirco dedi, ut et ipse tui Dantis legenda vita gratulere maiorum laudi, ac tuae virtuti gaudeas, qui a tuis maioribus non sis degener, et tuae successioni peculiare hoc exhibeas patrimonium, quo quamdiu voluerint non abuti, tamdiu se intelligent officio suo minime functos, nisi se praebuerint huiuscemodi progenitoribus dignos. Est enim maxima de illis expectatio, qui proavos habuere clarissimos, ne se degeneres praestent, cum et illud satyricum sit in promptu:

Omne animi vitium tanto conspectius in se
Crimen habet, quanto qui peccat maior habetur.

Erit ergo haec tui Dantis vita et tibi, qui rectissimus vivis, voluptas quaedam, et tuis omnibus vel maximopere ad omne virtutis genus inclinatis, velut equo sponte currenti adiectum calchar stimulusque capessendae probitatis. Tu quidem ac tui legentes haec eritis [assiduae *ms.*] memores et nominis nostri et summae erga vos benevolentiae.[27]

---

[27] Cito il passo secondo il testo critico che ho già stabilito, sulla base del ms. Laurenziano Plut. 65.50, per l'edizione in uscita presso le Edizioni di storia e letteratura. Sul codice sono intervenuta adeguando la punteggiatura e l'uso delle maiuscole alle consuetudini moderne. Rimando per comodità anche a A. SOLERTI, *Vite*, cit., p. 159.

Esaminiamo dettagliatamente le informazioni e gli elementi caratterizzanti desumibili dal passo. Innanzitutto, sin dal titolo l'autore precisa che tratterà non solo di Dante, ma di *Dantis et successorum vita, genus et mores*, la discendenza, dunque, è parte integrande dell'esperienza terrena del poeta, che continua a riverberare nelle qualità del suo lignaggio. Secondo l'impostazione tradizionale del genere, accanto al racconto storico delle vicende che contraddistinsero la biografia del personaggio (e dei suoi successori), oggetto di trattazione sono anche il *genus* (la famiglia, appunto) e i *mores*, ossia i costumi, le caratteristiche fisiche e psicologiche, le attitudini, gli aneddoti, la produzione letteraria.

In apertura, Gian Mario precisa il momento dell'omaggio (*munusculum*) a Pietro III, avvenuto quando l'umanista era in procinto di abbandonare Verona (autunno 1468) per trasferirsi a Venezia (*Venetias profecturus*), verosimilmente tappa intermedia prima del successivo approdo a Bergamo.[28]

Il diletto e il piacere, poi, sono elementi chiave, qui dichiarati apertamente – Pietro legge *ucundissime* ciò che riguarda il suo avo e Gian Mario si diletta con la *Commedia* –, per decodificare l'operazione letteraria compiuta con la biografia, che mira certamente alla piacevolezza della narrazione, prima ancora che alla veridicità delle cose riferite, con buona pace della critica che erroneamente si è approcciata a questo testo aspettandosi che soddisfacesse le medesime istanze della scrittura bruniana.

Il prodotto scaturiva dalla riorganizzazione dei materiali raccolti in funzione della *lectura Dantis* festiva, svolta *in maternum sermonem*, selezionati, riuniti insieme *in unum locum* a consegnati all'immortalità della lingua latina. È facile leggere qui, in filigrana, l'applicazione del metodo storico proposto da Petrarca per la stesura del *De viris illustribus*:

> Illustres itaque viros, quos excellenti quadam gloria floruisse doctissimorum hominum ingenia memorie tradiderunt, eorumque laudes, quas in diversis libris tanquam sparsas ac disseminatas inveni, colligere locum in unum et quasi quadammodo constipare arbitratus sum.[29]

Gian Mario passa quindi ad indicare le due principali fonti di riferimento, vale a dire Boccaccio e Leonardo Bruni, adottando lo stesso atteggiamento di complementarità e di antagonismo che l'Aretino aveva usato verso

---

[28] Sul soggiorno bergamasco del Filelfo si veda Aldo Manetti, *Di un ignoto scrittore bresciano del Quattrocento*, «Rinascimento», XVI, 1976, pp. 173-189; Id., *Un amico bergamasco del Filelfo*, «Giornale storico della letteratura italiana», CLV, 1978, pp. 551-566; Id., *Reminiscenze dantesche*, cit., pp. 430-431.

[29] Francesco Petrarca, *De viris illustribus*, a cura di S. Ferrone, Firenze, Le Lettere, 2006, p. 39.

il predecessore.[30] Ai due autori l'umanista contesta l'esito insoddisfacente del lavoro intrapreso. Entrambi avevano infatti optato per il volgare per compiacere alla massa, benché spinti a tale scelta da ragioni diverse: Boccaccio in quanto più competente nella *politissima Florentiae lingua*; Bruni per ragioni di coerenza rispetto alla *Commedia*, scritta in rime (*rhytmis*) e non in esametri (*carmine*). Inoltre, il primo, più adatto a parlare d'amore, aveva riferito la vita di Dante come quella di un novello Florio (protagonista del *Filocolo*); il secondo, più portato a scrivere di storia, in latino, aveva messo su un racconto privo di qualsiasi eleganza retorica (*ieiuna oratione*). Rispetto ad essi Filelfo si presenta, invece, portatore di un'esperienza eccezionale, che gli deriva dall'essere 'tutto imbevuto' di Dante (in ragione delle letture), dalla conoscenza di molte sue opere, ma soprattutto dalla familiarità con la sua *successione*, che poteva ancora vedere, toccare e della quale nessuno aveva mai parlato prima.

Ecco che l'elemento visivo – su cui la biografia, non a caso, si chiuderà – torna ad essere essenziale nella sua valenza simbolica e nelle sue potenzialità educative. Il discorso piega infatti subito verso la più alta delle prerogative umanistiche, quella paideutica: Gian Mario sceglie di dedicare a Pietro III la biografia perché questi ne goda e, soprattutto, perché *suis maioribus* non sia *degener.* Il vero patrimonio genetico trasmesso da Dante ai suoi eredi era e doveva essere la virtù, la sola artefice – secondo il rinnovato concetto umanistico – di nobiltà. Il lignaggio di per sé non ha alcun peso se non è sostenuto dalla virtù personale, patrimonio preziosissimo che i discendenti hanno il dovere di preservare e di trasmette, guardando alla memoria dei predecessori come modello e stimolo; non a caso la riflessione è suggellata dalla *sententia* giovenaliana tratta dalla satira VIII (dedicata appunto al tema della nobiltà), secondo la quale la colpa è tanto più grave quanto più alto è il ruolo di chi la commette (vv. 140-141).

La dedica si chiude sottolineando ancora una volta la funzione di modello – ancora una volta sulle orme del Petrarca – che il racconto della biografia dantesca dovrà esercitare nei suoi primi e principali lettori, cioè i suoi discendenti, e sull'effetto di piacere (*voluptas quaedam*) che esso si prefigge di ottenere.

Nonostante siano messi in discussione, i due principali precedenti sono ampiamente (e spesso esplicitamente) utilizzati, con un ampio spettro variantistico (amplificazioni, sintesi, sostituzioni). Le tappe biografiche fondamentali sono scandite dal modello bruniano, per lunghi tratti parafrasa-

---

[30] Il Bruni esprime il suo giudizio negativo sul Boccaccio nel proemio (cfr. L. Bruni, *Le vite di Dante*, cit., pp. 220-222).

to in latino quasi alla lettera, soprattutto nelle sezioni relative alla battaglia di Campaldino e all'origine degli scontri fra Bianchi e Neri. Sul piano squisitamente letterario, invece, il vero referente è Boccaccio – autore caro alla vena romanzesca del Filelfo –,[31] cui l'autore accorda la propria preferenza anche nell'ottica del diletto che, come visto, è obiettivo dell'operazione letteraria compiuta. Ciò consente di mettere fuori gioco, una volta per tutte, le considerazioni critiche superficiali che, nel tempo, hanno determinato gli atteggiamenti pregiudiziali nei confronti di questo testo, ai quali si chiedeva di portare risposte su temi che non si era mai posto, e al quale si recriminava il fatto di non rispettare requisiti (*in primis* di attendibilità storica)[32] che non ha mai preteso di soddisfare.

Gian Mario Filelfo rappresenta Dante, in sintesi, quale modello di diletto e di virtù, un esempio – diremmo oggi – di benessere del corpo e dello spirito, come lascia intendere l'efficacissima soluzione iconografica che, come anticipato, egli colloca alla fine dell'opera, desumendo da Bruni il ricordo dell'antico ritratto dantesco (di scuola forse giottesca), ora perduto, collocato nella Chiesa di Santa Croce:[33]

> Huius simulacrum, quandoquidem esse arbitror numen, Florentiae apud sacrum est Sanctae Crucis, in medio fere templi, ad eorum sinistram qui, Ecclesiam ingressi, ad maius proficiscuntur altare; estque communis cunctorum opinio veram effigiem esse ac faciem paene propriam atque naturalem, ut eorum parentes nepotibus retulerunt qui vivum videre Dantem; qui quidem etsi carne solutus est, ut erat mortali corpore, nunquam est gloria diem obiturus menteque semper futurus felix.[34]

L'arte visiva soccorre e compensa le lettere, mantenendo viva e tangibile la memoria del personaggio, anche nella sua dimensione corporale,

---

[31] Il modello boccacciano è riscontrabile soprattutto nel romanzo della *Glicefila*, dedicata a Sabadino degli Arienti, che ne trascrisse una copia nel ms. Ital. 100 (α.P.6.19) della Biblioteca Estense di Modena: cfr. Federico Patetta, *Sulla "Glicephila" di Mario Filelfo in un nuovo esemplare autografo di Giovanni Sabadino degli Arienti, e sulla data di composizione della "Gynevera de le clare donne"*, «Rendiconti della Reale Accademia d'Italia. Classe di scienze morali e storiche», II, 1941, pp. 275-341. Di questo testo come specchio dei legami personali e culturali che unirono Filelfo, Sabadino degli Arienti e Felice Feliciano, discute il recente saggio di Daniela Delcorno Branca, *Vicende di una falsa attribuzione a Boccaccio: prime osservazioni sulla «Novella di Federico Barbarossa» detta l'«Urbano»*, «Studi sul Boccaccio», XLVIII, 2020, pp. 213-271: 262-265.

[32] Si vada ad esempio Giuseppe Indizio, *Dante secondo i suoi antichi (e moderni) biografi. Saggio per un nuovo canone dantesco*, in Id., *Problemi di biografia dantesca*, presentazione di M. Santagata, Ravenna, Longo, 2013, pp. 127-172: 156-157.

[33] Per il ritratto cfr. Sonia Chiodo, *Ritratti di Dante dal Trecento al primo Seicento. Fonti scritte e tradizione iconografica*, in *Le vite di Dante dal XIV al XVI secolo. Iconografia dantesca*, cit., pp. 338-376: 340-341.

[34] Cfr. A. Solerti, *Vite*, p. 185.

indispensabile all'esercizio del ricordo, e, a garanzia della verosimiglianza, l'umanista precisa – innovando rispetto al dettato bruniano – che l'immagine corrispondeva proprio alla descrizione che ne facevano quanti, avendo conosciuto di persona il poeta da vivo, lo avevano riferito ai propri discendenti (come *parentes nepotibus retulerunt qui vivum videre Dantem*). Se l'iconografia aiuta le lettere, il racconto dei volti, tramandato in famiglia di padre in figlio, è strumento indispensabile per l'espressione artistica, qui mirabilmente coronata dall'immagine *menteque semper futurus Felix*, dietro cui si nasconde la firma di Felice Feliciano.

La digressione su un testo polarizzato essenzialmente fra Verona e Firenze parrebbe in apparenza disattendere le intenzioni di indagare gli 'echi danteschi nelle Marche'. In realtà lo 'sradicamento' dai luoghi ha una funzione epistemologica nella *Vita* elaborata dal Filelfo, che sprovincializza l'esperienza dantesca, astraendola dall'esclusività dei culti locali e rendendola al contrario una vicenda di portata simbolica universale, che appartiene a tutti coloro che sono capaci di portarne con sé – dovunque vadano – l'effigie, il ritratto felice della virtù, facendone poi riverberare l'eco in qualunque posto vengano a trovarsi. Così avvenne per Gian Mario, il quale fece risuonare Dante nelle tante località toccate dai suoi numerosi e rocamboleschi spostamenti; e anche le Marche, come si è visto in apertura, godettero il beneficio di questo rilascio.

Gianluca Frenguelli – Letizia Pellegrini*

LA *COMMEDIA* SUI PULPITI OSSERVANTI NELLA MARCA DEL QUATTROCENTO

1. Premessa

Ai rapporti tra il Dante della *Commedia* e il mondo fratesco dei suoi tempi si sono dedicati diversi studiosi e si è prodotta una notevolissima e abbondante storiografia. Tale linea di ricerca è motivata da diversi fattori: le contingenze fiorentine della biografia del poeta, che lo ha portato a stretto contatto con le due istituzioni di S. Croce e di S. Maria Novella; i versi che egli dedica a personaggi eminenti dei due Ordini mendicanti maggiori; il ricorso da parte sua a fonti di pensiero riferibili alla cultura scolastica e alle elaborazioni dei frati del secolo XIII, e infine le sue prese di posizione rispetto ai dibattiti interni all'Ordine dei Minori a cavallo tra XIII e XIV secolo.

Per antica tradizione, la maggior parte degli studi si riferisce a 'Dante e i francescani', e a 'Dante e la predicazione', temi che del resto nella *Commedia* recano passi monumentali, e rispetto ai quali studi recenti hanno procurato l'aggiornamento critico di una già corposa bibliografia. Lo stesso non può dirsi per gli studi di ambito filologico-letterario e storico-linguistico che, se si escludono le ricerche di Carlo Delcorno, affrontano soltanto tangenzialmente la questione, nell'ambito di ricerche sul plurilinguismo della predicazione tardo-medievale.[1]

Solo in anni recenti è stato affrontato quello che potremmo dire il viaggio di ritorno: da Dante ai frati sul pulpito. Il tema degli 'echi danteschi'

* La ricerca è stata in tutto ideata e condotta dai due autori congiuntamente. L.P. ha scritto i paragrafi 1, 2 e 5; G. F. i paragrafi 3 e 4.

[1] Tra i pochi studi sull'argomento si veda almeno Carlo Delcorno, *Dante e il linguaggio dei predicatori*, in *Intertestualità dantesca*, a cura di E. Pasquini, Ravenna, Longo, 1996, pp. 51-59 («Letture classensi», 25).

nella predicazione dei frati, infatti, nell'ottica del tempo, sarebbe risultato centrifugo e meno suggestivo, nonostante la reciprocità del rapporto fra i predicatori francescani e Dante sia stata romanticamente enfatizzata dall'erudizione e dalla pubblicistica minoritica tra Ottocento e Novecento.[2] Di fatto, il tema della fortuna della *Commedia* nella predicazione del Tre e Quattrocento è stato riscritto, dagli anni Ottanta del Novecento fino a oggi, con approdo ai recentissimi studi di Nicolò Maldina e Pietro Delcorno.[3]

In apertura, sarà utile richiamare almeno quattro caratteristiche della *Commedia* che motivano la possibilità del viaggio di ritorno che porta i versi di Dante sui pulpiti.

Innanzi tutto la struttura stessa e i contenuti specifici del poema: una visione e una rappresentazione integrale dei tre regni dell'Oltretomba, contenente una realistica raffigurazione delle pene dell'inferno, delle op-

---

[2] Esemplare del genere è lo scritto del frate marchigiano Candido Mariotti, *S. Francesco, S. Tommaso e Dante nella civiltà cristiana e le relazioni tra loro*, Venezia, a spese della tipografia dell'ancora editrice, 1883, in cui al cap. VIII, § 7 si argomenta come «I frati Minori a loro volta si mostrarono sempre riconoscenti a Dante, soprattutto col commentare e predicare la Divina Commedia» (pp. 319-323); si veda anche Giovanni Mestica, *San Francesco, Dante e Giotto*, «Nuova antologia di Scienze, Lettere ed Arti», s. II, XXVIII, 1881, pp. 3-29: 25 (ovvero, nella paginazione complessiva del solo indice, fasc. 9, pp. 403-433).

[3] Carlo Delcorno, *Cadenze e figure della predicazione nel viaggio dantesco*, «Lettere Italiane», XXXVII, 1985, pp. 299-320; Lina Bolzoni, *Dante o della memoria appassionata*, «Lettere Italiane», LX, 2008, pp. 169-193; Emilio Pasquini, *Riflessioni sulla genesi della 'Commedia'*, in *Dante e la fabbrica della 'Commedia'*, a cura di A. Cottignoli, D. Domini, G. Gruppioni, Ravenna, Longo, 2008, pp. 15-36; George Ferzoco, *Dante in the Context of Medieval Preaching*, in *Reviewing Dante's Theology*, 2 voll., Oxford, P. Lang, 2013, pp. 187-210; Nicolò Maldina, *Dante e l'immagine del buon predicatore nel «Paradiso»*, «L'Alighieri», n.s., a. LIV, n. 43, 2014, pp. 41-64; Nick Havely, *Dante's British Public. Readers and Texts, from the Fourteenth Century to the Present*, Oxford, Oxford University Press, 2014, in particolare, alle pp. 10-15 si analizzano i rapporti della *Commedia* con il *Quaresimale* del Minore osservante Ruggero d'Eraclea (o *de Platea*); Nicolò Maldina, *In pro del mondo. Dante, la predicazione e i generi della letteratura religiosa medievale*, Roma, Salerno Editrice, 2017; Id., *Dantean Devotions. Gabriele Barletta's 'oral'* Commedia *in Context*, in *Voices and Texts in Early Modern Italian Politics, Religion, and Society*, a cura di S. Dall'Aglio, B. Richardson, M. Rospocher, London, Routledge, 2017, pp. 186-199; Pietro Delcorno, Et ista sunt scripta Dantis: *predicare la* Commedia *in Quaresima*, «Memorie domenicane», n.s., XLVIII, 2017, pp. 125-43; e, con particolare riferimento ai predicatori Gabriele Barletta e Paolo Attavanti, Nicolò Maldina, *Dante tra i predicatori del Quattrocento*, in *Theologus Dantes. Tematiche teologiche nelle opere e nei primi commenti*, a cura di L. Lombardo, D. Parisi, A. Pegoretti, «Filologie medievali e moderne», XVIII, 2018, pp. 231-243; Pietro Delcorno, *Preaching the Commedia in a German World*, in *Preaching and New Worlds: Sermons as Mirrors of Realms Near and Far*, ed. by T. J. Johnson, K. Wrisley Shelby, J.D. Young, New York-London, Taylor & Francis Ltd, 2019, pp. 163-184; Id., *Un pellegrinaggio nell'inferno dantesco: il* Quadragesimale peregrini cum angelo, in *Predicatori, mercanti, pellegrini. L'Occidente medievale e lo sguardo letterario sull'Altro tra l'Europa e il Levante*, a cura di G. Strinna, G. Mascherpa, Mantova, Universitas Studiorum, 2018, pp. 219-250.

portunità dell'artificiosa terra di mezzo del Purgatorio, e della beatitudine del Paradiso; temi e visioni che non solo coincidevano con la sostanza della predicazione dei frati in genere, ma anche – nella prospettiva dei frati Minori – evocavano innanzitutto la *Regola*, nel capitolo in cui esorta i predicatori a predicare i vizi, le virtù, la pena e la gloria.[4] La *Commedia* prestava materia a tutto, e per giunta in volgare – al tempo (e da tempo) lingua usuale della predicazione al popolo – e con riferimenti al mondo contemporaneo degli uditori.

In secondo luogo, la critica che Dante muove ai predicatori dei suoi tempi, in versi troppo famosi per essere citati.[5] Pur considerate le diverse prospettive e finalità, critiche analoghe (centrate soprattutto sulle vacuità delle derive retoriche ritenute inefficaci e fini a sé stesse) avevano indotto alcune delle sostanziali modifiche che, a partire da Bernardino da Siena, gli Osservanti imposero all'uso del pulpito e al rapporto con la Scrittura. Essi conservarono la consuetudine del *sermo modernus* di partire da un *thema* della Scrittura, che nel loro caso non è necessariamente liturgico, ed è usato letteralmente come pretesto per articolare un discorso che rimandasse più ai comportamenti che all'esegesi scritturale. Complessivamente, e soprattutto, seppero elaborare e imporre una predicazione in cui 'retorica' non significava un parlare artificioso e ornato, ma l'ossequio efficace ai precetti classici del *docere, delectare, movere*, a tutto vantaggio di una predicazione effettivamente comunicativa, non autoreferenziale. Quei precetti, pur non estranei affatto alla predicazione mendicante duecentesca, avevano però ceduto, soprattutto nel Trecento, a compiaciuti tecnicismi scolastici perdendo appunto l'efficacia comunicativa perseguita invece nel XV secolo dai predicatori delle Osservanze (sia domenicana sia francescana).

Inoltre, la scrittura in versi della *Commedia* risultava efficace e facile da memorizzare. Non va dimenticato che la rima (o almeno l'assonanza) è il primario dispositivo mnemotecnico usato dai predicatori per strutturare i propri sermoni. La seduzione esercitata dal verso rimato, del resto, induce i predicatori a superare, nella pratica del pulpito, posizioni di principio e a citare – indiscriminatamente, si direbbe – tra i poeti volgari, oltre la *Com-*

[4] Così nella *Regula bullata*, alla fine del cap. IX, *De praedicatoribus*: «Moneo quoque et exhortor eosdem fratres ut in praedicatione quam faciunt sint examinata et casta eorum eloquia, ad utilitatem et aedificationem populi, annuntiando eis vitia et virtutes, poenam et gloriam cum brevitate sermonis; quia verbum abbreviatum fecit Dominus super terram».

[5] Con particolare riferimento all'invettiva di *Par.* XXIX, 103-126; cfr. N. MALDINA, *In pro del mondo*, cit., pp. 84-85; CARLO DELCORNO, *Beatrice predicante ("Par." XXIX, 85-126)*, «L'Alighieri», n. s., XXXV, 2010, pp. 111-131; ID., *Schede su Dante e la retorica della predicazione*, in *Miscellanea di studi danteschi in memoria di Silvio Pasquazi*, I, Napoli, Federico & Ardia, 1993, pp. 301-312.

media e le *laude* di Iacopone, anche il Petrarca dei *Trionfi* e del *De remediis*,[6] e persino «l'anti-Commedia» di Cecco d'Ascoli.[7]

Infine, tanto il vigore impressivo e il tono icastico delle formulazioni dantesche quanto il registro polemico e le invettive contro i costumi corrispondevano in certa misura alle finalità e ai metodi comunicativi dei predicatori Osservanti del Quattrocento. È così che la celeberrima invettiva contenuta nel canto di Sordello viene utilizzata – in modo del tutto decontestualizzato e fortemente riadattato – da Giacomo della Marca. Tra le conseguenze del peccato di vanità delle donne il predicatore indica quella di indurre indirettamente gli uomini alla sodomia, e conclude:

> Ista est ratio quod multi sodomites reperiuntur in Ytalia. Numquid est hoc verum? O Ytalia del mondo stallo / nave sença nochiero in gran tempesta / non dompna de provintie, ma bordello.[8]

Dunque, per argomento, lingua, forma e registro la *Commedia* – già *divina*, benché profana e volgare – ben si prestava alla predicazione degli Osservanti: per costoro Dante è poeta – e *poeta volgare* –, in alcuni casi è fatto addirittura *teologo*; e come tale lo citano nei loro sermoni, quando – non sempre – lo citano per nome: *Dantes* nel loro linguaggio sta per *Commedia*, con metonimia che facciamo nostra.[9]

---

[6] Esempi in ORIANA VISANI, *Citazioni di poeti nei sermonari medievali*, in *Letteratura in forma di sermone. I rapporti tra predicazione e letteratura nei secoli XIII-XVI*, a cura di G. Auzzas, G. Baffetti, C. Delcorno, Firenze, Olschki, 2003, pp. 123-145.

[7] GIANFRANCO CONTINI, *Letteratura italiana delle Origini*, Firenze, Sansoni, 1970, p. 441: «L'Acerba è per qualche aspetto un'anti-Commedia, poiché Cecco non perde occasione di combattere, con l'acredine allora propria di filosofi e scienziati, singole tesi di Dante [...], e anche [...] la generale organizzazione fantastica dalla selva oscura in giù, coi più famosi personaggi e aneddoti anche storici (Paolo e Francesca, conte Ugolino, Vanni Fucci ecc.): tutte futili favole, in confronto alla nuda verità propugnata da Cecco».

[8] Citazione di *Purg.* VI, 76-78, nel ciclo dei *sermones dominicales*; cfr. S. IACOBUS DE MARCHIA, [sermo IV:] *De vanitate mulierum, quaestio II: Utrum peccent mulieres in superfluo ornatu*, in ID., *Sermones dominicales*, a cura di R. Lioi, I, Falconara Marittima, Biblioteca Francescana, 1978, p. 116; e il codice Falconara, Biblioteca OFM, ms. A, c. 7v.

[9] Probabilmente di Dante i predicatori leggevano anche la restante produzione, soprattutto in prosa latina. Tuttavia si registra almeno un'attestazione vigorosa del rifiuto del Dante latino, da parte di Roberto Caracciolo da Lecce, il quale peraltro nelle sue prediche non cita mai neanche il Dante della *Commedia*: a proposito del *De monarchia* dice senza mezzi termini: «è una pacia credere quello che dice Dante nella sua Monarchia, contro la quale fora le sententie e sono di tanti uomini più dotti, più savi e più sancti che non fo lui»; cfr. SERAFINO BASTANZIO, *Fra Roberto Caracciolo da Lecce: predicatore del secolo XV*, Isola del Liri, Tip. Editrice M. Pisani, 1947, p. 163, nota 13. La menzione occorre nel sermone II del suo *Specchio della fede*, in cui Caracciolo lancia l'invettiva sull'inutilità e il danno dei versi dei poeti che penetrano il cuore e imbrattano l'anima. In un altro passo dello stesso sermone Caracciolo adduce, tra i «più savi e più saggi di

Abbiamo limitato il nostro osservatorio all'ambito geo-culturale della Marca, al secolo XV, e ai predicatori dell'Osservanza minoritica; e peraltro a una verifica per campioni dell'uso dei versi danteschi nella loro predicazione. Eppure, anche solo per un ambito così ritagliato, i *caveat* non sono mai abbastanza. Innanzitutto, il tema presenta una difficoltà di base: da un lato, una trattazione compiuta avrebbe richiesto un'ingente ricerca di prima mano su decine di biografie, di opere e di manoscritti che non è stato possibile effettuare in questa circostanza. In secondo luogo, il nostro discorso non può riposare su una tradizione di studi matura e consolidata, né compiutamente documentata o aggiornata. In particolare per le Marche, infatti, è assai difficile disboscare una mole di accenni, affermazioni non documentate, studi in apparenza compiuti ma davvero ormai obsoleti: il tutto disperso in sedi editoriali periferiche o in opere difficilmente reperibili.

Abbiamo quindi cercato di fare il punto sul tema mettendo ordine negli studi pregressi, verificandoli alla luce di aggiornate acquisizioni e di alcune ricognizioni alla ricerca di versi danteschi. Insomma, l'indagine della sezione marchigiana di questa storia è stata da noi percorsa con un ideale drone, ed esemplificata con qualche atterraggio su alcuni manoscritti di sermoni latini[10] e sulle rare edizioni disponibili.

Nell'allestire questo percorso abbiamo ascoltato dapprima due voci fuori dal coro. Per primo il frate Minore Giovanni da Serravalle, famosissimo traduttore in latino della *Commedia*, vescovo prima di Fermo e poi di Fano, fino alla sua morte nel 1445. Mettendo in guardia sui pericoli interpretativi di un testo in volgare, che poteva apparire agevole da comprendere in ragione del facile accesso linguistico, con la consapevolezza che solo un traduttore poteva aver maturato, egli scrive:

> Dicunt aliqui ignorantes exaltantes aliquos: – O, o, o, talis est sufficiens persona; ipse intelligit profunde; ipse scit omnia; ipse novit bene talem librum, (...) ex eo quia eis videtur quod intelligat litteram (...). Ita accidit de isto libro Dantis. Quia est in vulgari, quilibet putat se intelligere bene et habere intentionem auctoris, quia intelligit vulgare, sive idioma Italicum. Sed non est sic pro certo. Nam

---

Dante», Francesco Petrarca (a proposito del giudizio sulla rinuncia di Celestino V). In un solo caso Caracciolo si riferisce alla *Commedia* condividendone il contenuto, eppure precisandolo: cita e rettifica *Inf.* X, 104-105 nel suo *Quadragesimale de poenitentia*, sermone XLVII, cap. I; cfr. *ibid.*, p. 186.

[10] Si tratta, per quanto riguarda Giacomo della Marca, dei seguenti mss.: Falconara, Biblioteca OFM, ms. A; Foligno, Biblioteca Comunale, ms. CA.IX.II.11; Biblioteca Apostolica Vaticana, ms. Vat. Lat. 7880; per Pietro da Mogliano: Mogliano, Biblioteca comunale, mss. 2 e 3; per Bernardino da Cingoli: Biblioteca Apostolica Vaticana, ms. Reg. Lat. 1108; per Bernardino Aquilano: L'Aquila, Archivio di Stato, ms. R. 111.

iste liber Dantis est valde difficilis, tum propter materiam altam, tum propter diversitatem materiarum de quibus tractat, tum propter multas et multas causas.[11]

La seconda voce è quella di Cecco d'Ascoli, nei versi della cui *Acerba* la *Commedia* è stigmatizzata in maniera caustica, senza neanche citarla:

Qui non si canta al modo delle rane, / Qui non si canta al modo del poeta, / Che finge, imaginando, cose vane; / Ma qui resplende e luce ogni natura / Che a chi intende fa la mente lieta. / Qui non si gira per la selva oscura. / Qui non veggio né Paolo né Francesca, / Delli Manfredi non veggio Alberico / che amari frutti colse di dolce esca.[12]

Tuttavia, al di là del giudizio su Dante, versi prelevati dall'*Acerba* convivono con quelli danteschi nel nostro campione di sermonari marchigiani:[13] a dire che agli occhi e ai fini dei predicatori prevaleva senza dubbio l'utilità e l'efficacia delle rime (persino dell'*Acerba*).

2. L'Osservanza nell'Italia mediana

L'Osservanza minoritica italica ha attraversato diverse stagioni nel percorso che dall'eremo umbro-marchigiano di Brogliano a Colfiorito ha portato quei frati a conquistare l'egemonia della pastorale nell'Italia della seconda metà del Quattrocento, e infine la titolarità stessa dell'*Ordo fratrum Minorum* rispetto ai confratelli ufficialmente separati da loro e individuati dalla qualifica di 'conventuali', come sancito dalla bolla *Ite vos* di Leone X nel 1517.

Il primo snodo di questo percorso è indubbiamente rappresentato dal peculiare modo di approcciare il pulpito e le folle da parte di Bernardino da Siena,[14] il secondo è costituito dal superamento di fatto della lunga guerra

---

[11] Citato da Carlo Dionisotti, *Dante nel* Quattrocento, in *Atti del Congresso internazionale di Studi danteschi*, a cura della Società Dantesca Italiana e dell'Associazione Internazionale per gli Studi di lingua e letteratura italiana sotto il patrocinio dei comuni di Firenze, Verona e Ravenna (20-27 aprile 1965), I, Firenze, Sansoni, 1965 («Comitato nazionale per le celebrazioni del VII centenario della nascita di Dante», 2), pp. 333-378: 343.

[12] Cecco d'Ascoli, *L'Acerba*, IV, xiii, 45-53 (ed. Crespi, 1927, p. 398).

[13] Se ne veda un esempio *ultra*, p. 83 e nota 37.

[14] Sul genere e sul grado delle novità apportate da Bernardino da Siena alla predicazione del Quattrocento fa ancora testo il contributo di Carlo Delcorno, *L'*ars praedicandi *di Bernardino da Siena*, in *Atti del simposio internazionale cateriniano-bernardiniano*, a cura di D. Maffei, P. Nardi, Siena, [s.n.], 1982, pp. 419-429; ma si veda anche Id., *Da Vicent Ferrer a Bernardino da Siena: il rinnovamento della predicazione alla fine del Medio Evo*, in *Mirificus praedicator: à l'occa-*

interna all'Ordine, la quale, realizzando le intuizioni di Giovanni da Capestrano, ha configurato di fatto il sostanziale auto-governo dell'Osservanza; il terzo snodo è quello successivo al pontificato di Sisto IV quando, a partire dagli anni Ottanta del Quattrocento, l'egemonia osservante entro l'Ordine, se ancora non stabilita *de iure*, era ampiamente affermata e praticata almeno *de facto*.[15]

Di gran parte di questo processo è stato attore Giacomo della Marca il quale, morto ottantacinquenne nel 1476, è il più longevo testimone degli sviluppi dell'Osservanza sin dall'età bernardiniana. Questa parte della storia dell'Osservanza, inoltre, si è realizzata per il tramite di una rete a maglie strette tessuta entro la macro-regione francescana dell'Italia mediana, che comprende le attuali regioni di Umbria, Marche e Abruzzo: il fulcro di queste sinergie era il convento di Monteripido a Perugia, città universitaria di norma eletta, per gli studi giuridici, dai frati provenienti dalle tre regioni. Questa macro-regione si distingue da altre unità territoriali, ma non si attingerebbe a risultati affidabili enfatizzando le attestazioni locali di tali usi al netto di una comparazione con quanto risulta da attestazioni ritrovate in autori che, pur geograficamente distanti, erano allora innanzitutto confratelli, che s'incontravano regolarmente, di persona o per lettera. Insomma, senza tenere conto di questa rete, è difficile assegnare un precipuo valore agli indizi marchigiani: tra i *fratres de familia*, infatti, l'appartenenza religiosa pesava più dell'appartenenza 'regionale': è comune a tutti, in tutta Italia, una dipendenza ideale-fondativa, se non fattiva-testuale, dal predicatore canonizzato, Bernardino da Siena.

---

sion du sixième centenaire du passage de Saint Vincent Ferrier en pays romand, Actes du colloque d'Estavayer-le-Lac (7-9 octobre 2004), publ. par P.B. Hodel, F. Morenzoni, Roma, Institutum Historicum Fratrum Praedicatorum, 2006, pp. 7-38 («Dissertationes Historicae», 32). Per gli aspetti linguistici si vedano invece Gianluca Frenguelli, *Note sul parlato di Bernardino da Siena*, in *Il parlato: metodi, testi e contesti*, a cura di M. Dardano, A. Pelo, A. Stefinlongo, Roma, Aracne, 2001, pp. 123-44 e Id., *Testualità del discorso orale in italiano antico. Il caso della predicazione tardomedievale*, in *Testualità. Fondamenti, unità, relazioni*, a cura di A. Ferrari, L. Lala, R. Stojmenova, Firenze, Cesati, 2015, pp. 289-395.

15 Tale vicenda è stata riscritta, oltre la sua tradizionale vulgata, in una serie di contributi di Letizia Pellegrini, tra i quali si vedano almeno: Ead., *Bernardino da Siena, il minoritismo e l'Osservanza: ambiguità e ambivalenze a partire da Monteripido*, in *Giacomo della Marca tra Monteprandone e Perugia. Lo* studium *del convento del Monte e la cultura dell'Osservanza francescana*, a cura di F. Serpico, L. Giacometti, Perugia, Biblioteca storica del Monte – Firenze, SISMEL, Edizioni del Galluzzo, 2012, pp. 21-35; Ead., *Osservanza / osservanze tra continuità e innovazione*, in *Gli studi francescani: prospettive di ricerca*, Spoleto, CISAM, 2017, pp. 215-234; Ead., *Observantes de familia*, in *Identità francescane agli inizi del Cinquecento*, Atti del Convegno della Società internazionale di Studi francescani (Assisi, 19-21 ottobre 2017), Spoleto, CISAM, 2018, pp. 3-34.

Ma, a dispetto di tanti sforzi fatti per riconoscere nel Senese un lettore di Dante,[16] non può davvero dirsi che egli abbia portato in pulpito il sommo Poeta: infatti ne parla soltanto una volta, peraltro nel facile contesto fiorentino, nel Quaresimale del 1425, quando, nell'avvertire sulla pericolosità nascosta tra i seducenti versi dei poeti volgari, elabora una sorta di canone librario *in nuce* che esclude, tra i volgari, la prosa del «*Corbaccio* e altri libri fatti da messer Giovan Boccacci» per poi ammettere: «il vostro poeta Dante, messer Francesco Petrarca, messer Coluccio notabilissime cose feciono, e da commendarli grandissimamente».[17]

Bernardino in ogni caso aveva ben presente il testo della *Commedia* nonché la familiarità che con esso aveva il suo uditorio senese, se nel ciclo predicato sulla piazza del Campo nel 1427 può esclamare sul pulpito:

> O tu che araguni araguni, e mai non ti vedi sazio, deh attaccati a Davit, el quale volse cercare d'andare a trovare el paradiso, come Dante s'ataccò a Vergilio per poter vedere l'inferno.[18]

Nello stesso ciclo si leggono tre sole citazioni letterali dalla *Commedia*. A proposito delle condizioni necessarie per assolvere chi avesse alimentato fazioni e parzialità, Bernardino ammonisce:

> Fa che prima tu facci che elli rinnieghi tutte le parzialità che elli ha tenute (...) e poi l'absolve. Ma se elli non le rinniega, io ti dico che elli va a casa del diavolo, e tu con lui insieme, se tu l'absolvi. Sai come disse colui? *Assolvar non si può chi non si pente / né pentere e volere insieme puossi / per la contradizione che nol consente.*[19]

Le altre due citazioni, dallo stesso canto *Inf.* XXVII, sono entrambe del v. 110, con leggere varianti e utilizzate con diverse accezioni: talché il verso

---

[16] Appare piuttosto forzato il contributo di SANTA CASCIANI, *Bernardino: Reader of Dante*, in *Dante and the Franciscans*, ed. by S. Casciani, Leiden, Brill, 2006, pp. 85-111, che amplifica la proposta più prudente ed approfondita di HANS RHEINFELDER, *Dante, il suo pensiero, il suo tempo nella predicazione di San Bernardino da Siena*, in *Dante nel pensiero e nella esegesi dei secoli XIV e XV*, Atti del Convegno di Studi realizzato dal Comune di Melfi in collaborazione con la Biblioteca provinciale di Matera e il Seminario di Studi Danteschi di Terra di Lavoro (Melfi, 27 settembre – 2 ottobre 1970), Firenze, Olschki, 1975, pp. 93-113: 99-98. Nel contributo di Rheinfelder, il paragone tra Dante e Bernardino, imposto dalla natura stessa del contributo, evidenzia semplicemente delle affinità «che si spiegano con una medesima formazione filosofica e teologica» e non con una influenza diretta del Sommo Poeta sul predicatore senese.

[17] Cfr. O. VISANI, *Citazioni di poeti*, cit., p. 123, nota 4.

[18] BERNARDINO DA SIENA, *Prediche volgari sul Campo di Siena, 1427*, a cura di C. Delcorno, Milano, Rusconi, 1989, predica XLII, 17; si veda il commento di N. MALDINA, *Dante tra i predicatori del Quattrocento*, cit., pp. 241-242.

[19] B. DA SIENA, *Prediche volgari sul Campo di Siena*, cit., predica XXIII, 102; con riferimento a *Inf.* XXVII, 118-120.

dantesco (*longa promessa coll'attender corto*) è interpretato nel primo caso come lusinga, nel secondo caso come promessa tradita.[20]

Si direbbero invece nulle le tracce di Dante nei sermoni latini di Bernardino: in più punti ricorrono menzioni apparentemente dantesche ma formulate in latino, che tradiscono piuttosto un retroterra bonaventuriano condiviso, che Dante usa in volgare e Bernardino cita in latino.[21]

Assai recentemente, in seno al Convegno della Società internazionale di Studi francescani, Pietro Delcorno ha avuto modo di proporre una tipologia degli impieghi del testo dantesco da parte dei predicatori francescani,[22] enucleando tre generi prevalenti:

– il prelievo di terzine o gruppi di terzine ad esemplificare in versi il contenuto predicato;
– singoli canti della *Commedia* scelti come tema o traccia di un'intera predica;
– la *Commedia* come modello odeporico-penitenziale a cui riferirsi per la strutturazione di un intero ciclo di *sermones*.

A questi parametri ci riferiremo per misurare le testimonianze marchigiane, segnalando eventuali ulteriori utilizzi, che si discostano da queste modalità, o le precisano.

Partendo dagli ultimi due aspetti, notiamo che nessuno dei predicatori marchigiani che hanno scritto i propri sermoni nel corso del Quattrocento fa un uso strutturante della *Commedia*. Nessuno di loro, cioè, pur navigato nella lettura del Poema, pur avallandone ampiamente l'uso sul pulpito, pur citandolo con quella che diremmo una puntuale disinvoltura, giunge a valorizzarlo come plot narrativo/drammaturgico. Tuttavia, era marchi-

---

20 *Ibid.*, predica XXXIV, 11; predica XLII, 79.

21 Si veda ad esempio il caso in cui Bernardino per ben due volte scrive: «O insensata mortalium cura in vanis» (nel sermone 32, Id., *De confessione peccatorum*, in *Bernardini Senensis Opera omnia*, 8 voll., Ad Claras Aquas (Florentiae), ex typographia Collegii s. Bonaventurae, VIII: *Sermones imperfecti*, Ad Claras Aquas (Florentiae), ex typographia Collegii s. Boncaventurae, 1963, p. 118 e I: *De christiana religione*, Ad Claras Aquas (Florentiae), ex typographia Collegii s. Boncaventurae, 1950, p. 168: in questi e simili casi egli non cita in realtà Dante, ma cita alla lettera Bonaventura da Bagnoregio che Dante aveva volgarizzato in apertura di *Par.* XI (*O insensata cura de' mortali*); cfr. Bonaventura, *De vera confessione*, in *Doctoris seraphici s. Bonaventurae s.r.e. episcopi cardinalis Opera omnia ... edita studio et cura pp. Collegii a s. Bonaventura ad plurimos codice mss. emendata anecdotis aucta prolegomenis scholiis notisque illustrata*, X, Ad Claras Aquas (Quaracchi), ex typographia Collegii s. Bonaventurae, 1902, 30.

22 Pietro Delcorno, *La* Commedia *nella predicazione dei frati minori (1365-1500)* in *Dante, Francesco e i frati Minori*, Atti del XLIX Convegno della Società internazionale di Studi francescani (Assisi, 14-16 ottobre 2021), Spoleto, CISAM, 2022, pp. 261-315. Ringraziamo il collega per averci consentito la consultazione del dattiloscritto nelle more della stampa degli atti.

giano almeno d'origine quel frate Gioacchino da Visso che nel 1437 sottoscrisse la trascrizione di un intero sermonario interamente dantesco: un quaresimale impostato a mo' di pellegrinaggio penitenziale con una guida, che mutua esplicitamente il proprio schema dalla *Commedia*. Il sermonario anonimo, recentemente illustrato dalle ricerche di Pietro Delcorno, reca la sottoscrizione di Gioacchino da Visso, alla quale dobbiamo tutto quanto sappiamo di lui, vale a dire che era frate e baccelliere di logica a Bologna.[23]

Per quanto riguarda invece il primo tipo di impiego tra quelli proposti da Pietro Delcorno, abbiamo verificato che la *Commedia* – oltre a un uso schematico, autoritativo, esemplare, proverbiale – veniva anche declamata per terzine, poche o molte insieme, dai pulpiti. Questo impiego, se si pensa alla diffusione orale-popolare del poema sin dalla metà del Trecento, si configura quasi in termini di letterale redenzione: significava, se non strappare Dante dalle piazze, almeno riportarvelo dall'autorevolezza del pulpito. Così, un testo che – Sacchetti permette di riconoscerlo – era già patrimonio di oralità profana, diletto familiare a cantastorie e artigiani,[24] veniva incanalato nell'alveo di finalità sociali e pastorali, facendo leva sul suo «visibile narrare» che ben si prestava al messaggio predicato.[25]

---

[23] Cfr. Roma, Biblioteca Angelica, ms. 805, c. 95v: «Explicit Quadragesimale Peregrini scriptum per me fratrem Ioacchinum de Visso anno Domini M°CCCC°XXX°VII°, die XX°IIII° aprilis, completum in conventu Bo‹no›nie tempore mey bacchalaureatus in loycalybus»; segnalato da Pietro Delcorno, *Un pellegrinaggio nell'inferno dantesco*, cit., pp. 221-222 e nota 8; e in Id., *«Et ista sunt scripta Dantis»*, cit., p. 4, nota 17, ove si nota che lo stesso manoscritto contiene un secondo quaresimale (ricco di citazioni dantesche) e parte del *Contra Iudaeos* di Nicola di Lira, anch'essi copiati da Gioacchino da Visso. Su di lui (fatto frate Agostiniano), si veda una breve nota di Rossano Cicconi, *Scuola e cultura nei conventi agostiniani delle Marche*, in *Scuola e insegnamento*, Atti del XXXV Convegno di Studi Maceratesi (Abbadia di Fiastra, Tolentino, 13-14 novembre 1999), Macerata, Centro di Studi storici maceratesi, 2001, pp. 241-324: 272 e 314, con rinvio a David Gutierrez, *De antiquis Ordinis Eremitarum sancti Augustini bibliothecis*, Romae, Typis Polyglottis Vaticanis, 1955 («Analecta Augustiniana», 23), pp. 164-372: 350-355.

[24] Cfr., a tal proposito, Franco Sacchetti, *Il Trecentonovelle*, edizione a cura di A. Lanza, Firenze, Sansoni, 1984: novelle CXIV («Dante Allighieri fa conoscente uno fabbro e un asinaio del loro errore, perché con nuovi volgari cantavano il libro suo») e CXV («Dante Allighieri, sentendo un asinaio cantare il libro suo e dire: "Arri!", il percosse, dicendo: "Cotesto non vi mess'io", e lo rimanente come dice la novella»), pp. 231-233.

[25] Andrea Simone, *Dante in scena. Percorsi di una ricezione: dalla fine dell'ancien régime al grande attore*, tesi di dottorato in Storia delle arti e dello spettacolo, tutore Marzia Pieri, Università degli Studi di Firenze, a.a. 2014-2018 (disponibile on line al sito <https://flore.unifi.it/handle/2158/1152148>), in particolare pp. 19-22.

3. Dante sui pulpiti (e nelle *librarie*) dei frati marchigiani

Le Marche del Quattrocento furono regione dantesca sotto molti rispetti: oltre a Giovanni da Serravalle e andando per sentieri meno battuti, basti pensare che Jesi contende a Foligno (e ad altre città) l'*editio princeps* della Commedia,[26] o che è marchigiano di Gàgliole il padre Candido Mariotti che – affiliato ai luminosi editori minoritici di Quaracchi – oltre ad aver dato vita al prezioso istituto bibliotecario francescano di Falconara, è anche autore della citata monografia sui rapporti tra Francesco d'Assisi, Tommaso d'Aquino e Dante.[27] E uscendo dall'ambiente religioso fratesco, si dovrebbe guardare all'universo culturale e librario delle corti urbinate e pesarese.

Per quanto riguarda la ricezione della *Commedia* nella predicazione marchigiana del Quattrocento, per via di secolare stratificazione erudita si è imposto un trittico dei ricettori più evidenti:[28] Giacomo della Marca, Pietro da Mogliano e Bernardino da Cingoli; ma, a una prima verifica, tale trittico risulta in parte da smontare.

3.1. *All'origine: Giacomo della Marca*

Nel 1876, in occasione del IV centenario della morte del predicatore di Monteprandone, il canonico Giacinto Nicolai pubblicava una sua *Vita storica*, in appendice della quale sono elencati i «brani di Dante riportati nelle sue prediche». Ne sortisce una antologia (di oltre cinquanta terzine) dalla apparente sistematicità, priva però di riferimenti ai manoscritti o ai cicli di prediche di Giacomo.[29] Quello spunto fu consistentemente raccolto, nel 1964, da Renato Lioi che dedicava un primo contributo – più sistematico ma non esaustivo – a *Giacomo della Marca studioso di Dante*: titolo che riprende intenzionalmente la definizione proposta da Agostino Gemelli (1932).[30] A sostanziare questa fama, i manoscritti omiletici di Giacomo sono sta-

---

26 Risalente comunque al 1472; vedi *ultra*, nota 54.

27 Vedi *supra* nota 1.

28 Giacomo della Marca «non diversamente da fra Bernardino da Cingoli e dal beato Pietro da Mogliano, tiene quale vivo e costante modello nei suoi sermoni e nelle sue prediche il poema dantesco»; così Febo Allevi, *Marche*, in *Enciclopedia dantesca*, III, Roma, Istituto della Enciclopedia italiana, 1971, pp. 822-824: 823; ma si veda soprattutto Id., *Dante e le Marche (a proposito delle note dantesche di S. Giacomo della Marca)*, «Picenum Seraphicum», VIII, 1971, pp. 81-99.

29 Giacinto Nicolai, *Vita storica di S. Giacomo della Marca dei minori, protettore della città e diocesi di Napoli*, Bologna, Mareggiani, 1876, parte VI (*Scienza e letteratura del santo*), nella quale si dedica un capitolo a *I brani di Dante riportati nelle sue prediche in conferma della verità cristiana*.

30 Renato Lioi, *Giacomo della Marca studioso di Dante*, «Studi francescani», LXI, 1964, pp. 26-69; cfr. Agostino Gemelli, *Il francescanesimo*, Milano, Vita e Pensiero, 1932, p. 123.

ti individuati da Amedeo Crivellucci e Giuseppe Caselli in tre codici della biblioteca conventuale di Monteprandone.[31] Questi originari censimenti di occorrenze dantesche sono stati precisati e ampliati con l'edizione dei *Sermones dominicales* di Giacomo, a cura dello stesso Lioi.[32]

Piuttosto che affidarci alla sinossi dantesca di padre Mariotti, oltre a consultare l'edizione dei sermoni di Giacomo, abbiamo esaminato due manoscritti inediti: il *Quaresimale* tradito dal codice della Biblioteca comunale di Foligno, CA.IX.II.11; e il Vat. Lat. 7780, un codice di lavoro che raccoglie materiali poi confluiti nei cicli quaresimale e domenicale.

Nel codice Vaticano spiccano alcune citazioni dantesche, per un totale di diciassette terzine, talvolta singole, talvolta antologizzate (come nel caso di *Inf.* IV).[33] L'unica citazione estranea alla *Commedia* è il famoso (e spurio) 'Credo di Dante'.[34] È da notare che, pur in un codice di lavoro e ad uso personale, i versi sono scritti su metà della colonna di scrittura, separando il testo poetico dal testo discorsivo in latino con una linea verticale, a evidenziare in qualche modo la parte in versi volgari, con un prototipo del nostro 'blocchetto'.[35]

Nei sermoni di Giacomo, Dante è sempre citato nella forma essenziale comune a tutte le altre citazioni d'autore: *Dantes*, per lo più introdotto dalla consueta formula *unde Dantes*, come un'*auctoritas*, a supportare il discorso del predicatore, magari con funzione di mediazione linguistica rispetto a fonti classiche dal contenuto ritenuto affine. Il riferimento alle cantiche è sempre attraverso la formula: *in 1° – 2° – 3° libro*, o *in 1ª – 2ª – 3ª Comedia*, con riferimento al numerale del canto, abbreviato con c. puntata (che, associato a *libro*, è da intendersi come *capitolo*, come peraltro talvolta si scrive per intero).

---

31 Si tratta dei manoscritti M/42, M/46, M/46 bis; cfr. AMEDEO CRIVELLUCCI, *I codici della libraria raccolta da S. Giacomo della Marca nel convento di S. Maria delle Grazie presso Monteprandone*, Livorno, Tip. di Raff. Giusti, 1889; GIUSEPPE CASELLI, *Studi su S. Giacomo della Marca*, 2 voll., Ascoli, Tassi – Offida, De Sanctis, 1926.

32 *Giacomo della Marca. I Sermones dominicales*, a cura di R. Lioi, 4 voll., Falconara Marittima, Biblioteca francescana, 1978-1982.

33 Ecco i risultati dello spoglio del Vat. Lat. 7780: c. 87r, *Par.* XI, 82-84; c. 171v, *Par.* IX, 7-9 e *Par.* XXXIII, 115-117; c. 187v, *Par.* VII, 28-30; c. 188r, *Par.* VII, 118-120; c. 188r, *Par.* XXXIII, 1-3; c. 276v, *Inf.* IV, selezione di undici terzine tra i 73-135.

34 La citazione, limitata a una sola ottava del componimento (*Io scrissi già d'amor più volte in rime*) è introdotta da Giacomo con una formula che ne giustifica l'impiego e, al tempo stesso, avalla l'ortodossia del Poeta: «Et hanc nostram dualitatem posuit Dantes poeta vulgaris quam reservavit in quodam sermone quem compilavit de articulis fidei ostendens in hac parte se esse vere fidelem cuius oppositum de ipso oppinabatur ubi sic inquit»; Biblioteca Apostolica Vaticana, Ms. Vat. Lat. 7780, c. 189v

35 Questa prassi non è rispettata solamente alla c. 84 r., dove cita due terzine sul rigo, nel corpo del sermone.

Nel ciclo dei *Sermones dominicales* di Falconara le occorrenze dei versi danteschi sono assai più numerose. È utile notare che si tratta di oltre 50 terzine, desunte da 4 canti dall'*Inferno*, 5 dal *Purgatorio*, e 5 dal *Paradiso*.[36] Ciò fa di Dante non solo una *auctoritas* tra le più citate (ma ovviamente al secondo posto dopo i grandi classici latini, ma non cristiani), ma convive, quanto al volgare, con solo tre citazioni da Iacopone da Todi e con la citazione – ripetuta due volte – dall'*Acerba* di Cecco d'Ascoli, che volgarizza uno dei più celebri passi dell'epistolario di Girolamo: «Ell'è gran facto se nel conversare / homo con femina non nasce peccato / io dico: come morto suscitare».[37]

Insomma, non solo la letteratura volgare aveva avuto accesso al pulpito, ma il volgare usato dai predicatori (i quali comunque predicavano in volgare, quindi volgarizzando anche le tradizionali *auctoritates* latine), era quello in versi e in rima.

3.2. *La generazione successiva*

Se abbiamo posto Giacomo della Marca alle origini marchigiane dell'abitudine di citare Dante sul pulpito, è anche perché Giacomo fece scuola: quando lavorò, con progettualità e sistematicità senza pari, all'allestimento della *libraria* conventuale di Monteprandone, il pontefice Pio II gli accordò addirittura una squadra di cinque confratelli come collaboratori.[38] Tra di loro c'era il più letterariamente dantesco dei predicatori marchigiani: Pietro da Mogliano (1435-1490).[39]

---

[36] In particolare: 22 terzine da *Inf.* III-V e VII; 10 terzine da *Purg.* VI, XIII, XIX-XX, XXVI; 21 terzine da *Par.* V, IX, XXII-XXIII, XXXIII

[37] Tuttavia tale passo reca numerose differenze con il testo tràdito dell'Acerba, che è il seguente: «Ben è gran cosa se nel conversare / Dello gran tempo non nasce peccato: / Dico che è come morto suscitare» (*Acerba*, II, XI, 25-27; Ed. Crispi, 1927, p. 210); numerose analogie si riscontrano con un passo del *Fiore di virtù*: «Sancto Berna[r]do dise: "Conversare spesso l'omo e la femena inseme e guardarse da peccare, maore cosa è che morti suscitare», *Flore de virtù et de costume secondo il cod. I.II.7 della Biblioteca Comunale degli Intronati di Siena*, a cura di M. Volpi, «Bollettino dell'Opera del Vocabolario Italiano», XXIII, 2018, pp. 137-223.

[38] Cfr. LETIZIA PELLEGRINI, *Cultura del libro e pratiche dei libri nell'Osservanza italiana*, in *Entre stabilité et itinérance. Livres ed culture des ordres mendiants*, sous la direction de N. Bériou, M. Morard, D. Nebbiai, Thurnout, Brepols, 2014 («Bibliologia», 37), pp. 189-201: 197-198.

[39] Su Pietro da Mogliano, oltre a EAD., *Pietro da Mogliano, beato*, in *Dizionario biografico degli italiani*, LXXXIII, Roma, Istituto della Enciclopedia italiana, 2015, pp. 519-521, si veda la classica monografia di IPPOLITO BRANDOZZI, *Il beato Pietro da Mogliano: Minore Osservante (1435c - 1490); con 2 sermoni inediti*, Roma, Edizioni francescane, 1967 («Studi e testi francescani», 38) e gli studi raccolti nel più aggiornato volume *Il beato Pietro da Mogliano (1435-1490) e l'Osservanza francescana*, a cura di G. Avarucci, Roma, Istituto Storico dei Cappuccini, 1993; in particolare per la collaborazione di Pietro con Giacomo della Marca presso la *libraria* del convento di Mon-

Costui dunque, molto più giovane di Giacomo, lavorò giovanissimo al suo fianco. I suoi sermoni sono tramandati dai codici 2 e 3 della Biblioteca comunale di Mogliano. Di questi sermoni, soltanto due sono stati pubblicati, studiati e descritti anche recentemente, e sono i più consistentemente danteschi (*De inferno* e *De gloria beatorum*).[40] Su questi, verificati sul codice e associati ad altri brani raccolti a campione da una sommaria ricognizione dei due codici, si basa la nostra analisi.

Nei due sermoni del moglianese, forse in ragione del loro argomento che combacia con le miniere figurative della *Commedia*, il *Dantes* ricorre non solo assai di frequente, ma anche con un compiacimento celebrativo e con dettagli che paiono estranei alla postura intellettuale di Giacomo.

Pietro da Mogliano lo introduce solo sei volte come *Dantes*; quando non ne fa il nome, ricorre all'antonomasia di *poeta maternus* o *poeta Florentinus*, o *poeta vulgaris*, aggiungendovi: *inquit eleganter* o *poetice* o *in suo eloquio materno*. Quando il brano che cita è molto lungo, accompagna l'uditore, spezzando l'enunciazione con formule del tipo: «Et prosequendo in eodem capitulo, de predictis peccatis infra dicit»,[41] «Et prosequendo in eodem capitulo, infra dicit»; il canto III è fortemente antologizzato nel sermone ma – in questo come in altri casi –, Pietro segnala in qualche modo le omissioni.[42]

I suoi rimandi ai brani della *Commedia* sono di norma nella forma del numero cardinale del capitolo, specificando le cantiche al modo di Giacomo,[43] ma diversamente da lui usa il termine 'cantica', anche se una sola volta.

Nella prassi di Pietro da Mogliano, rispetto all'uso semplice e immediato di Dante come *auctoritas*, si notano alcune amplificazioni. Innanzitutto,

---

teprandone: MARIA GRAZIA BISTONI GRILLI CICILIONI, *L'intervento del beato Pietro nella costituzione della biblioteca di S. Giacomo della Marca*, in *Il beato Pietro Mogliamo (1435-1490) e l'Osservanza francescana*, cit., pp. 304-330.

40 I. BRANDOZZI, *Il beato Pietro da Mogliano*, cit., pp. 145-201. Su questo volume e sulle edizioni dei due sermoni in esso pubblicate riposano i saggi di ADRIANO GATTUCCI, *Il ms. 2 della Bibl. Comunale di Mogliano*, in *Il beato Pietro da Mogliano (1435-1490) e l'Osservanza francescana*, cit., pp. 117-135, con in appendice l'edizione del sermone *De pace* (pp. 117-135); e – relativamente al codice Mogliano, Biblioteca Comunale, ms. 3 – di GIUSEPPE AVARUCCI, *Il sermonario del beato Pietro da Mogliano*, cit., pp. 137-153, con in appendice presentazione e antologizzazione di due sermoni del ciclo (pp. 154-160). Si veda inoltre RINO AVESANI, *Il b. Pietro e la letteratura profana*, in *Il beato Pietro da Mogliano (1435-1490) e l'Osservanza francescana*, cit., pp. 353-365.

41 Così, ad esempio, a proposito di *Inf.* III, passando dall'enunciazione delle terzine 22-30 alle terzine 31-51 (Mogliano, Biblioteca comunale, ms. 2, cc 18 rv).

42 Ad esempio, dopo aver citato la terzina *Inf.* III, 49-51 «non ragionar di loro ma guarda e passa», introduce la menzione della terzina 103-105 con: «Et sequitur infra tractans de peximo dolore et desperatione illorum: Biastimavano Dio et lor parenti / l'humana spetia e 'l logo e 'l tempo e 'l seme / de lor semença et de lor nascimenti» (*ibid.*).

43 E quando gli capita, in un caso, di omettere il numero cardinale del capitolo, lascia lo spazio in bianco per una successiva integrazione.

in due casi, il predicatore aggancia direttamente la *Commedia* a Virgilio o a Ovidio, rimarcando la consonanza tra i classici latini e il poeta cristiano volgare.[44] In altri due casi egli lascia del tutto la penna a Dante, come a far ascoltare direttamente dalle sue terzine la qualità delle pene dell'Inferno (con prelievi da *Inf.* III) e la crudeltà dei demoni (tramite tre terzine estratte da *Inf.* XVIII). Infine, almeno in un caso egli usa il testo dantesco come asseverazione fattuale di una questione dibattuta nella tradizione cristiana da Agostino in avanti, cioè la realtà corporale dei vermi nell'oltretomba, della cui esistenza la *Commedia* costituirebbe una prova fattuale:

sed nec incredibile quod etiam ibi erunt vermes, ymmo et serpentes atque vipere et diversa venenosorum genera circumdantes corpora dampnatorum. Unde Dantes in 3 c. inferni: *Quisti sciagurati, che mai non foron vivi, erano nudi e stimulati multo da vespe et da moschuni ch'erano ivi* (...)

Dopo questa citazione, prosegue riprendendo *Inf.* XXIV, 82-84.[45]

3.3. *Fantasmi e frammenti*

Nel trittico dei predicatori danteschi marchigiani è in genere annoverato frate Bernardino da Cingoli per via di un *Lamento su Costantinopoli*, in cui ricorrono rari accenni danteschi. L'autorialità di Bernardino da Cingoli è attestata da tre dei sei codici che tramandano il *Lamento*; mentre gli altri tre codici assegnano il poema a un prete Maffeo da Pisa, attribuzione confermata dall'incunabolo marciano:[46]

Marciana, incunabolo	**BAV. Reg. 1108, c. 100v**
E ora per saper chi fu el cristiano	Et per saper chi fu quell cristiano
Ch'a facte queste rime per memoria,	Ch'affate tante rime per memoria,

---

[44] Ad esempio, quando nel sermone *De inferno* cita Dante dopo Virgilio, lo introduce dicendo: «Hunc secutus fuit eius dictum roborans Dantes in suo eloquio materno 32 c. prime partis: *Non è impresa da pigliare al gabbo* (...)», riportando il brano *Inf.* XXXII, 7-15 (Mogliano, Biblioteca Comunale, ms. 2, c. 11r).

[45] *Ivi*, c. 22v.

[46] Edizione in *Lamenti storici dei secoli XIV, XV e XVI raccolti e ordinati a cura di Medin Antonio e Ludovico Frati*, II, Bologna, Romagnoli Dall'Acqua, 1888, pp. 157-190; *Introduzione*, *ivi*, pp. 150-156. L'edizione – con il titolo di *Lamento di Costantinopoli di frate Bernardino cingolano (1453)* – è basata sull'incunabolo Venezia, Biblioteca Marciana, Miscellanea n. 1541, 11, e interpolata – laddove lacunosa (ottave 58-65 e 77) – ricorrendo al codice «più compiuto e meglio corretto». L'attribuzione al Cingolano si legge in due codici di Firenze, Biblioteca Nazionale, Magl. VII, 1184 e Biblioteca Marucelliana, ms. C. 265, e nel codice della Biblioteca Apostolica Vaticana, ms. Vat. Reg. 1108.

Et à chiamato ciascun'taliano	Et à chiamato ciaschun italiano
Che vadi per aver questa victoria:	Che vadi per aver questa vettoria
Chiamasi questo pre Maffeo pisano,	**Chiamossi Bernardino cingolano**,
Al quale Iddio conceda eterna gloria	Al quale Iddio conceda etterna gloria
Et a sua fine per quel che ha dicto	Allo suo fine per quel ch'egli à detto
Et a' suoi scolar che l'hanno scripto	Et a suo scholari che l'avono scritto

Diverse varianti testuali tra le due redazioni confermano la doppia attribuzione e confortano l'appartenenza di Bernardino cingolano all'Osservanza. A una sommaria collazione tra le due versioni, spicca in particolare la sostituzione/riscrittura di un'ottava che sembrerebbe avallare l'idea che il presunto redattore cingolano possa essere un frate, e dell'Osservanza. Infatti, all'altezza dell'appello ai cristiani, le due redazioni si discostano in questi termini:

prete Maffeo pisano	**Bernardino da Cingoli**
Edizione ottava 77	BAV. Reg. 1108, c. 97r
E pregate quella vostra avvocata	Aveste el sacro santo cittadino
Madre gloriosa de Cristo Gesue	Ch'el nome di Giesu a exaltato
E tutti i beati che per lor si canta,	Delli Minori frate Bernardino
Massimamente quei novelli due,	Che più di quarant'anni ha predicato
Santo Bernardino e Caterina santa,	Contro la fede di quel saraceno
che preghin con tutti i santi Gesue	Che a Gostantinopoli sogiogato
che facion vendetta de Gosstantinopolitani	La fede santa che ti fu insegnata
	Da lluy valla a defendere in brigata

Va però rilevato che di un frate Bernardino da Cingoli non c'è traccia in nessuno dei repertori o delle opere di erudizione minoritica relativamente al secolo XV. Non è improbabile che un frate di Cingoli si sia appropriato di un testo che si prestava alla declamazione orale, un testo da cantastorie insomma, un genere ad autorialità debole per definizione, e che l'abbia fatto suo e firmato a suo modo, con una prassi che la mobilità del genere autorizzava. Inoltre, nell'opera accenni danteschi sono limitati a cinque ottave e mai insieme diretti o espliciti, piuttosto eventualmente parafrasati.[47]

---

47 Ottava VI, p. 159: «E contra s' italiani io vo' gridare / seguendo e versi del poeta Dante. / O serva Italia io ti vo chiamare»; ottave XXI-XXII (invettiva contro Genova e in favore dei pisani), p. 164: «ahi dura terra non li hai sommersi...»; ottava XLI, p. 170: «Se tu non piangi di che pianger suoli?»; ottava XLVIII, p. 173: «Ancora chiamo e maestri che sanno / E chiamo el venerando e gran Platone / E chiamo quegli che onor gli fanno / sicome Dante nell'Inferno pone». I rimandi di pagina fanno riferimento all'edizione *Lamenti storici*, cit., II, pp. 151-193.

Pertanto terremmo Bernardino da Cingoli fuori dal novero degli Osservanti 'dantisti', almeno fino a nuove e più probanti evidenze.

A fianco dei tre nomi fin qui considerati, ne emergono altri che hanno lasciato tracce dantesche assai labili: un frate Antonio della Marca è attestato come traduttore in latino della *Commedia* in una delle più celebri opere perdute della storiografia minoritica a cavallo tra Quattro e Cinquecento: le *Croniche* di Mariano da Firenze. Da chi poté consultarle prima che sparissero sappiamo esattamente anche dove e come Mariano parlava della traduzione dantesca di Antonio della Marca. La succinta notizia di Mariano, infatti, ha risalito le correnti dell'erudizione locale, minoritica e dantista. Si veda ad esempio il modo in cui la trasmette Giovanni Mario Crescimbeni: tra gli «autori che s'affaticarono in trasportare in altre lingue la medesima opera, perché più universale se ne fosse renduta la lezione», cita

> Antonio della Marca, frate Minore, che anch'esso in versi latini la trasportò, come scrive Mariano Fiorentino nelle Croniche lib. V, cap. 42, §1, num. 36., il quale soggiugne, che il manoscritto di questa fatica lo levò dal convento di Fano, ove si conservava, maestro Lorenzo Astemio da Macerata, e lo ritenne per sé.[48]

L'opera sarebbe stata dispersa con l'eredità libraria di Lorenzo Bevilacqua – più noto all'epoca e tutt'ora conosciuto con lo pseudonimo di 'Astemio' – un personaggio proveniente da Macerata Feltria, che era stato dagli anni Settanta del Quattrocento scriba di Girolamo Riario a Cagli, bibliotecario di Guidobaldo da Montefeltro a Urbino, precettore di Pandolfo e Carlo Malatesta a Rimini e infine, dal 1501, collaboratore della tipografia fanese di Girolamo Soncino.[49]

---

[48] Giammario Crescimbeni, *Comentarij [...] intorno alla sua istoria della volgar poesia*, II, Venezia, presso Lorenzo Basegio, 1730, p. 282. Effettivamente negli *Annales Minorum* si legge: «Frater Antonius de Marchia, artis Poeticae peritissimus, hoc tempore Dantis Aligerii, clarissimi poetae Etrusci opera latino explicuit carmine. Opus hoc elegantissimum, ab eruditi viris summe concupitum, e coenobio Minorum Fanensi abstulit Magister Laurentius Astemius e Macerata Montis Feltrii, vir doctissimus, et magno pretio penes se retinuit. Post eius mortem opus deperiit». Da una nostra ricerca tra i manoscritti siglati Urb. Lat. della Biblioteca Vaticana risultano cinque codici contenenti sue opere, oltre a vari manoscritti della *Commedia* e di altre opere di Dante, ma nulla della *Commedia* in latino.

[49] Cfr. Claudio Mutini, *Astemio (Abstemius, Abstemio), Lorenzo*, in *Dizionario biografico degli italiani*, IV, Roma, Istituto della Enciclopedia italiana, 1962, pp. 460-461. Alla figura di Lorenzo Astemio è stata dedicata una tesi di laurea diretta dalla collega Silvia Fiaschi, discussa ad Aprile del 2022, da parte di Francesca De Luca, *Il maestro e il tipografo. Lorenzo Astemio, Girolamo Soncino e una silloge patristica a stampa del 1504: un caso di studio*. L'elaborato costituisce un affidabile e aggiornato punto di riferimento per la biografia, la produzione letteraria e l'attività editoriale del personaggio.

Ci sono poi, nei codici, spie ancora più labili che andrebbero ascoltate e verificate. Ad esempio, sul margine di un sermone 'dantesco' del codice Vaticano di Giacomo della Marca compare il nome di Agostino da Mombaroccio.[50] Il frate è attestato come Vicario provinciale della Marca per tre mandati, impegnato rappresentante della Provincia in diversi Capitoli generali e assai vicino a Giacomo della Marca, nel momento in cui Callisto III investì Giacomo della missione impossibile di redigere le Costituzioni concordate tra i frati Conventuali e gli Osservanti.[51]

3.4. *Oltre la Marca e intorno a Giacomo*

Per concludere la nostra panoramica, ci spostiamo nella contermine provincia francescana abruzzese, dove troviamo – protagonista e più volte vicario della stessa – un predicatore assai vicino a Giacomo della Marca: Bernardino Amici, detto Aquilano o da Fossa. Autore di una singolare *Cronaca* dell'Osservanza, in essa più volte fa cenno ai costanti suoi rapporti con Giacomo, che chiama 'suo padre', perché lo accolse in religione nel convento perugino di Monteripido nel 1445, e lo frequentò costantemente negli anni, almeno in Curia romana e nelle sedi capitolari.[52]

Tra i sermoni di Bernardino Aquilano, in un codice peraltro autografo, c'è almeno un sermone propriamente 'dantesco', che si presenta, come da indice coevo del sermonario: *De Virgine gloriosa secundum dicta Dantis*, e che assume a tema «*Vergene matre fillia del tuo fillio* etc... Recollige ex his versibus.12. laudes beate Virginis».[53] Si tratta di un sermone per il quale Dante fa da riferimento testuale sistematico, come non si trova in nessuno dei predicatori marchigiani esaminati. Del resto Bernardino Aquilano è membro di una Provincia minoritica i cui manoscritti quattrocenteschi sono ampiamente conservati o presso l'Archivio di Stato dell'Aquila, o addirittura, (dopo le soppressioni), presso la Biblioteca Nazionale di Napoli, capitale del Regno: qui sono passati al vaglio di padre Cesare Cenci, che nelle sue

---

50 Biblioteca Apostolica Vaticana, ms. Vat. Lat. 7780, c. 191r, «frater Augustinus de Monte Barochio».

51 Cfr. Letizia Pellegrini, *Bernardino Aquilano e la sua Cronaca dell'Osservanza*, Milano, Edizioni Biblioteca Francescana, 2021, p. 287, nota 116.

52 *Ivi, ad indicem*.

53 Il codice L'Aquila, Archivio di Stato, R 111, proveniente dal convento di S. Angelo d'Ocre, contiene 154 sermoni *de diversis*. Il sermone mariano, il primo della raccolta, è a c. 2rb ed è articolato con il commento a diverse terzine della cantica. Il sermone è stato oggetto di due edizioni: *Un sermone del b. Bernardino Amici da Fossa sulla Vergine Gloriosa*, a cura di A. Leosini, L'Aquila, 1865; *Beati Bernardini a Fossa ... Super laude ad beatam Virginem in trigesimotertio cantico Paradisi Dantis Alighieri*, a cura di M. da Civezza, T. Domenichelli, Firenze, Tip. di Enrico Ariani, 1896.

letture cursorie e annotazioni arbitrarie è generoso di note sulle occorrenze di Dante. Se ne ricava un panorama di occorrenze e di usi ben più ampio di quello che a noi risulta dalle testimonianze marchigiane superstiti.

4. Quale *Commedia*?

Se si guarda alla cronologia dei nostri predicatori, è d'obbligo chiedersi quale testo della *Commedia* avessero a disposizione: infatti, com'è noto, fino al 1472 il testo circolava manoscritto,[54] non necessariamente integrale, sicuramente non standardizzato (vale a dire, soggetto a tutti gli accidenti della trasmissione manoscritta) o mediato dai commentari, se non addirittura tramite una sua «repertorizzazione a uso omiletico».[55]

Se Giacomo della Marca è il capostipite – quantomeno per la Marca – dell'uso di Dante nell'omiletica, e se si può ragionevolmente ipotizzare che la biblioteca di Monteprandone (o la persona stessa di Giacomo e i suoi sermonari) siano stati il tramite per il quale il *Dantes* è entrato nel circuito dell'omiletica marchigiana (e contermine), sarebbe fondamentale conoscere la fonte dalla quale Giacomo, e probabilmente il suo *entourage*, leggevano la *Commedia*.

A questo proposito sappiamo che un *Dantes* (e non può che trattarsi, per antonomasia, della *Commedia*), è citato nei tre inventari quattrocenteschi superstiti della *libraria* convenutale di S. Maria delle Grazie a Monteprandone;[56] e dal modo in cui viene citato il poema dantesco, ricostruiamo che si trattava di un codice unico in cui il testo era diviso nel modo consolidato delle tre cantiche (chiamate *parti*) con i canti di ciascuna chiaramente numerati, canti dei quali i frati, senza mai sbagliare, riferiscono il numero progressivo.

Non è stato possibile verificare ad oggi quale testo della *Commedia* fosse usato dai predicatori della Marca, né se ci fosse un testo comune. Forse quello usato da Giovanni da Serravalle? Sarebbe infatti il tramite più prossimo per la diffusione della *Commedia* nella Marca, e quindi anche a

---

54 Sulla questione si veda ora, per sintesi e aggiornamento, Alessandro Ledda – Luca Rivali, *Il Dante di Federico de' Conti. Storia di una contesa bibliografica irrisolta*, <http://graficheincomune.comune.milano.it/GraficheInComune/attdbs/bachecaroot/danteincasatrivulzio/approfondimenti_ita/Ledda-Rivali_Dante%20di%20Federico%20De%20Conti.pdf> (ultimo aggiornamento 4 dicembre 2015).

55 Così ipotizza Nicolò Maldina, a proposito dell'uso di Dante nelle prediche del Domenicano Gabriele Barletta e del Servo di Maria Paolo Attavanti; cfr. N. Maldina, *Dante tra i predicatori del Quattrocento*, cit., pp. 232-233, con riferimento al precedente Id., *Dantean Devotions*, cit., pp. 186-99.

56 Vedi *supra*, nota 31.

Monteprandone. Ma il *Dantes* di Monteprandone risulta attualmente non identificato, o definitivamente disperso.

Così Giacinto Cantalamessa-Carboni, erudito e storico locale piceno, nel 1830, lasciava traccia del destino del codice:

> Nella Biblioteca de' Minori Osservanti di Monteprandone, patria del Santo, si conservavano tutti gli scritti di lui. Ma quella Libreria andò in dispersione (...) Ho veduto io medesimo non ha guari vendersi a' pizzicagnoli e ad altra così fatta gente alcuni rimasugli di quella Libreria (...). Asseriscono i vecchi (...) che tra gli scritti di S. Giacomo esistenti nella detta Biblioteca v'avea un esemplare della divina Commedia di Dante colle annotazioni fattevi da questo nostro Marchigiano celeberrimo per la santità e per la dottrina. È fama che i Padri di quel Convento cedessero questo prezioso libro alle richieste di autorevole Porporato, cioè del dotto Cardinal Passionei.[57]

Tale indicazione, seguita nei meandri dei traffici librari del cardinale bibliofilo Domenico Silvio Passionei, potrebbe portare a una identificazione del codice, con probabili sedi definitive della Biblioteca Oliveriana di Pesaro, della Passionei di Fossombrone o, più facilmente, nella Angelica di Roma o della Biblioteca Apostolica Vaticana (di cui il Passionei fu vice-bibliotecario dal 1741, e bibliotecario dal 1755 alla morte nel 1761).[58] In alternativa, una tradizione più malferma, attestata per primo da Crivellucci sulla base di una denuncia anonima, insinua che il codice fosse stato trafugato nel 1777 «per conto del noto Brancadoro di Fermo», il quale dovrebbe corrispondere a Cesare Brancadoro, allora ventenne, creato poi cardinale.[59]

Non v'è dubbio che il testo della *Commedia*, così come viene citato nei sermonari, non sia fermo. Alcune varianti non sono significative: si tratta di quelle varianti che dipendono dall'autodettatura o dalla resa grafica dei suoni o dalla naturale fedeltà al proprio volgare. Vediamone un esempio:

---

[57] *Memorie intorno i letterati e gli artisti della città di Ascoli nel Piceno*, Ascoli, Tipografia di Luigi Cardi, 1830, p. 88.

[58] Cfr. Stefania Nanni, *Passionei, Domenico Silvio*, in *Dizionario biografico degli italiani*, LXXXI, Roma, Istituto della Enciclopedia italiana, 2014, pp. 666-669 e, in particolare, Alfredo Serrai, *Domenico Passionei e la sua biblioteca*, Milano, Sylvestre Bonnard, 2004. Giovanni Massi, *Compendio della vita di S. Giacomo da Monteprandone detto della Marca, con novena, responsorio e preghiere in suo nome*, Rotella, De Sanctis, 1926, p. 161, dice di aver trovato il codice all'Angelica; ma Caselli (*Studi su S. Giacomo*, cit., II, pp. 96-97) dice di aver verificato i codici dell'Angelica 1101, 1102, l'*editio princeps* del 1472, il ms. 448 e altri della stessa biblioteca ed esclude che possano essere stati di Giacomo.

[59] «questi libri rubati furono incassati e diretti a Roma al Delegato dei Catastri, da cui ricevettero centinaia raddoppiate. Il basso fine e la persona ricevente non mi persuadon tanto facilmente della completa realtà del fatto»; cfr. *ivi*, pp. 100-101.

Mogliano, ms. 2 cc. 25v-26r	***Inf.* III, 106-127**
Poy se retrasero tucti quanti insieme, forte piangendo, a la riva malvagia ch'attende ciaschuno omo che Dio non teme. Caron demonio, con occhi de bragia loro accendando, tucti li raccoglie; bacte col remo qualunqua s'adagia. Como l'autundo se levan le foglie l'una presso l'altra, fin che 'l ramo vede a la terra tucte le so spoglie, simelemente el mal seme d'Adamo gectansi de quil lito ad una ad una per cynni como ucel per suo richiamo.	Poi si ritrasser tutte quante insieme, forte piangendo, a la riva malvagia ch'attende ciascun uom che Dio non teme. Caron dimonio, con occhi di bragia loro accennando, tutte le raccoglie; batte col remo qualunque s'adagia. Come d'autunno si levan le foglie l'una appresso de l'altra, fin che 'l ramo vede a la terra tutte le sue spoglie, similemente il mal seme d'Adamo gittansi di quel lito ad una ad una, per cenni come augel per suo richiamo.

Altre varianti sono invece altamente significative: sono quelle testuali che non si spiegano su base empirica o linguistica, e che, se non corrispondono *tout-court* a lezioni diverse, attestano almeno consistenti travisamenti: un esempio si trova proprio in una delle più francescane terzine dell'XI del *Paradiso*:

BAV, Vat. Lat. 7780 c. 87r	***Par.* XI, 82-84**
O gnote richeççe et o bene ferace scalsase Egidio scalsase Silvestro deretro a lo sposo si ala sposa piace.	Oh ignota ricchezza! oh ben ferace! Scalzasi Egidio, scalzasi Silvestro dietro a lo sposo, sì la sposa piace.

Qui Giacomo della Marca attesta la lezione condizionale «si ala sposa piace» in luogo della consecutiva «sì la sposa piace».

Molte delle varianti, infine, rimandano a una probabile citazione del testo a memoria, con perdita di senso e con approssimativa conservazione della rima. In questo passo, il testo dantesco risulta fortemente alterato, fino all'aggiunta finale di un riferimento alla veste di Giovanni Battista, assente nella *Commedia* ma funzionale alla circostanza liturgica in cui la citazione è inserita:

BAV, Vat. Lat. 7780 c. 84r ***Sermo infesto beati Ioannis***	***Purg.* XXII, 148-154**
lo primo seculo ora quanto fo bello fé saporoso cum fame le glande et nectare cum sete omne rivocello. Mella et locuste fo le vivande che notrì lo Bactista nel diserto	Lo secol primo, quant'oro fu bello, fé savorose con fame le ghiande, e nettare con sete ogne ruscello. Mele e locuste furon le vivande che nodriro il Batista nel diserto;

però ello è glorioso e tanto grande	per ch'elli è gloriöso e tanto grande
quanto che per lo evangelio ve ha aperto	quanto per lo Vangelio v'è aperto.
et le sue pretiose vestimenta	
erano de pelo de camele	

Come si vede, la situazione appare complessa e articolata. Ma anche se ritrovassimo il testo dantesco posseduto da Giacomo, tale ritrovamento certamente non esaurirebbe una valutazione delle forme di trasmissione del testo dantesco letto dai Minori osservanti. Essa richiederebbe piuttosto una analisi filologico-comparativa, tanto appassionante quanto complessa ed ingente, che noi a oggi abbiamo appena saggiato e che consegniamo a future ricerche.

5. Conclusioni

Sui rapporti assai complessi da soppesare tra la *Commedia* e la sua valutazione, in particolare in ambiente fiorentino da parte della cultura umanistica, rifletteva in modo puntuale Carlo Dionisotti al Congresso di Studi danteschi del 1965:

> A Firenze, il Bruni e i suoi contemporanei, dovevano fare i conti con Dante e soltanto con Dante. Essi erano uomini idealmente togati: d'una letteratura in farsetto e in calze, non sapevano che farsene. [...] Indubbiamente nella Commedia sostanza e forma erano inestricabili in parte da una letteratura in farsetto, in parte da una letteratura fratesca. Ma in essa anche erano indubbiamente le premesse, per colpa dei tempi tradite e svisate, di una letteratura virile e togata.[60]

Stante questa valutazione, è indubbio che quella letteratura, probabilmente in ragione del suo volgare e dei suoi temi in qualche misura 'frateschi', interessò – anzi appassionò – il mondo francescano sin dalla metà del XIV secolo: i frati Minori (che diremmo 'conventuali') si applicarono a molti livelli di lavorazione e di impiego della *Commedia*, a cui corrispondono altrettanti generi letterari non esclusivamente minoritici né a rigore, esclusivamente frateschi.

Il successo della *Commedia sui pulpiti* tra Quattrocento e primo Cinquecento è, peraltro, e assai verosimilmente, testimoniato da due personalità del calibro di Lorenzo de' Medici e Erasmo da Rotterdam.

Il Magnifico (m. 1492), nel Commento dei suoi sonetti, volendo difendere il genere letterario, tra i numerosi riferimenti a Dante, scrive:

---

60 C. Dionisotti, *Dante nel Quattrocento*, cit., p. 11.

Queste che sono e che forse a qualcuno potrebbono pure parere proprie laude della lingua, mi paiono assai copiosamente nella nostra; e per quello che insino ad ora massime da Dante è suto trattato nell'opera sua, mi pare non solamente utile, ma necessario per li gravi e importanti effetti, che li versi suoi sieno letti, come monstra lo essemplo per molti comenti fatti sopra alla sua Commedia da uomini dottissimi e famosissimi, e le frequenti allegazioni che da santi e eccellenti uomini ogni dì si sentono nelle loro pubbliche predicazioni.[61]

Ed Erasmo da Rotterdam, nel criticare i costumi peculiari, ai suoi occhi, dei predicatori italiani, li stigmatizza in questi termini:

Nonnulla pars dabatur Danti aut Petrarchae, quorum rythmi voce canora plenisque, ut aiunt, tibiis et insigni corporis gesticulatione pronunciabantur. Dixisses aliquid dici sacratius Euangelio. Huiusmodi commenticiis nouitatibus magis indulgent qui religionis titulo commendatur quam ii quos ideo seculares appellant, quod monachi non sint, nimirum gratificantes affectui multitudinis potius quam iudicio consulente.[62]

Al termine di una ricerca appena abbozzata, limitatamente al XV secolo e all'Osservanza minoritica in territorio marchigiano, quella attenzione, quella applicazione, e la varietà delle sue declinazioni sono ampiamente confermate, e sostanziate da testimonianze che richiedono approfondimenti. Peraltro, il criterio dell'appartenenza territoriale è fragile e malfermo. A ben guardare, infatti, il marchigiano Gioacchino da Visso studia e scrive a Bologna; Giovanni da Serravalle è un romagnolo, legato alla Marca dal conferimento di due episcopati (e, molto più, legato al lavorio sul testo dantesco che fa del suo nome un riferimento); Giacomo della Marca era – per i suoi tempi – quello che si direbbe un cittadino del mondo (del suo largo mondo), legato alla Marca non solo e non tanto in ragione delle sue origini, quanto della libraria che curò direttamente – coadiuvato dall'altro predicatore dantista marchigiano, Pietro da Mogliano.[63]

Se la chiusura del centenario non basterà a placare i clamori danteschi dell'anno corrente, sarà possibile approfondire questi percorsi reperendo e valutando nei manoscritti tutti gli indizi relativi al tema più puntualmente di quanto non si sia potuto fare in questa sede.

---

[61] Lorenzo de' Medici, *Comento de' miei sonetti*, a cura di T. Zanato, Firenze, Olschki, 1991, pp. 148-149, *Proemio*, *ivi*, p. 104.

[62] Desiderio Erasmo da Rotterdam, *Ecclesiastae sive de Ratione Concionandi*, in *Opera Omnia Desiderii Erasmi Roterodami*, V.5, Amsterdam, North-Holland Pub. Co, 1994, p. 14.

[63] Vedi *supra*, nota 39.

Concludiamo con un ultimo *caveat*: è facile vedere come tutte le evidenze testuali che abbiamo trattato fanno riferimento non ai predicatori *actu predicantes* ma alle loro scritture omiletiche, magari in codici di lavoro tendenzialmente prossimi alla predicazione in atto rispetto ai compiuti sermonari latini.

Notoriamente, i predicatori sul pulpito si discostavano ampiamente dalla redazione dei sermoni in latino per corrispondere agli adattamenti che la predicazione pubblica in volgare richiedeva o determinava. I *sermones* scritti potevano essere o traccia schematica dei contenuti predicabili, o compiuti serbatoi da cui attingere parzialmente, secondo le circostanze: è una storia vecchia come la predicazione bassomedievale.

Chiedendoci se e come Dante fu usato o declamato sui pulpiti, non troviamo dunque risposta nella letteratura (dal momento che per nessuno dei nostri predicatori marchigiani esistono quaresimali in volgare, né si trovano – di norma – echi danteschi nella loro letteratura religiosa in volgare, scritta per essere devotamente letta dai laici. Si veda invece come Bernardino Aquilano, in un testo rivolto ai laici (una specie di vademecum per la salvezza individuale) al termine delle ultime cinque (sulle 25) sue *Ammonitioni della vita spirituale*[64] in volgare sulla penitenza e la confessione dei peccati, trascrive due terzine di *Purg.* III, 118-123, a giustificare una affermazione di natura giuridico-canonistica: cioè che, in caso di necessità, la contrizione basti alla salvezza: «e questo pruova Dante per essempio di re Manfredo»:

> Poscia ch'io ebbi rotta la persona
> Di due punte mortali, io mi rendei,
> piangendo, a quei che volentier perdona.
> Orribil furon li peccati miei;
> ma la bontà infinita ha sì gran braccia,
> che prende ciò che si rivolge a lei.

Alla fine, *come quei che con lena affannata, uscito fuor del pelago a la riva, si volge a l'acqua perigliosa e guata*, ci ritroviamo semplicemente a indicare direzioni di ricerca. Innanzi tutto, i pochi manoscritti che abbiamo consultato di prima mano, ma troppo in fretta, richiederebbero una ricognizione accurata e integrale che porti a produrre una sinossi dei brani danteschi citati. Essa servirebbe a una compiuta valutazione di due livelli: quanto ai temi, per il legame con il contesto omiletico in cui sono usati i versi della *Commedia*, quanto alla forma del testo per almeno ipotizzare di che famiglia siano

---

64 L'opera è nota solo a stampa (Biblioteca Apostolica Vaticana), cfr. *Bernardino Aquilano e la sua* Cronaca *dell'Osservanza*, a cura di L. Pellegrini, Milano, Edizioni Biblioteca Francescana, 2021, pp. 50-51.

i codici danteschi usati da questi predicatori, o le loro fonti di conoscenza della *Commedia*, in molti casi evidentemente mandata a memoria con una certa approssimazione.

Una serie di domande, dunque, si consegna a ulteriori ricerche, nostre o altrui: dove sono e quanti sono i codici di sermonari sopravvissuti dai conventi dell'Osservanza marchigiana? A quali altri predicatori (celebri, appena noti o affatto sconosciuti) occorrerebbe guardare per completare il quadro provvisorio che abbiamo ricostruito attorno al padre dell'Osservanza picena? Quanto e come era diffuso il testo della *Commedia* nelle biblioteche laiche marchigiane, soprattutto umanistiche e cortesi? E come quel mondo dialoga con il mondo (e le letture) fratesche?

Certo, il fondo Urbinate latino della Biblioteca Vaticana è un faro su questa direzione, ma non possono non rilevarsi altri circuiti, quale quello delle monache clariane più o meno principesse: e soprattutto, per le Marche, Camilla da Varano e Battista Montefeltro. La prima, divenuta suor Battista, 'figlia spirituale' di Pietro da Mogliano e in relazione almeno epistolare con l'ambiente urbinate-pesarese;[65] l'altra, poetessa 'al modo di Dante', dalla spiccata cultura umanistica alimentata da importanti relazioni, e che – divenuta suor Girolama – passò dalle Marche a Foligno e infine al monastero perugino di Monteluce.[66] In fondo, l'ultimo frate del nostro percorso a usare Dante in contesto non omiletico, ma in un'opera commissionata dalle clarisse e scritta per loro, è Mariano da Firenze, che nel 1519 termina la compilazione del suo *Libro delle degnità*. Nel tracciare il profilo di Piccarda Donati riconosce a Dante, che l'ha vista in Paradiso, la forza probante di questa verità,[67] facendo delle visioni dantesche non una cornice o un genere letterario, ma un fedele resoconto del mondo ultraterreno.

---

[65] Come primo inquadramento di Camilla Battista Varano sotto il profilo culturale valgono i contributi raccolti nel volume *Un desiderio senza misura. Santa Battista Varano e i suoi scritti*, Atti della IV giornata di studio sull'Osservanza francescana al femminile (Camerino, 7 novembre 2009), a cura di P. Messa, M. Reschiglian, Clarisse di Camerino, S. Maria degli Angeli, Edizioni Porziuncola, 2010.

[66] Si vedano ANNA FALCIONI, *Montefeltro, Battista di*, in *Dizionario biografico degli italiani*, LXXVI, Roma, Istituto della Enciclopedia italiana, 2012, pp. 42-45; e lo specifico contributo di JACQUES DALARUN – FABIO ZINELLI, *Poésie et théologie à santa Lucia de Foligno sur une laude de Battista de Montefeltro*, in *Caterina Vigri. La santa e la città*, Atti del Convegno Bologna (13-15 novembre 2002), a cura di C. Leonardi, Firenze, SISMEL, Edizioni del Galluzzo, 2001, pp. 21-45: 32-42.

[67] Cfr. MARIANO DA FIRENZE, *Libro delle degnità et excellentie del Ordine della seraphica madre delle povere donne Sancta Chiara da Assisi*, introduzione, note e indici di G. Boccali, Firenze, Studi francescani – S. Maria degli Angeli, Edizioni Porziuncola, 1986, pp. 202-207 (*De sora Constantia de Donati*), in particolare alle pp. 205-206 (parr. 364-366), con stralci da *Purg.* XXIV, 13-15, e *Par.* III, 46-53, 97-108.

Manuela Martellini

DANTE NELLE DISPUTE ACCADEMICO-LINGUISTICHE DEL CINQUECENTO: TRA *DIFESA* E *OPPOSIZIONI*

La polemica intorno agli aspetti letterari e linguistici della *Commedia* dantesca è una delle maggiori che si dibattono nel Cinquecento e si sviluppa all'incirca nell'ultimo trentennio del secolo, coinvolgendo un nutrito gruppo di intellettuali, anche accademici, bolognesi-romagnoli e senesi che entrarono in ostile opposizione reciproca a 'colpi' di trattazioni e lettere, manoscritte e a stampa, e confronti a voce indiretti per il tramite di intermediari. Il contesto marchigiano e in particolare Macerata sono coinvolti in questa disputa attraverso l'Accademia de' Catenati, fin da subito implicata nelle discussioni che interessarono il bolognese Girolamo Zoppio (o Zoppi), che la fondò il 2 luglio 1574 presso la casa del maceratese monsignor Claudio Ciccolini,[1] da dove poi le adunanze si trasferirono presso la casa di Giuseppe Ciccolini fino alla fine del XVIII secolo.

Il racconto della vicenda prende le mosse da Firenze, dove nel 1543 rientrò il fuoriuscito repubblicano Benedetto Varchi, diventando il maggior rappresentante dell'Accademia Fiorentina istituita dal duca Cosimo I, nell'ambito della quale influenzò fortemente la cultura degli anni Quaranta e Cinquanta del secolo in molti importanti settori, filosofico, storio-

---

[1] Si tratta del Claudio Ciccolini nato nel 1540 e morto nel 1611, figlio illegittimo di Girolamo (che risiedeva a Roma, dove si era trasferito da Macerata per svolgere l'ufficio di scrittore dell'Archivio Vaticano), poi legittimato e diventato monsignore. Cfr. Augusta Palombarini, *I Ciccolini di Macerata tra '500 e '600 dal notariato alla nobiltà*, Ancona, Bagaloni, 1986, pp. 48, 99-107 e, per le adunanze dell'accademia nel palazzo, pp. 166-167, nota 66. Cfr. anche *Memorie storiche dell'Accademia de' Catenati, del principe Carlo can. Hercolani*, Macerata, Co' Tipi di Giuseppe Mancini Cortesi, 1829, pp. 8-9 e *Accademici Catenati dei secoli XVI-XIX*, a cura di A. Ricci, estratto da «Annali dell'Accademia dei Catenati 1976-68», pp. 10-11. Con quella dei Catenati si fuse la precedente Accademia degli Innominati, della quale fece parte Annibal Caro. Cfr. Aldo Adversi, *Accademie e altre associazioni e istituzioni culturali*, in *Storia di Macerata*, a cura di A. Adversi, D. Cecchi, L. Paci, IV, Macerata, Tipografia Romano Compagnucci, 1974, pp. 121-156.

grafico, artistico, letterario e linguistico. Relativamente a questi ultimi due, il Varchi, già seguace del Bembo e noto per aver dato notevoli contributi nell'affermazione di un lessico scientifico e filosofico volgare, nel commento ai poeti antichi e rinascimentali e nella dottrina neoplatonica d'amore, avviò una revisione del classicismo volgare bembiano. Ne derivò un piano particolarmente significativo, volto a rivedere il primato dei modelli offerti dai generi letterari e dagli autori: alla lirica sostituì la poesia filosofica e incluse Dante nel canone dei poeti moderni, accostandolo al latino Lucrezio.

Su tali premesse si fondarono i successivi e notevoli contributi prodotti dal Varchi per il recupero e lo studio di Dante, svolgendo lezioni su temi filosofici e scientifici: *Par.* XXII, *Purg.* XXV (in particolare la generazione del corpo umano e dell'anima, tra il giugno 1543 e il settembre 1544), *Par.* I-II (per la creazione del mondo e le macchie lunari, 1545), *Purg.* XVII, 91-105 (relativamente all'amore, 27 agosto e 3 settembre 1564); eseguì uno dei primi lavori di filologia dantesca, ovvero la collazione di sette codici antichi della *Commedia*, condotta in collaborazione con amici e allievi; decretò, infine, la superiorità assoluta di Dante su Petrarca, Virgilio e Omero nel dialogo *Ercolano*, il più importante trattato linguistico del secondo Cinquecento, nato inizialmente da un'altra famosa polemica letteraria, quella che oppose l'amico (e marchigiano) Annibal Caro alle obiezioni di Ludovico Castelvetro.[2]

Merito del Varchi fu, quindi, quello di tracciare la strada per una nuova e diversa valutazione dell'opera dantesca, che ebbe ripercussioni nei restanti decenni del secolo. Da un lato, la citata impresa filologica della collazione dei codici antichi della *Commedia* fu utilizzata per l'edizione del poema

---

[2] Nella consistente bibliografia relativa alla vita intellettuale del Varchi, si riferiscono alcuni tra i più recenti contributi per orientare sul contesto culturale e sulle citate questioni linguistico-letterarie e dantesche: Enrico Garavelli, *Prime scintille tra Caro e Castelvetro (1554-1555)*, in *«Parlar l'idioma soave». Studi di filologia, letteratura e storia della lingua offerti a Gianni A. Papini*, a cura di M.M. Pedroni, Novara, Interlinea, 2003, pp. 131-145; Michel Plaisance, *L'Accademia e il suo principe. Cultura e politica a Firenze al tempo di Cosimo I e di Francesco de' Medici*, Manziana, Vecchiarelli, 2004; *Benedetto Varchi (1503-1565)*, Atti del Convegno (Firenze, 16-17 dicembre 2003), a cura di V. Bramanti, Roma, Edizioni di storia e letteratura, 2007; Claudio Marazzini, *Castelvetro linguista*, in *Ludovico Castelvetro. Letterati e grammatici nella crisi religiosa del Cinquecento*, Atti della XIII Giornata Luigi Firpo (Torino, 21-22 settembre 2006), a cura di M. Firpo, G. Mongini, Firenze, Olschki, 2008, pp. 187-206; *Benedetto Varchi e il suo tempo*, Atti del Convegno (Montevarchi, 11-12 aprile 2003), a cura di L. Perini, Firenze, CD&V, 2009; Francesca Chiusaroli, *Considerazioni sulla lingua nell'*Apologia degli Academici di Banchi di Roma contra Messer Lodovico Castelvetro *del Caro*, in *Annibal Caro a cinquecento anni dalla nascita*, Atti del Convegno di Studi (Macerata, 16-17 giugno 2007), a cura di D. Poli, L. Melosi, A. Bianchi, Macerata, eum, 2009, pp. 455-471; Annalisa Andreoni, *La via della dottrina. Le lezioni accademiche di Benedetto Varchi*, Pisa, ETS, 2012 e *Varchi, Benedetto*, in *Dizionario biografico degli italiani*, XCVIII, Roma, Istituto della Enciclopedia italiana (d'ora in poi *DBI*), 2020.

realizzata dall'Accademia della Crusca nel 1595, la quale, come è noto, propose un testo alternativo alla *vulgata* diffusa dall'*editio princeps* aldina del 1502 curata dal Bembo; dall'altro, fu proprio in relazione ai suoi giudizi danteschi che scaturì la polemica letteraria che si andrà qui sinteticamente a delineare.

L'inizio della polemica fu determinato nel 1572 dalla circolazione manoscritta di un *Discorso* composto da un altrimenti ignoto Ridolfo Castravilla, nel quale si sostenevano difetti e imperfezioni della *Commedia*, in contrapposizione al Varchi e sulla base della *Poetica* di Aristotele.

Il primo a rispondere fu il cesenate Jacopo Mazzoni con il *Discorso in difesa della Comedia del divino poeta Dante*, pubblicata dapprima a Bologna nello stesso 1572 con lo pseudonimo Donato Roffia e poi nel 1573 a Cesena con il suo vero nome. Formatosi a Bologna e Padova sullo studio dei classici e dei filosofi antichi, iniziò a ideare già da studente il progetto di raccogliere tutto il sapere in un complesso di questioni da disputare, elaborandolo negli anni fino alla stampa a Cesena nel 1576 di un totale di 5197 questioni divise nei tre ideali della vita attiva, contemplativa e religiosa. Una tendenza alla sistematizzazione filosofica che il Mazzoni applicò anche alla *Commedia* dantesca, dopo che il suo discorso difensivo scatenò una catena di reazioni polemiche.[3]

Infatti, nel 1576 il prelato fiorentino Orazio Capponi ne fece pervenire una copia, chiedendo il suo parere in proposito, all'intellettuale senese Bellisario Bulgarini, membro dell'Accademia degli Intronati, il quale rispose subito alla richiesta con *Alcune considerazioni sopra 'l discorso di M. Giacopo Mazzoni*, che però furono pubblicate a Siena solo nel 1583 per una serie di vicende intervenute nel mezzo. Le *Considerazioni* del Bulgarini, proposte in dieci cosiddette «particelle», rappresentanti i punti da lui contestati, non rimasero sconosciute fino alla stampa, ma furono ugualmente diffuse, cosicché, consegnate al Capponi, provocarono il dissenso di quest'ultimo per il fatto di aver sostenuto le tesi del Castravilla rispetto a quelle del Mazzoni. Il Capponi replicò con la *Risposta alle cinque prime particelle delle Considerazioni* del Bulgarini, anch'essa manoscritta e mai stampata (risalente al gennaio 1577),[4] ma un altro studioso, Alessandro Cariero, pubblicò a Padova

---

[3] Il *Discorso* del Castravilla e, in cascata, tutte le risposte da esso provocate (dal Mazzoni in poi) generarono un confronto molto vasto, che arrivò a coinvolgere un numero notevole di intellettuali e accademici (tra i quali anche Leonardo Salviati e Vincenzio Borghini), superiore a quello delle personalità citate nel presente saggio, dove si mantengono volutamente circoscritte al contesto maceratese. Per averne un'idea, si rimanda alla trattazione che ne fece MICHELE BARBI, *Della fortuna di Dante nel secolo XVI*, Pisa, Tipografia T. Nistri e C., 1890 (in particolare da p. 52).

[4] I manoscritti contenenti la *Risposta* del Capponi sono conservati presso la Biblioteca Apostolica Vaticana (Fondo Capponi, ms. 107 XIV) e la Biblioteca comunale degli Intronati di

nel 1582 un *Breve et ingenioso discorso contra l'opera di Dante*, che il Bulgarini accusò di plagio, vedendosi quindi costretto a pubblicare anch'egli ufficialmente l'anno successivo le sue *Considerazioni*. Ad esse, per dimostrare che circolavano già negli anni precedenti e che il Cariero si era indebitamente appropriato delle sue teorie, aggiunse un corredo finale di quattro lettere, datate tra il 1577 e il 1580 (una del Capponi, una del Mazzoni, una di Diomede Borghesi, una dello stesso Bulgarini al Borghesi) e le dichiarazioni di cinque testimoni, i quali affermavano che il Cariero era a Siena nel 1579 e aveva chiesto e ottenuto per mezzo di amici i suoi scritti, trattenuti e consultati per più giorni, potendone quindi trarre facilmente copia. Nel 1585 avranno esito editoriale, sempre a Siena, anche le *Repliche di Bellisario Bulgarini alle risposte del sig. Orazio Capponi*.

Alla luce del passaggio del dibattito da manoscritto a stampa, nel quale il Mazzoni appariva a tutti il termine di confronto dantesco in opposizione all'antidantesco Castravilla, il filosofo cesenate decise di approfondire lo studio della *Commedia*, dando ordine e classificazione a tutte le questioni oggetto di contesa. Insieme a un gruppo di collaboratori il Mazzoni mise in cantiere quella che diventerà la maggiore trattazione di poetica della seconda metà del Cinquecento, in quanto la riflessione su Dante rappresentava il punto di partenza per l'elaborazione di una completa teoria della letteratura basata sul pensiero degli antichi: *Della difesa della Comedia di Dante. Distinta in sette libri. Nella quale si risponde alle oppositioni fatte al Discorso di m. Iacopo M., e si tratta pienamente dell'arte poetica e di molt'altre cose pertinenti alla philosophia, et alle belle lettere*. Dei sette libri dichiarati, i primi tre uscirono in un unico volume tra il 1585 e il 1587 a Cesena, mentre gli altri quattro rimasero manoscritti e furono stampati postumi, in un secondo volume, solamente nel 1688, sempre a Cesena.

A sua volta anche il Cariero rispose alle accuse del Bulgarini stampando nello stesso 1583 una *Apologia-Palinodia*, con la quale si difendeva dalle accuse sia di plagio sia di critica nei confronti di Dante, ma alla quale il Bulgarini oppose ulteriori smentite documentate cinque anni dopo, con le *Difese in risposta all'Apologia e Palinodia di M. Alessandro Cariero padovano*, stampate a Siena nel 1588.

Nel frattempo, fu coinvolto nella polemica anche il già ricordato fondatore dell'Accademia de' Catenati di Macerata, Girolamo Zoppio, per

Siena (ms. G, IX, 54). Le argomentazioni espresse dal Capponi e circolanti manoscritte furono riprese contro il Bulgarini dal senese Lelio Marretti negli, anch'essi inediti, *Avvertimenti dati a B. Bulgarini circa i suoi scritti contra l'opera di Dante* (pure nella Biblioteca di Siena, ms. H, VII, 19). Cfr. Bernard Barbiche, *Capponi, Orazio*, in *DBI*, XIX, 1976. La copia senese della *Risposta* del Capponi si può leggere nella trascrizione che ne fece M. Barbi, *Della fortuna di Dante nel secolo XVI*, cit., pp. 337-342.

così dire 'tirato in mezzo' dall'intervento di altri intellettuali, stando ai fatti da lui stesso raccontati nelle edizioni stampate in merito alla vicenda. Nel 1583,[5] tramite un comune amico, il Bulgarini chiese il parere dello Zoppio sulle sue *Considerazioni* al *Discorso* del Mazzoni, pubblicate appunto in quello stesso anno, una copia delle quali gli fu portata a casa a Macerata dal senese Celso Bargagli, lettore alla prima cattedra di Legge dello Studio di Macerata dal 1582 all'anno accademico 1592-1593.[6] Dopo averlo letto due volte e postillato, lo sottopose nuovamente al Bargagli, il quale, tornato da lui dopo tre-quattro giorni, pretese che gli esponesse oralmente tutto quello che non lo avesse soddisfatto, mostrando di aver compreso ogni cosa e ringraziandolo anche a nome del Bulgarini.[7]

Basandosi, quindi, su quanto gli era stato riportato dal Bargagli, in forma di ricordo, delle spiegazioni riferite a voce dallo Zoppio, il Bulgarini rispose per via manoscritta, facendo circolare i suoi pareri contrari tra i colleghi maceratesi dello Zoppio, ma senza farli mai pervenire a lui, quale diretto interessato.[8] Lo Zoppio ricevette la visita di Alessandro Cencio, accademico catenato, che gli fece visionare «certi fogli di carta scritti à penna»[9] che contenevano le risposte ostili del Bulgarini. Al Cencio era consentito solo mostrare i fogli allo Zoppio, ma non lasciarglieli o fargliene trarre copia. Lo Zoppio, allora, andò a trovare il Bargagli, lamentandosi di come il Bulgarini avesse condotto la faccenda e pregandolo di dargli copia del manoscritto; ma anche al Bargagli, come al Cencio, il Bulgarini aveva espressamente vietato che il proprio manoscritto si consegnasse a lui e, inoltre, il Bargagli gli riferì che comunque il Bulgarini lo ringraziava delle sue opinioni e che le sue risposte manoscritte «anzi erano per essercitatione, che per contesa».[10] Lo Zoppio disse al Bargagli che il suo diniego lo costringeva a scrivere direttamente al Bulgarini per chiedere ragione del suo comportamento e se ne andò, ma appena giunto sulla soglia di casa si vide arrivare un uomo a consegnargli il manoscritto per conto e con le scuse del Bargagli.

---

[5] Così dichiara lo Zoppio nella *Risposta alle Oppositioni Sanesi fatte a' suoi Ragionamenti in Difesa di Dante*, A Fermo, Presso Sertorio de' Monti, 1585, p. [3] «due anni sono». D'ora in poi Zoppio 1585.

[6] Filippo Liotta, *Bargagli, Celso*, in *DBI*, VI, 1964.

[7] *Particelle poetiche sopra Dante disputate da Hieronimo Zoppio bolognese*, In Bologna, Per Alessandro Benacci, 1587, Con licenza de' Superiori, p. 3. D'ora in poi Zoppio 1587.

[8] Zoppio 1585, p. [3] e Zoppio 1587, p. 3.

[9] *Ragionamenti del Signor Hieronimo Zoppio in difesa di Dante et del Petrarca*, In Bologna, Per Gio. Rossi, 1583, Con licenza de' Superiori, p. 42. D'ora in poi Zoppio 1583.

[10] *Ivi*, p. 42.

Di fronte a questo comportamento, ritenuto scorretto («scortese in negarmi quello, che più à me che ad altri si veniva; et non dimeno ad altri più che à me si concedea»),[11] lo Zoppio si vide costretto ad affidare anche lui alla carta le sue opinioni, al fine di esprimersi in prima persona sui propri pareri offerti al Bulgarini tramite il Bargagli e dimostrare a tutti di essersi comportato in modo conveniente e civile, come si dovrebbe fare nei confronti tra intellettuali, specie quando il proprio parere viene appositamente richiesto, senza aver avuto, quindi, l'esplicita volontà di intromettersi nel dibattito. Infatti, lo Zoppio definiva «avertimenti domestici» i propri giudizi sulle *Considerazioni* e non «oppositioni»,[12] come le chiamava, invece, il Bulgarini, lungi dal dare adito a una polemica ufficiale, oltre tutto con i tratti del litigio privato. Lo Zoppio, quindi, lo ripagò con la stessa moneta, dando per scontato, come era stato fatto con lui, che il Bulgarini non si sarebbe offeso per la diffusione pubblica delle sue posizioni. Da qui la stampa a Bologna, nello stesso 1583, dei *Ragionamenti del signor Hieronimo Zoppio in difesa di Dante et del Petrarca*, dove furono incluse anche le risposte manoscritte alla versione 'orale' dei *Ragionamenti*, diffuse tra i colleghi maceratesi.

Nel novembre 1584[13] si divulgò per Macerata la notizia che dal Bulgarini e da Siena erano state inviate ad alcuni colleghi dello Zoppio molte opposizioni al suo libro, nelle quali era stato fatto oggetto di biasimo anche ogni altro scritto da lui prodotto. Ancora una volta, quindi, tutti sapevano tranne lui, trovandosi lo Zoppio a subire un attacco non pertinente alla presunta disputa dalla quale tutto era nato, poiché si mirava a screditarlo nel proprio contesto maceratese, dove insegnava filosofia e guidava l'Accademia de' Catenati: la contesa, da teorica, aveva assunto ormai anche carattere personale.[14] Anche stavolta non c'è verso di ottenere copia di queste opposizioni, lo Zoppio dovette ricorrere alla «via de' librari venetiani» per averle e scrisse: «mi vado persuadendo pure essere verace quella fama che va dattorno, che à favore suo [del Bulgarini] contra di me sieno già temperate vinti penne. Di che io nel ringratio con tutto l'animo lui, et quello suo nobilissimo Drappello Sanese, che molto sovente s'intende radunarsi non

---

[11] *Ivi*, p. 43.

[12] *Ivi*, p. 41.

[13] Zoppio 1585, p. [3].

[14] *Ibid.*: «mi dolsi che à que' suoi ministri, anzi che à me le havesse mandate il Sig. Belisario: et non meno che ad ogn'altro se ne facesse mostra piu che à me, etiandio col farsene i circoli infino la dove fosse accolta brigata festosa et alegra ne' balli et ne' conviti; persuadendo anchora à persone non miga idiote, che non v'havrei potuto rispondere mai: tanto erano le oppositioni gagliarde».

piu per la difesa delle cose sue, che per la Censura delle mie».[15] E così lo Zoppio pubblicò a Fermo nel 1585 la *Risposta Alle Oppositioni Sanesi fatte a' suoi Ragionamenti in Difesa di Dante*, controbattendo a una lettera, pubblicata in calce all'edizione, del grammatico senese Diomede Borghesi a un altro toscano, Camillo Camilli, nella quale venivano enumerate e criticate le sue osservazioni al Bulgarini espresse nei *Ragionamenti*.

La reazione del Bulgarini arrivò alle stampe nel 1586 con un'edizione senese comprendente sia le *Risposte a' ragionamenti del sig. Ieronimo Zoppio* sia la *Replica alla risposta del medesimo Zoppio alle opposizioni sanesi*, dopo la quale lo Zoppio pubblicò a Bologna nel 1587 le *Particelle poetiche sopra Dante*, nelle quali ribatteva a ciascuna accusa mossagli ancora dal Bulgarini. Nel 1589 lo Zoppio fece stampare a Bologna anche una riepilogativa *Poetica sopra Dante*, dedicata al granduca di Toscana, nella quale ripercorreva le questioni inerenti alla poetica, oggetto di dibattito per la *Commedia*.

Lo Zoppio morì nel 1591, cosicché l'epilogo della disputa vede ancora il solo Bulgarini pubblicare a Siena nel 1602 le *Riprove delle particelle poetiche sopra Dante disputate dal Sig. I. Zoppio* bolognese e nel 1608 le *Annotazioni* sui primi tre libri della *Difesa della Comedia di Dante* del Mazzoni.

In questo ampio ventaglio di difese e opposizioni nei confronti di Dante, è possibile notare che la polemica è condotta su due versanti: da un lato, ad essere criticata è la *Commedia*, ma, dall'altro, Dante e altri autori della letteratura italiana sono utilizzati come serbatoio di attestazioni linguistiche (sia per presenza sia per assenza), allo scopo di dimostrare il cattivo e scorretto uso della lingua fatto dallo Zoppio nei suoi scritti. D'altronde, l'articolarsi della polemica tra riferimenti intellettuali del calibro del Varchi e del Mazzoni, passando per i profili, per così dire, 'mediani' del Bulgarini e dello Zoppio, fino a quello che lo Zoppio stesso definisce «Drappello Sanese», mostra l'evoluzione di una parabola progressivamente discendente, dove Dante finisce per scomparire.

In questa seconda metà del XVI secolo i giudizi espressi intorno al poema dantesco investivano gli aspetti teorici della poetica, che avevano originarie basi filosofiche e venivano discussi nella prospettiva dell'osservanza o meno ai principi della *Poetica* di Aristotele.[16] La *Commedia* si presentava

15 *Ivi*, p. [4].

16 L'animosità di tali dibattiti attiene all'affermarsi nella seconda metà del Cinquecento di una volontà di recupero del culto dantesco. Ricordiamo che nel 1583, l'anno di avvio e di intersezione degli opuscoli polemici pubblicati dal Bulgarini in poi, avveniva anche la prima ristampa in Italia del volgarizzamento del *De vulgari eloquentia* che Giovan Giorgio Trìssino aveva pubblicato nel 1529, dopo circa due secoli che il trattato dantesco era stato trascurato sia nel dibattito sull'uso della lingua volgare sia per il latino in cui è scritto (diverso da quello letto

come un'opera problematica da ogni punto di vista, nel momento in cui si tentava di sottoporla a norme e classificazioni: per la natura dell'azione rappresentata e per la realizzazione dell'*imitatio*; per il genere letterario d'appartenenza; per la definizione del termine «commedia», con il quale è intitolata; per il volgare, la cui dinamicità di lingua in formazione sfugge ai tentativi di codificarla entro modelli rigidi e stabili; per la veste retorica e i problemi posti dalla lettura allegorica; per i giudizi espressi su fatti e personaggi storici attraverso la collocazione delle anime nell'aldilà e il racconto delle loro vicende di vita; per le questioni metafisiche, religiose e dottrinali, poste tra filosofia e teologia.[17]

A sua volta lo Zoppio, allineandosi alle posizioni del Mazzoni, rispondeva a queste osservazioni del Bulgarini, sciogliendo fin dall'*incipit* dei suoi *Ragionamenti* ogni dubbio su forma e contenuto del poema, definendo Dante «quasi nuovo Trismegisto, gran Poeta, gran Philosopho, et gran Theologo».[18] Se l'opera letteraria si fonda sull'imitazione delle azioni umane, non si può negare a Dante l'appellativo di poeta, in quanto – scrive lo Zoppio – non ce n'è stato uno migliore o più vario o più imitatore di lui, «se chiedete attioni, ò costumi d'huomini, et di donne, vecchi, giovani, fanciulli, nobili, ignobili, liberi, servi, dotti, e indotti, d'ogni sesso in somma, d'ogni conditione, d'ogni fortuna co' loro affetti convenevoli espressi con parole, et concetti proprij, et alti», negando anche in tal modo che Dante abbia svolto il racconto di un sogno (al quale il Bulgarini assimila anche la concezione di visione). All'obiezione del Bulgarini che l'imitazione si fonda sulle azioni altrui e non su quelle accadute al poeta stesso, lo Zoppio

dall'Umanesimo quattrocentesco in poi). La ristampa, ferrarese, lo presentava unitamente al *Castellano*, il dialogo nel quale Trìssino espresse le proprie teorie linguistiche, facendo del *De vulgari eloquentia* il suo riferimento.

[17] Ecco, infatti, le contestazioni mosse dal Bulgarini al Mazzoni nelle dieci «particelle» delle sue *Considerazioni*: 1 «Presupposto, che'l discorrer sopra i Poeti, pertenga al Filosofo; non è che Dante non venga à ragion ripreso dell'haver nelle sue Cantiche trattato le materie della Filosofia troppo minutamente, e da Scolastico»; 2 «Li modi da difender'i Poeti trattati dal Mazzoni, non bene applicarsi alle difese di Dante, nè ad alcuni luoghi addotti d'altri Poeti»; 3 «Come nell'opera di Dante non v'è principalmente alcuna imitazion d'azzione; ma più tosto semplice narrazion di sogno»; 4 «Dubitasi se Dante intitolasse con ragione la sua opera Comedia. Nè pare che'l Mazzoni dovesse affermare, che e' sia Poeta Comico senza haverlo prima provato»; 5 «Defendesi Averroe dall'opposizioni fatteli dal Mazzoni: e provasi, che nell'opera di Dante non vi è favola alcuna buona, e molto meno favola Comica»; 6 «Non potersi defender Dante intorno à quel, che appartiene al costume»; 7 «Dante haver fallato intorno à quel che appartiene a' concetti»; 8 «Dimostrasi come alcune similitudini di Dante sono state à ragion riprese, e dannate da molti»; 9 «Che Dante ha errato per esser stato licenziosissimo intorno à quel ch'appartiene alla favella»; 10 «Provasi haver errato Dante non solo nella qualità degl'Episodi, ma ancora nella quantità, et loro intessimento».

[18] Zoppio 1583, p. 5.

si appella al principio di verisimiglianza: Dante racconta «[cosa] possibile ad avenirsi: ma avenuta nò; perche sarebbe historia» e, a proposito del fatto che «parli in persona propria» risultando allo stesso tempo «imitante et imitato» e contravvenendo alle regole aristoteliche, lo Zoppio ritiene che l'insegnamento di Aristotele non implichi che il poeta «non possa vestir se stesso d'un'altra persona rappresentando pur se», in quanto così hanno fatto Omero, i lirici, gli elegiaci, Euripide, Virgilio, Cicerone, Boezio, Petrarca e Boccaccio, cosicché Dante riveste il ruolo di poeta come *imitante/rappresentante* e quello di filosofo come *imitato/rappresentato*.

La grandezza poetica di Dante è dimostrata anche dalla vastità del sapere incluso nella *Commedia*, appartenente a tutte le scienze, arti e filosofie, aspetto che, invece, il Bulgarini criticava, ritenendo che l'eccessiva varietà di diversi pensieri filosofici generasse una contraddizione di natura concettuale e che Dante avesse dovuto scegliere quale seguire.

In merito, invece, ai detrattori senesi dello Zoppio, le critiche a lui rivolte riguardano l'uso della lingua nei *Ragionamenti*: è accusato di presunzione, in quanto si era permesso di «mordere rabbiosamente i Toschi» pur non intendendosi di lingua toscana; di risultare in ogni sua obiezione in materia di lingua «sophistica et vana»; di usare «voci fuora della natura loro et contra all'uso de gli autorevoli scrittori». Sulla sua conoscenza della lingua toscana lo Zoppio ammette di non averne mai compiuto uno studio approfondito: ha avuto un po' di pratica con il fiorentino grazie alle lettere del Varchi e alla lettura di Dante e Petrarca, ma ha sempre scritto nel volgare della sua patria, rientrando in quella categoria di buoni scrittori che hanno scritto nello stesso modo in cui sono abituati a «favellare», nella consapevolezza, quindi, di osservare regole diverse. Sulla vanità delle sue obiezioni linguistiche al Bulgarini, lo Zoppio risponde, invece, in modo sarcastico, sottolineando che tutti stanno aspettando da ben venti mesi una sua risposta ed insinuando che le sue «sophisterie» gli siano evidentemente risultate difficili da risolvere.

Per quanto concerne la terza e ultima accusa, lo Zoppio controbatte facendo notare che, laddove i senesi si appellano all'attestazione di un autore, non ne dichiarano l'opera e la ricorrenza, oppure non tengono conto del fatto che uno stesso autore attesta entrambi gli usi, toscano e non toscano. È il caso dei seguenti esempi:

– l'uso di *vuo* per voglio, al posto di *vo*, come attestano delle non meglio specificate «approvate scritture del Boccaccio»: lo Zoppio contesta questo riferimento, perché, se i senesi alludono al «Decamerone stampato», bisogna tener conto della sua compromessa genuinità, in quanto sottoposto a mutazioni infinite dell'ortografia nel corso della sua storia editoriale e, infine, a «riprovatione»; al contrario la forma *vuo* ricorre in molteplici passi dell'*Amorosa visione* di Boccaccio; inoltre lo Zoppio rispedisce, a sua volta, ai mittenti analoga accusa, in quanto, contrariamente a Boccaccio, essi scrivono *io* e non *eo*, *cuore* e non *chore* aspirato, *difetto* e non *difecto*.

– l'uso di *dopo* per *dapoi*, anche con evidente errore nella forma *dopò*: oltre a giustificare l'uso avverbiale della voce *dopo* con l'alta autorità dell'attestazione virgiliana, lo Zoppio attribuisce ad «animo passionato» e a «troppo studio», posti dai senesi nel rimproverarlo, la loro totale inconsapevolezza che la forma accentata *dopò* sia un «errore manifestissimo dello Stampatore», destando così nel lettore il dubbio che buona parte delle loro osservazioni linguistiche siano in realtà vacue e prive di fondamento, se le loro basi poggiano sugli ipercorrettismi e gli errori di tipografia.

Alle analisi puntuali lo Zoppio aggiunge anche riflessioni linguistiche più generali, con le quali ottiene di portare allo scoperto una certa ottusità e rigidità delle conoscenze dei senesi in fatto di lingua. È il caso delle voci criticate per alterazione di sillaba, ad esempio l'uso di *rancide* al posto di *rance* (quest'ultima, forma accorciata della prima). Scrive lo Zoppio a tal proposito: «mentre vivono le lingue nelle bocche de gli huomini et si parlano, et si trattano come viventi, anchora da suoi scrittori è lecito di stendere le accortate, et formarle et riformarle come aggrada all'Autore, perche cosi copiose et ricche si fanno le lingue» (e così Petrarca usa *frale*, mentre Della Casa *fragile*). Di contro alla vitalità della lingua sta la norma regolatrice che l'approva e disapprova, a seconda della convenzionalità stabilita.

Come è già emerso dai riferimenti forniti finora, le Marche compaiono in questa polemica sullo sfondo dei contesti accademici che stanno dietro alcuni dei suoi protagonisti e tra i quali particolare attenzione va naturalmente all'Accademia de' Catenati di Macerata. I *Ragionamenti in difesa di Dante* dello Zoppio sono costruiti sotto forma di dialogo, nel quale si ripropone la conversazione avvenuta tra lui e il catenato bolognese Orazio Canobio, in occasione di un incontro con altri accademici risalente ai mesi precedenti, per il loro desiderio di chiedere il suo parere in merito ad alcuni libri appena pubblicati. Lo scenario offerto dalle accademie, quindi, funge, per così dire, da cassa di risonanza delle posizioni dei singoli[19] e accoglie al suo interno il confronto culturale e letterario sia tra i suoi membri sia con personalità provenienti da altri luoghi. L'affiliazione e/o la frequentazione

[19] *Ivi*, p. 6. Lo Zoppio precisa che i lettori dovrebbero cogliere nel dialogo la sua personale volontà di sostenere il «vero» all'interno della disputa, più che metterle in correlazione all'ambientazione accademica.

accademica rappresentano la modalità con la quale esprimere adesione e condivisione intellettuali. Così accade anche per il dibattito intorno alla poetica, dal caso particolare della *Commedia* al piano teorico generale, e tra gli studiosi citati finora. Il Mazzoni, che già frequentava l'Accademia dei Riformati della natìa Cesena e che, grazie al suo voluminoso lavoro dedicato alla difesa di Dante e all'arte poetica, entrò a far parte dell'Accademia Fiorentina e dell'Accademia della Crusca, nel 1585 era diventato anche accademico catenato e proprio nell'anno della pubblicazione dei primi tre libri della *Difesa*, nel novembre del 1587, si trasferì per un anno a Macerata a ricoprire la cattedra universitaria di filosofia (richiamato poi da altri incarichi a Firenze).

Il 1° novembre 1587 è anche la data in cui Torquato Tasso sottopose al giudizio dell'Accademia de' Catenati, di cui era membro dal 17 novembre 1574, la sua *Gerusalemme liberata*, soggiornando, quindi, a Macerata per qualche giorno, ospite del prelato Orazio Capponi, governatore della città sotto Sisto V, parte in causa della polemica con il Bulgarini e in rapporti con l'illustre poeta già dal 1576. Inoltre, anche per il Tasso la *Difesa* del Mazzoni fu una lettura importante, soprattutto dal punto di vista teorico in vista della composizione dei *Discorsi del poema eroico* (1594), tanto da indurre l'urbinate Bernardino Baldi a farne i protagonisti del suo trattato dialogico dedicato alla metrica, intitolato *Il Tasso ovvero della Natura del verso volgare*, del 1592, nel quale si discute la possibile elaborazione di un verso poetico italiano, capace di uguagliare il verso eroico greco e latino. Punto di congiunzione di tutte queste relazioni che si muovono all'interno della cornice accademica maceratese è Girolamo Zoppio, che non era nuovo alle polemiche letterarie, in quanto era già intervenuto in quella, sorta nel 1553 e talvolta ricordata anche nelle trattazioni dantesche, tra Ludovico Castelvetro e Annibal Caro, in difesa di quest'ultimo, che oltre tutto a Macerata era stato aggregato all'Accademia degli Innominati, attiva prima di quella dei Catenati. Fu in occasione di quella polemica, e a favore del comune amico, che lo Zoppio conobbe e si schierò con Benedetto Varchi, ricongiungendosi intellettualmente a lui anche nel sostegno alle tesi del Mazzoni nella polemica dantesca.

DANTISMO OTTO-NOVECENTESCO

Pantaleo Palmieri

IL DANTISMO DELLA SCUOLA CLASSICA EMILIANO-ROMAGNOLA E MARCHIGIANA: GIOVANNI MARCHETTI

La varia fortuna di Dante

Il grande entusiasmo dei primi lettori della *Commedia*, attestato dai numerosi codici che la divulgano e dagli altrettanto numerosi, e per noi tuttora preziosi, commenti, per non dire della novellistica che traeva ispirazione dai personaggi danteschi, rendendoli familiari al popolo minuto (*Le trecento novelle*, CXIV e CXV di Franco Sacchetti, il *Decameron*, V, 4 e V, 8), ebbe vita breve. Già con l'Umanesimo la fortuna di Dante è *varia*, come ebbe a definirla per primo Carducci e poi tutti coloro che, penso in particolare a Dionisotti, si sono occupati dell'argomento. *Varia* vuol dire che gli estimatori non mancano, ma sono minoranza; che in Italia e in Europa trionfa il quadrumvirato Petrarca Boccaccio Ariosto Tasso; che anche nelle stagioni favorevoli come è stato il Rinascimento, connotato dallo smacco di Bembo (*Prose della volgar lingua*, 1525) poi risarcito a fine secolo con l'edizione della *Commedia* promossa dalla Crusca (1595), Dante ha bisogno di essere difeso (nel 1587 i sette libri della *Difesa di Dante* del cesenate Jacopo Mazzoni; nel 1758 quella di Gasparo Gozzi); che le edizioni e i commenti si riducono: nella contabilità di Batines (1845-46), nel '500 il nuovo e moderno commento di Landino trascina il *boom* delle edizioni del poema; nel '600 Dante cade nell'oblio; nel primo Settecento appena 7 edizioni, tra le quali spicca quella con il commento del gesuita Pompeo Venturi, anonimo nel 1732, intestato nel 1739, improntato tutto alla difesa della dottrina cristiana e della Curia romana; nel secondo 24 edizioni, tra le quali la prima nella città dei papi (!), quella del frate minore conventuale Baldassarre Lombardi, che non per modestia ma per prudenza si firmava F.B.L.M.C.[1]

[1] *La Divina Commedia corretta* [segue soprattutto il testo della nidobeatina], *spiegata e difesa da F.B.L.M.C.*, 3 voll., Roma, presso Antonio Fulgoni, 1791. Spesso citato, per un errore nella decrittazione della B., come Bonaventura Lombardi.

Nella seconda metà del Settecento soffia aria di novità: l'illuminismo si è diffuso e si affacciano rivalse nazionalistiche. Il linguaggio disciplinato del petrarchismo[2] e dell'Arcadia, e ancor più quello spettacoloso del barocco, non sono più funzionali.

A riportare l'attenzione su Dante geniale ma oscuro e barbaro, è la seconda delle *Lettere virgiliane* del Bettinelli (Venezia, 1770):

> E questo è un Poema, un esemplare, un'opera divina? Poema tessuto di prediche, di dialoghi, di quistioni, Poema senza azioni o con azioni soltanto di cadute, di passaggi, di salite, di andate, e di ritorni, e tanto peggio quanto più avanti n'andate? [...]. Quale idea debbono avere della poesia que' giovani, che si vedono appar d'Omero e degli altri Maestri lodar Dante, tanto da quelli diverso?

Il quale Bettinelli, ancora nel 1786, tornava a... provocare: «Se fu Dante poeta, il fu per pochi, il fu pei dotti, o per chi parer dotto volea, ma non fu poeta del cuore e dell'orecchio, cioè vero poeta della nazione».[3]

Non diversamente a livello europeo, come attesta *Le Dante* del *Dictionnaire philosophique* di Voltaire (Ginevra, 1764), dove tra l'altro si legge:

> Les Italiens l'appellent divin, mais c'est une divinité cachée; peu de gens entendent ses oracles; il a des commentateurs, c'est peut être encore une raison de plus pour n'être pas compris. Sa réputation s'affermira toujours, parce qu'on ne le lit guère. Il y a de lui une vingtaine de traits qu'on sait par coeur: cela suffit pour s'épargner la peine d'examiner le reste.

Siamo all'apice della 'non fortuna' di Dante. Ma, come spesso accade, nel momento stesso in cui un processo culturale giunge alla sua estrema formulazione, sono già stati gettati i germi di un nuovo orientamento: prima ancora che Bettinelli e Voltaire scendessero nell'agone iconoclasta, Vico aveva già creato il mito del Poeta-Vate, del 'toscano Omero', e aveva gettato le basi per una comprensione organica del mondo morale e poetico dell'Alighieri. Basti ricordare quel che egli scriveva nel *Diritto universale* (Napoli, 1720): «Dante Alighieri nel pieno della barbarie italiana, senza alcun esempio davanti a sé, da sé nacque, da sé divenne il poeta senza confronti».[4]

Il quale Vico era ben consapevole della novità della sua interpretazione, se nella celebre lettera-saggio del 26 dicembre 1725 all'amico-discepolo

---

[2] Tuttavia un altro petrarchismo, «segreto e difficile» (Dionisotti), rivivrà con Alfieri, Foscolo e Leopardi.

[3] Saverio Bettinelli, *Versi sciolti di tre eccellenti moderni autori* [...] *con alcune lettere all'Arcadia di Roma*, Bassano, Remondini, 1770, p. 46. Id. *Delle lodi del Petrarca*, in *Risorgimento d'Italia negli studj, nelle arti, e ne' costumi dopo il Mille*, Bassano, Remondini, 1786, p. 24.

[4] Questa e la precedente citazione sono dall'*Enciclopedia dantesca*, rispettivamente *ad voces Voltaire* e *Vico*.

Gherardo degli Angioli, «cultore devoto se non felice delle Muse»,[5] scriveva: «quel divino poeta, che alle fantasie delicate d'oggidì sembra incolto e ruvido anzi che no, e agli orecchi ammorbiditi da musiche effeminate suona una soventi fiate insoave e bene spesso ancora dispiacente armonia».[6]

Ma non può ancora essere Vico a cambiare le cose, né l'ergasterio veronese di Giovanni Jacopo Dionisi tutto incentrato sui problemi storico-filologici, che produrrà nel 1806 la splendida edizione bodoniana della *Commedia*. Né, nel secondo Settecento, l'arduo teatro di Alfieri, il quale Alfieri nel 1783 si era fermato per un giorno intero dinanzi alle ceneri di Dante «fantasticando, pregando, e piangendo»;[7] ceneri cui Camillo Moriga nel 1780, per volere del cardinal legato Luigi Valenti Gonzaga, aveva dato un sobrio decoro; né l'autobiografismo di Pietro Giannone che si specchiava nell'immagine dell'esule perseguitato dalla Chiesa; né il Foscolo che solo i disagi dell'esilio avvicineranno a Dante. A fare il salto è, nel 1793, la *Basvigliana* di Monti: si ritorna alla terzina incatenata per affrontare la realtà del presente storico (contro il Terrore giacobino).[8] Esperienza ripetuta, con opposto orientamento ideologico, con La *Masheroniana*. Non però il Monti «gran traduttor de' traduttor d'Omero» del Foscolo; non il Monti «poeta veramente dell'orecchio e dell'immaginazione, del cuore in nessun modo» di Leopardi rimasto inedito sino al 1898; stereotipi, questi, sopravvissuti nella tradizione scolastica; bensì il Monti poeta di straordinario successo; il Monti acclamato 'Dante redivivo' dai più entusiasti, 'Dante ingentilito' dai più moderati; il Monti al quale Manzoni – dico il Manzoni che ha già scritto i *Promessi sposi* – dedicherà l'epitaffio: «Salve, o divino, a cui largì natura / Di Dante il core e del suo Duca il canto [...]».

Ed è sempre Monti, nominato dal Direttorio della Repubblica Cisalpina commissario dei dipartimenti del Lamone e del Rubicone, a organizzare a Ravenna la prima celebrazione di Dante, basata su un criterio non cronologico, come il nostro centenario, ma topografico: il 3 gennaio 1798, promossa dal Circolo costituzionale, si tiene a Ravenna una solenne cerimonia che potremmo assumere come data simbolica della nascita e del culto dantesco e della critica dantesca.

---

[5] Così Fubini nel 'cappello' alla lettera (p. 127), di cui alla nota 6.

[6] Si cita da GIAMBATTISTA VICO, *Autobiografia. Seguita da una scelta di lettere, orazioni e rime*, a cura di M. Fubini, Torino, Einaudi, 1965, p. 140.

[7] VITTORIO ALFIERI, *Vita*, a cura di G. Dossena, Torino, Einaudi, 1967, p. 190.

[8] «Vincenzo Monti coll'esempio della Cantica Basvilliana mostrò ai buoni ingegni come il divino poema fosse la perfetta scuola, ove s'apprende a vestire delle più belle forme della poesia anco i più severi documenti della morale»: così Giovanni Marchetti, *Cenno intorno allo stato presente della letteratura in Italia*, in *Rime e prose del Co. e Comm. Giovanni Marchetti*, II, Bologna, Sassi, 1850, p. 192. Da questa ed. le citazioni successive.

Un raro opuscolo [s.n.t., ma Ravenna, Collina, 1798] ce ne ha conservato ampia testimonianza.[9] Il 9 Nevoso Anno VI Repubblicano [29 dic. 1797] il Circolo costituzionale di Ravenna tiene la sua prima seduta. Pronunciano infuocati discorsi 'socio-politici' i cittadini Monti in qualità di commissario del potere esecutivo, Paolo Costa in qualità di moderatore dello stesso Circolo, Pietro Della Porta segretario dei commissari (l'altro era Luigi Oliva) e il cittadino prete Andrea Corlari professore d'eloquenza nelle Pubbliche Scuole. Il Della Porta in chiusa al suo intervento propose di assegnare a Dante la cittadinanza ravennate.

La proposta fu accolta a gran voce e in una seconda seduta, il giorno 14 Nevoso Anno VI della Repubblica, ovvero il 3 gennaio 1798, il Circolo costituzionale celebrava una «Accademia in Lode di Dante Alighieri».

Andrea Corlari ce ne ha conservato la cronaca nel suo giornale manoscritto (Classense, Mob 3.2.M):

> Li commissarj con li socj, dalla sala del palazzo vecchio municipale s'incamminarono preceduti dalla Banda, e accompagnati dai Civici Granatieri, e si avviarono per la piazza verso il Sepolcro di Dante. Era questa Comitiva preceduta da un Cittadino, che sopra un Legile portava la Divina Commedia con una ghirlanda d'alloro. Il Sepolcro era decentemente adorno di festoni; colà giunti il Commissario Oliva, standosene in piedi sulla porta del Sepolcro fece un'allocuzione colla quale significava, che ad onore di quel genio immortale, ch'era stato nostro Ospite si solennizzava la Festa. Due Cittadine, che furono la [Maria] Laderchi moglie di Cristino Rasponi, e la [Giuditta] Milzetti moglie di Paolo Costa, furono quelle che apposero la ghirlanda sopra la Tomba. Di là partì la Comitiva, e tornossene al suddetto palazzo vecchio; e Monti asceso in tribuna recitò un elogio di Dante; vari altri prose e rime recitarono, le quali poi furono destinate alle stampe. Si terminò la funzione col fare solenne promessa, che ogni anno si sarebbe in questo giorno rinnovata la memoria del poeta fiorentino, aggregato con tal atto alla Cittadinanza Ravennate. Il Commissario Oliva diede saggio della sua bravura nell'improvvisare, e piacque oltremodo a tutti sì per la franchezza e pulizia nell'esprimere i suoi concetti, come per la voce leggiadra con cui cantava i suoi versi.

L'opuscolo di cui sopra ci ha conservato, nell'ordine, l'infuocato discorso del Monti (pp. 23-34), in parte esaltazione di Dante «fiero e virtuoso repubblicano che fulminò colla penna i tiranni della sua patria e gli avari carnefici d'Italia tutta», e parte *auto da fé*: «anch'io, nel suolo della romana tirannide, per campar la vita, ho oltraggiata in un momento di vertigine

[9] Una copia dell'opuscolo si conserva nel Fondo Piancastelli della Bibl. "Saffi" di Forlì, una presso l'Archivio di Stato di Ravenna, *Raccolta Spreti*, Miscellanea di notizie, tomo XIII, n. 48-49, e una a Casa Carducci, Busta 323. 20.

e di terrore la libertà»; un sonetto di Costa (p. 35), uno del cittadino prete Martino Malagola (p. 36), un Epigramma di Giovanni Orioli (p. 37), un secondo sonetto di Costa (p. 38) e uno del Corlari risalente al 1795, a prova che «anche ai tempi della superstizione, e dell'avvilimento del popolo eravi, chi venerando l'ombra del cantor di Bice, conosceva perfettamente i mali da cui era lacerata la misera nostra Patria. Vi era chi ne parlava all'orecchio di qualche amico illuminato tremando, e chi ne piangeva segretamente».

Il secolo di Dante

L'Ottocento, si sa, segna una grande rinascita, veicolata da tutte le forme d'arte, in particolare la pittura, del culto dantesco, sicché Vallone ha potuto affermare: «Un Ottocento senza Dante è un gigante senza scheletro, un'età fioca a partire dalla predicazione patriottica fino a giungere alla ricerca erudita».[10] Un'affermazione di più di mezzo secolo addietro, a tutt'oggi non suscettibile di revisione.

L'Ottocento si apre con lo scontro tra classicisti e romantici. I classicisti accusano i romantici di abbandono della tradizione e di colpevole adesione alle dottrine d'Oltralpe, l'«audace scuola boreale» del montiano *Sermone sulla mitologia* (1825); i romantici, col Berchet della *Lettera semiseria*, accusano i classicisti di essere «scrutinaparole» e, con Mazzini, «spiluccatori di sillabe».[11] Ma l'800 è anche e soprattutto il secolo di Dante: entrambi gli schieramenti facevano di Dante il vessillo di tutte le loro idee; ma mentre i romantici ne esaltavano il genio e l'originalità e cercavano di approfondirne il pensiero politico – su questo dividendosi poi tra guelfi e ghibellini, ossia tra laici e cattolici – e la conoscenza storica, ravvisando in Dante il rappresentate di quel Medioevo che, per dirla col De Sanctis, era il loro tempo eroico, mitico e poetico; i classicisti (Monti ed epigoni),[12] che ne assumevano il pensiero come perenne ed universale, di là delle precisazioni storiche,

---

[10] Aldo Vallone, *La critica dantesca nell'Ottocento*, Firenze, Olschki, 1958, p. 15.

[11] Giuseppe Mazzini, *Opere minori di Dante*, in Id., *L'edizione nazionale degli scritti editi ed inediti*, XXIX, Imola, Galeati, 1919, p. 196.

[12] Giordani disperse, *suo more*, acute osservazioni su Dante nelle lettere ad amici e a quanti guardavano a lui come a mastro. Il Leopardi costituirebbe un capitolo importantissimo del dantismo ottocentesco, ponte tra classismo e romanticismo, se le sue geniali considerazioni sulla 'immaginazione forte' di Dante, che 'scolpisce', sul Dante 'creatore' della lingua e sulla *Commedia* come 'lunga lirica', non fossero rimaste ignote per tutto il secolo, consegnate com'erano alle pagine dello *Zibaldone*. Il tema Leopardi-Dante ha registrato di recente validi contributi, eccellente quello di William Spaggiari, *Leopardi lettore di Dante*, «Bollettino Dantesco. Per il Settimo Centenario», VIII, 2019, pp. 33-64.

si spendevano piuttosto ad illustrarne il linguaggio, «le bellezze» (di «infinite stragrandi bellezze» già scriveva Alfieri nel trattato *Del Principe e delle Lettere*), come essi dicevano, e come il Cesari intitolò la sua opera maggiore.

Il dantismo dei classicisti fu soccombente rispetto al dantismo dei romantici, così come, in generale, il classicismo fu soccombente rispetto al romanticismo.

Oggi, a distanza di quasi due secoli dalla stagione più accesa del confronto, bisogna riconoscere ai classicisti il merito di aver dato inizio alla rinascita del culto dantesco, e di aver contribuito in maniera significativa alla critica estetico-linguistica e alla filologia dantesche. Ai romantici spetta il merito di aver fatto di Dante il padre della patria e il poeta della nazione; oggi, più precisamente, diciamo che Dante ha fondato la lingua italiana letteraria e ha promosso il volgare toscano a lingua nazionale, facendone il nucleo fondante della nostra identità.

Se i classicisti misuravano sull'opera dantesca la propria sapienza letteraria; i romantici si specchiavano nella forte e audace umanità di Dante; la proponevano a modello nel loro apostolato politico; ricostruivano i tempi agitati in cui Dante visse, per interpretare il proprio tempo, quando non per aggirare la censura.

Possiamo dire quindi che il culto dantesco dei classicisti è un capitolo della storia della critica dantesca; ci riferiamo cioè a specifiche acquisizioni interpretative e documentarie. Per i romantici, fatta eccezione per Tommaseo e, facendo la tara sulla sua *vis* polemica, Mazzini, non fosse altro per i suoi meriti di editore dell'illustrazione foscoliana del poema, è forse più corretto parlare di dantismo, cioè di un culto di Dante fortemente condizionato da interessi politico-sociali.

La Scuola classica emiliano-romagnola e marchigiana

Quella che Carducci nell'Introduzione alle *Letture del Risorgimento italiano* definiva «la scuola poetica e filologica del Monti e romagnola» che preparava «menti, animi, braccia alla rivoluzione, alla repubblica cisalpina, al regno italico»,[13] con la Restaurazione si presenta come una società letteraria concorde e omogenea, accomunata da vincoli di parentela o di amicizia e talora dal condiscepolato presso il celebre Seminario faentino o il Collegio dei nobili di Ravenna, che noi oggi in sede storiografica deno-

[13] Nella *ne varietur* zanichelliana delle *Opere di Giosue Carducci*, 20 voll., Bologna, Zanichelli, XVI: *Poesia e Storia*, Bologna, Zanichelli, 1909, pp. 131-183: 155-156.

miniamo Scuola classica emiliano-romagnola e marchigiana; con l'avvertenza che i vari esponenti della Scuola gravitarono tutti su Roma fino a tanto che sul soglio di Pietro si succedettero i tre papi romagnoli, Clemente XIV Ganganelli, Pio VI Braschi e Pio VII Chiaromonti, e poi su Bologna, la seconda città dello Stato della Chiesa, la quale così come in età napoleonica si era avvantaggiata della distanza da Milano, durante la Restaurazione traeva profitto dalla distanza da Roma, e si caratterizzava per il suo dinamismo culturale e come luogo di attrazione dell'intellettualità; mentre a Roma i classicisti della Scuola ebbero un loro prestigioso organo di stampa nel «Giornale Arcadico».[14]

Una pattuglia di antiquari, filologi (una filologia che non è né scienza né tecnica, sì gusto e studio della parola), archeologi, trattatisti della lingua e dell'arte, e soprattutto poeti, spesso d'occasione, e traduttori dal greco e dal latino, che ebbe il suo atto costitutivo nel festeggiare le nozze Monti-Perticari con gli *Inni a gli dei consenti*, splendidamente stampati da Bodoni nel 1812; iniziativa promossa dall'Accademia dei Filopatridi di Savignano, che nel 1801 aveva avuto fondatori Giulio Perticari, Girolamo Amati e Bartolomeo Borghesi, figura, quest'ultimo, di rilievo europeo; e che segue il magistero del Monti, il quale nella nona delle sue Lezioni pavesi, dopo aver celebrato la facondia di Dante, suggeriva agli studenti: «Fate tesoro nella vostra memoria di qualche pezzo dantesco. I suoi versi sono un antidoto potentissimo contro le infezioni del gusto»;[15] e più ancora quello del Giordani, presente a Ravenna nel 1801, a Bologna nel 1805-06, a Cesena dal marzo 1807 al maggio 1808, e dappertutto con quell'incomparabile strumento di militanza culturale e di vita di relazione che fu per lui la corrispondenza epistolare.

Una pattuglia che schierava in prima linea il ravennate Paolo Costa, il faentino Dionigi Strocchi, il cesenate Cesare Montalti, il savignanese Borghesi, i marchigiani Francesco Cassi e Giovanni Marchetti e il pesarese-savignanese Perticari, tutti di orientamento liberale, più o meno moderato (alla quale fu iscritto e va iscritto anche Leopardi);[16] tutti dediti al culto di

---

14 Fondato da Perticari, da Luigi Biondi e dal principe Pietro Odescalchi, il «Giornale Arcadico di Scienze, Lettere, ed Arti» si pubblicò a Roma dal 1819 al 1871. Ebbe dunque vita lunghissima, in gran parte per merito del suo infaticabile segretario, il marchigiano di Orciano Salvatore Betti. E quasi tutti marchigiani e romagnoli furono i collaboratori delle prime annate; di tutto lo Stato Pontificio quelli delle successive.

15 Cfr. Vincenzo Monti, *Lezioni di eloquenza e prolusioni accademiche*, introduzione e commento di D. Tongiorgi, testi e note critiche di L. Frassineti, Bologna, Clueb, 2002, p. 224.

16 Cfr. Pantaleo Palmieri, *Giacomo Leopardi e la Scuola classica romagnola*, in *Leopardi a Bologna*, Atti del Convegno per il secondo centenario leopardiano (Bologna, 18-19 maggio 1998), a cura di M.A. Bazzocchi, Firenze, Olschki, 1999, pp.113-132.

Dante (basti citare il distico del patriota cesenate Eduardo Fabbri: *Cristo in petto, Dante in testa, / non pavento di tempesta*) e accomunati dalla vocazione all'insegnamento inteso come trasmissione di *humanitas*; dalla fede nella poesia come valore assoluto; dalla disponibilità a ricoprire cariche pubbliche; elementi, questi, che differenziano la Scuola dall'indistinto *coté* classicistico.

Se quella del 3 gennaio 1798 fu solo una cerimonia, primo risultato significativo dell'àlacre dantismo della Scuola classica è l'edizione della *Divina Commedia con tavole in rame*, Bologna, Gamberini e Parmeggiani, 1819-21, la cosiddetta Bolognese o Machiavelliana perché promossa dall'abate Filippo Machiavelli allo scopo di pubblicare le 101 tavole disegnate e incise nel 1806-07 da Giovan Giacomo Machiavelli, zio del promotore, e rimaste inedite per la morte dello stesso nel 1811: una bella edizione in 4° grande dedicata al marchese Annibale Banzi, con in premessa la *Vita di Dante* di Costa (pp. 1-16) e il saggio *Della prima e principale allegoria del Poema* di Marchetti (pp. 17-44); a ciascun canto sono premessi gli Argomenti in terza rima composti da Gozzi per la sontuosa edizione Zatta del 1757-58, e nel margine destro del testo chiose esplicative di cui non si indica l'autore; in appendice note di Costa, Strocchi, Perticari e Giovan Battista Giusti, che argomentano varie proposte su singole *cruces*.

A testimoniare il successo dell'impresa basti il giudizio del Foscolo, il quale la giudicò «utile a chiunque attende allo studio più che alle dispute attorno al poema».[17]

La Machiavelliana ebbe nel 1826, presso lo stesso editore e nel medesimo formato, una seconda edizione: *La Divina Commedia con brevi e chiare note*, con l'aggiunta di una seconda Appendice con «moltissime chiose, e varianti» di Betti (le incisioni risultano ritoccate per ordine della Curia, al fine di coprire le nudità: con l'elezione di Leone XII si chiude la grande stagione del classicismo romano che non aveva registrato imbarazzi riguardo al nudo).

In quello stesso 1826, sempre a Bologna, presso Cardinali e Frulli esce *La Divina Commedia con brevi e chiare note di Paolo Costa*, in 3 volumi L'identità del titolo «con brevi e chiare note», a marcare la distanza dai commenti all'epoca più ristampati del Venturi, del Lombardi e del Biagioli (sugli ultimi due in quegli stessi anni si esercitava la sagace acribia del Monti postillatore), e la precisazione nell'avvertenza *A chi legge* che le chiose erano le stesse della Machiavelliana: abile mossa con cui Costa si appropria del *suo* commento.

Batines la definisce una ristampa della *Machiavelliana* del '19, ma è a tutti gli effetti una nuova edizione, non solo perché emancipata dal sontuoso

[17] *La Commedia di Dante Alighieri illustrata da Ugo Foscolo*, IV, Londra, Pietro Rolandi, 1842-1843, p. 133.

paratesto (sopravvivono solo gli Argomenti del Gozzi), ma appunto perché riveduta e ampliata.

Del commento di Costa basterà dire che se ne ebbero così numerose tra ristampe e nuove edizioni a Bologna, a Firenze, a Milano, a Napoli, a Genova e altrove, che neppure un bibliografo diligentissimo quale fu Giuliano Mambelli è riuscito a contarle.[18] Il De Sanctis con intemperanza tutta romantica lo liquidò tra i «commenti grammaticali»,[19] e la critica di oggi lo giudica opera eclettica, ma la larga e capillare diffusione di esso ci attesta che fu lavoro di alta e meritoria divulgazione e di notevole portata didattico-educativa.

Giovanni Marchetti degli Angelini

Giovanni Marchetti degli Angelini (1790-1852), se per un verso assomma in sé tutti i caratteri della Scuola classica (compresi gli inevitabili cedimenti al tanto contrastato Romanticismo),[20] basti pensare all'instancabile produzione di sonetti d'occasione (memorabili i suoi epitalami), per altro verso è figura di rilievo ben oltre la Scuola. Ebbe una solida formazione culturale (prima nel collegio dei Nobili di Parma, poi al Nazareno dove ebbe condiscepolo il conte Giovanni Maria Mastai Ferretti futuro Pio IX); frequentò assiduamente i salotti e i sodalizi culturali della Bologna del suo tempo, ma non si sottrasse a esperienze socio-politiche: per tre anni fu a Parigi, chiamato dall'Aldini nel Ministero della Segreteria di stato del Regno italico (1811-14) e dove frequentò Leopoldo Cicognara, Ennio Quirino Visconti, Gaetano Marini; non si compromise coi fatti di Marzo del 1831, ma poco dopo fece parte di una deputazione incaricata di chiedere a Gregorio XVI miglioramenti e riforme, che fu senza risultati; con l'elezione di Pio IX, Marchetti si recò a Roma e nel capodanno del '47 assistette all'esecuzione della sua Cantata per Pio IX con musica di Rossini; dal 4 maggio al 17 agosto del '48 fu ministro degli affari esteri nel governo Mamiani.[21]

Tra i poeti di orientamento classicistico del primo Ottocento, se non ebbe il genio del corregionale Leopardi (ma su Leopardi ritorneremo),

---

[18] Cfr. Giuliano Mambelli, *Gli annali delle edizioni dantesche: contributo ad una bibliografia definitiva*, Bologna, Zanichelli, 1931.

[19] Nel saggio su *Pier delle Vigne*, prima lezione di un corso dantesco fatto a Torino nel 1855. Si cita da Francesco De Sanctis, *Pagine dantesche*, Milano, Treves, 1921, p. 223.

[20] Cfr. Sandro Genovali, *Un neoclassico a Senigallia: Giovanni Marchetti degli Angelini*, in *Nelle Marche centrali*, Jesi, Cassa di Risparmio, 1979, pp. 959-988.

[21] Cfr. Gilberto Piccinini, *Giovanni Marchetti ministro degli esteri nel Gabinetto Mamiani*, «Rassegna Storica del Risorgimento», a. LXXIX, n. 1, 1992, pp. 11-22.

godé grande stima da Carducci: «[Marchetti] rinfrescò d'un rivolo di petrarchismo più andante [fluido] la rigida scuola bolognese, e infuse uno spirito di poesia quasi storicamente romantico nelle forme della cantica montiana»,[22] e da tutta la generazione d'area carducciana: Borgognoni nell'Introduzione a un'edizione delle sue *Poesie* lo definisce «uno de' più modestamente nobili e nobilmente eletti e castigati poeti della scuola romagnola» e gli accredita: «una grande schiettezza e limpidità di frase, una costante prestanza e venustà di forma, e un certo equo e delicato contemperamento tra il pensiero e la fantasia, il sentimento e la ragione»;[23] Severino Ferrari inserisce le sue poesie nelle antologie da lui curate commentandole da par suo;[24] Guido Mazzoni lo inserisce nell'*Ottocento* Vallardiano, e da allora Marchetti conserva un suo posto nelle storie della letteratura. Senigallia, la città natale, in occasione del centenario della morte ne affidò la commemorazione a Giulio Natali (1875-1965, marchigiano di Pausula, oggi Corridonia), poi pubblicata, col titolo *Giovanni Marchetti ministro di Pio IX, poeta e dantista*, su «Siculorum Gymnasium» a. VI, n. 1, 1953, pp. 59-75: un ritratto a tutto tondo, da integrare, per i dati biografici, con l'Introduzione di cui sopra (entrambe si leggono in rete).

Tra i dantisti è celebre per il saggio *Della prima e principale allegoria del poema di Dante*, già citato, e per la cantica *Una notte di Dante* (1838). Della cantica, connotata da calchi ed echi danteschi, basti dire che ebbe uno straordinario successo e forse favorì la diffusione del saggio, che ebbe anche un'ampia circolazione autonoma.

Nel saggio Marchetti smentisce puntigliosamente l'interpretazione corrente del traviamento morale; riconosce i meriti dei predecessori, il perspicacissimo Gasparo Gozzi che individuava nella selva i vizi di Dante e nelle tre fiere i vizi e i viziosi della sua città e dell'Italia tutta, e monsignor Dionisi, che nell'*Aneddoto II* dei suoi *Blandimenti funebri* identificava la lonza con Firenze, il leone con il regno di Francia e la lupa con Roma, ossia la Curia romana, i quali gli hanno aperto la strada per «una nuova e più verisimile, e, se a Dio piace, assai più nobile interpretazione» (II, p. 134); quindi su un percorso intratestuale arriva alle conclusioni, che lo stesso Marchetti ci riassume, in chiusa del saggio:

---

22 Cfr. *Maria Teresa Gozzadini*, nella *ne varietur* delle *Opere di Giosue*, cit., III: *Bozzetti e scherme*, Bologna, Zanichelli, 1914, p. 376.

23 *Poesie di Giovanni Marchetti nuovamente pubblicate* a cura di A. Borgognoni, Firenze, Barbera, 1878, pp. III-IV. Minute e di prima mano le notizie biografiche. Nello stesso anno venivano pubblicate le *Poesie scelte del Conte Giovanni Marchetti* per cura di G. Dehò, Torino, Tip. Salesiana.

24 Cfr. Francesco Bausi, «Il poeta che ragiona tanto bene dei poeti». *Critica e arte nell'opera di Severino Ferrari*, Bologna, CLUEB, 2006.

la selvosa e deserta valle significa la miseria di Dante privato di ogni cosa più cara nell'esilio; *il diletto monte*, la bramata pace e consolazione; *lo andare di lui dalla selva al monte*, il crescere della speranza nell'animo suo; *la luce del nuovo dì*, i conforti ch'egli ebbe nello sperare; *la lonza, il leone e la lupa* che il suo salire impedirono, Firenze, Francia e Roma che alla sua pace si opposero; l'apparire di Virgilio, mandatogli da Beatrice (cioè da quella cara anima, di cui altra non poteva essere nel cielo più desiderosa di soccorrerlo) l'alleviamento agli affanni recatogli dalla dolcezza degli studi; *la via per la quale Virgilio promise trarlo di quella valle*, il mirabile lavoro di un poema onde gli verrebbe cotanta gloria, che la sua patria, per vaghezza d'ornarsi di lui, trarrebbelo dell'esilio; e *la scorta avuta per quella via da Virgilio*, la virtù necessaria a tale uopo derivatagli dal meditare le opere dell'altissimo poeta. (II, p. 167-68)

La tesi di Marchetti fu subito accolta favorevolmente da Borghi, Costa, Monti, Byron (la giudicò ingegnosa e probabile nella premessa alla *Profezia di Dante*), Perticari, Troya, Foscolo che lo definiva dotto scrittore e gli riconosceva «il merito d'aver congegnato più ragionevolmente la nuova interpretazione»,[25] Balbo e un po' da tutto il fronte neoghibellino; nel secondo Ottocento da Isidoro Del Lungo, Guido Mazzoni, Luigi Pietrobono, e in tempi più recenti da Guglielmo Gorni.

Marchetti 'buon leopardiano'

Così lo definiva Giordani,[26] ma Giorgio Varanini, in un saggio sull'ode *A Napoleone Francesco vicino a morte*, una delle più belle di Marchetti, precisava: «Ma certo non fu tale che limitatamente al nitore della forma classicamente composta e alla classica sobrietà dei modi espressivi, aliena da ridondanze e prolissità».[27]

Sicuramente il rapporto fra i due è dei più significativi: Giovanni Marchetti è nel primo elenco di persone cui Giacomo, dietro suggerimento di Giordani, inviò le Canzoni del '18; fu anche fra i tanti che a Bologna avanzarono riserve, come attestato da Brighenti, per incomprensione o per più bassi sentimenti d'invidia, irritati dall'enfasi con cui Giordani predicava il genio di Leopardi; né furono accolte con entusiasmo la Canzone al Mai e l'edizione del '24 delle *Canzoni*.

---

[25] *La Commedia di Dante Alighieri illustrata da Ugo Foscolo*, cit., III, p. 430.

[26] *Opere di Pietro Giordani*, 14 voll., Milano, Borroni e Scotti, I-VII: *Epistolario*, edito per Antonio Gussalli, compilatore della vita che lo precede, VII, Milano, Borroni e Scotti, 1854-1855, p. 192.

[27] Giorgio Varanini, *L'ode "Per Napoleone Francesco vicino a morte" di Giovanni Marchetti degli Angelini*, «Rivista italiana di studi napoleonici», a. XXI, n. 1-2, 1984, pp. 19-36.

Nel dicembre del 1823 Leopardi aveva letto le *Odi di Anacreonte volgarizzate da Paolo Costa e Giovanni Marchetti* e nel dicembre dell'anno dopo il *Cenno intorno allo stato presente della letteratura in Italia* che Marchetti aveva pubblicato come introduzione al XIV volume delle *Opere di Pietro Giordani* stampate da Brighenti (1821-27), senza fare menzione di Leopardi.[28] Nel '27 Marchetti ristampa il *Cenno* nel volume *Rime e Prose* (Bologna, Stamperia delle Muse, 1827) e associa Leopardi alla Scuola classica.

Una volta a Bologna, Leopardi ebbe una calda accoglienza e instaurò con tutti i classicisti relazioni umane e culturali, alcune occasionali, altre durature. Tutte meritevoli di attenzione. Lasciata Bologna, non fu in corrispondenza con Marchetti, ma non mancò di interessarsi di lui: il 24 luglio 1827 da Firenze scrive a Brighenti: «Veggo che qui Marchetti è stimato: le sue cose dovrebbero trovar favore in Toscana». Nelle lettere a Carlo Pepoli, non mancò mai di raccomandare saluti al Marchetti, e in una del 28 novembre 1827 scrive: «saluta per me mille e mille volte cotesti carissimi e veramente ottimi amici bolognesi, il Marchetti, il Costa; anche lo Strocchi se lo vedi o gli scrivi».

Il 31 dicembre 1827 da Pisa avverte Vieusseux di non aver ancora letto il libro di Marchetti: si tratta di *Rime e prose* già citate. Non abbiamo la prova che Leopardi abbia poi letto il volume, ma – lo ha rilevato Letterio Cassata[29] – almeno in *A Silvia* (datata Pisa 19-20 aprile 1828) due versi, il 26 *lingua mortal non dice* e il 58 *onde cotanto ragionammo insieme*, rievocano rispettivamente i vv. 33 *ochio mortal non vede* e 12 *onde giojosi dipartimmo insieme* dell'ode marchettiana *La Speranza*. Così come sono evidenti echi leopardiani nelle poesie di Marchetti.

---

[28] Cfr. Giacomo Leopardi, *Elenchi di letture*, in Id., *Poesie e Prose*, 2 voll., Milano, Mondadori, II: *Prose*, a cura di R. Damiani, Milano, Mondadori, 1988 («I Meridiani»), pp. 1227 e 1231.

[29] Latterio Cassata, *Da Marchetti a Leopardi*, «Rivista di Letteratura italiana», a. II, n. 2, 1984, pp. 237-241.

Alessio Cotugno

GIULIO PERTICARI STORICO DELLA LINGUA ITALIANA E DANTISTA*

È passato più di un trentennio da quando Sergio Romagnoli auspicava un'opera di «restauro complessivo» di Giulio Perticari.[1] Da allora, molti passi in avanti sono stati compiuti in tal senso, con l'indubbio vantaggio che questa figura ne è uscita meglio illuminata.[2] D'altra parte, proprio sui due contributi maggiori del Perticari storico e teorico del volgare (i trattati *Degli scrittori del Trecento e de' loro imitatori* e *Dell'amor patrio di Dante e del suo libro intorno il volgar eloquio*) si può registrare un diradarsi delle attenzioni esegetiche, a tutto vantaggio della messa a fuoco di altri aspetti della sua attività. In linea con l'approccio geografico ovverosia regionale al problema della storia della fortuna di Dante, nei paragrafi che seguono mi propongo di delineare un breve profilo degli interessi danteschi di Perticari, con particolare riguardo ai due trattati appena richiamati. Il titolo ambisce a offrire un *accessus* grammaticale al percorso proposto: il legamento

* Questi appunti sono preliminari a un lavoro di edizione commentata del trattato *Degli scrittori del Trecento e de' loro imitatori*, parte di un'antologia sulla *Storia della questione della lingua italiana* diretta da Claudio Marazzini che vedrà la luce prossimamente per i tipi di Bompiani. Il debito di queste pagine nei confronti di Marazzini è duplice: non solo per avermi spinto a lavorare su questo testo e sul relativo autore, ma anche perché i suoi studi sull'argomento costituiscono un costante punto di riferimento per queste prime incursioni perticariane. Ringrazio inoltre Francesco Bruni e Diego Poli per aver letto e commentato una prima versione di questo lavoro.

[1] Sergio Romagnoli, *Progetto di restauro di Giulio Perticari*, in *Scuola classica romagnola*, Atti del Convegno di Studi, Faenza, 30 novembre, 1-2 dicembre 1984, Modena, Mucchi, 1988, pp. 19-29.

[2] Per un profilo di Perticari rimando anzitutto alla voce di Simona Brambilla nel *Dizionario biografico degli italiani*, LXXXII, Roma, Istituto della Enciclopedia italiana, 2015, pp. 517-520; cfr. inoltre Anna Maria Di Martino, *«Quel divino ingegno». Giulio Perticari: un intellettuale tra Impero e Restaurazione*, Napoli, Liguori, 1997 e William Spaggiari, *Appunti su Giulio Perticari*, in Id., *L'eremita degli Appennini. Leopardi e altri studi di primo Ottocento*, Milano, Unicopli, 2000 («Parole allo specchio. Studi e testi», 1), pp. 173-192. Per ulteriori riferimenti bibliografici su aspetti più puntuali dell'attività di Perticari si rimanda alle note seguenti.

e, impiegato come nesso congiuntivo-inclusivo per connettere i due attributi, intende immediatamente suggerire che nella riflessione del Perticari maturo il dantista e lo storico della lingua italiana – la seconda qualifica è naturalmente da intendersi *avant la lettre* – sono tutt'uno, come emerge dalla centralità assegnata al *De vulgari eloquentia*, oggetto di una decisa rivalutazione in chiave linguistica e politica.

1. Le inclinazioni dantesche di Perticari risalgono agli anni giovanili e si manifestano, ad esempio, nella cantica *Per lo Natale del re di Roma. Visione* (1811), che come si conviene a questo genere letterario, è ricca di echi danteschi, o, ancora, in quel poemetto intitolato *Il Prigioniero apostolico* con cui, nell'estate del 1814, egli celebrava il rientro di Pio VII dal confino, liberato dalla prigionia di Fontainebleau: qui le reminescenze dantesche si inseriscono in un impianto di chiara ispirazione montiana (si può richiamare anzitutto la *Bassvilliana*, 1793).

Proprio il suocero Monti costituisce l'altro faro, assieme a Dante, cui Perticari guarda quando, lasciatasi alle spalle l'esperienza napoleonica e, con essa, le opere dei suoi trascorsi prima bonapartisti e poi filopapali (prontamente espunti dal catalogo dei suoi scritti), andò accreditandosi come uomo di lettere, ormai sempre più lontano dall'impegno politico e dedito allo studio e al restauro dei testi antichi insieme alla riflessione linguistica sulle origini dell'italiano.

Forte di queste credenziali di filologo testuale e storico del volgare (coi limiti che vedremo), egli prese parte alla grande impresa collettiva della *Proposta di alcune correzioni ed aggiunte al Vocabolario della Crusca*, pubblicata a Milano tra il 1818 e il 1824: a lui era riservato il compito di offrire un supporto all'antifiorentinismo militante del suocero («noi siamo in guerra con i Toscani», avrebbe scritto al genero),[3] grande lessicografo e polemista dotato di felicissima vena satirica, ma personalità poco incline ad ampi inquadramenti storico-teorici.[4]

Il contributo di Perticari offriva un supporto fondamentale alla battaglia montiana contro il *Vocabolario* della Crusca – specialmente nella ver-

---

3 Francesco Bruni, *Idee d'Italia. Da Napoleone al Quarantotto*, Bologna, il Mulino, 2021, p. 70.

4 Guido Lucchini, *Note e appunti sulla collaborazione tra Monti e Perticari*, in *Vincenzo Monti nella cultura italiana*, a cura di G. Barbarisi, W. Spaggiari, I.2, Milano, Cisalpino, 2005, pp. 915-937: 933 (anche per la confusione fra i due). Cfr. inoltre Andrea Dardi, *Gli scritti di Vincenzo Monti sulla lingua italiana*, Firenze, Olschki, 1990; Maria Maddalena Lombardi, *Gli studi lessicografici di Vincenzo Monti per l'allestimento della 'Proposta'*, in *Vincenzo Monti nella cultura italiana*, cit., pp. 785-829.

sione dell'abate Cesari –, accusato di conservatorismo e municipalismo linguistici e indiziato di errori grossolani di varia natura (paleografica, filologica, lessicografica).[5] Si tratta, com'è noto, di una fra le manifestazioni più interessanti e più aspre di quella controversia filologica, grammaticale e lessicografica fra toscani e 'lombardi' che attraversa la storia linguistica e culturale italiana, affiorando in più momenti.[6]

All'impresa il suo apporto garantiva quella saldatura tra filologia, storia e teoria linguistica e storia letteraria che risultava cruciale nello svolgimento del progetto montiano, all'interno del quale il documento letterario veniva impiegato al servizio di un disegno linguistico più ampio (ancorché non sistematico).[7]

Perticari assolse così il ruolo dello storico della lingua cui, per dirla in termini vichiani, spettava il compito di accertare il vero della tesi antifiorentinistica sostenuta nella *Proposta*. Al monopolio linguistico dei fiorentini (la «tirannia del toscano dialetto»),[8] inclini a concepire la lingua come personale riserva di caccia («l'attentato di ridurre il *comune* idioma italiano alla misera condizione di lingua *particolare*»),[9] e al fiorentinismo arcaizzante dei cruscanti, Monti com'è noto contrapponeva una convinta apertura alla tradizione cinque-settecentesca, vale a dire un ideale linguistico non circoscritto alla sola letteratura ma in grado di nutrirsi del contributo della filosofia, della scienza, della tecnica.

Guido Lucchini ha messo in luce come, nell'infuriare della polemica, i due punti di vista di Monti e di Perticari tendessero a essere assimilati e

---

5 Claudio Marazzini, *Le teorie*, in *Storia della lingua italiana*, a cura di L. Serianni, P. Trifone, I, Torino, Einaudi, 1993, pp. 309-311: 309 (si fa riferimento a «cattive letture paleografiche, promozione di lezioni deteriori e individuazione di voci inesistenti»).

6 Essa risale all'epoca medievale, per poi proseguire nel Rinascimento e oltre (cfr. Francesco Bruni, *Fra «Lombardi», «Tusci» e «Apuli»: osservazioni sulle aree linguistico-culturali* [1990], in Id., *Testi e chierici del Medioevo*, Genova, Marietti, 1991, pp. 11-41 e Id., *Italia. Vita e avventure di un'idea*, Bologna, il Mulino, 2010, cap. IV, § 3).

7 Claudio Marazzini, *Storia e coscienza della lingua in Italia dall'Umanesimo al Romanticismo*, Torino, Rosenberg & Sellier, 1989, p. 198.

8 Maurizio Vitale, *La questione della lingua*, Palermo, Palumbo, 1978, p. 180.

9 L'espressione impiegata nella *Proposta* trova un interessante antecedente in uno scritto del 1816, in cui Monti indirizza un'accusa contro il «despostismo della favella» stabilito a Firenze dalla Crusca: dove è più evidente il duplice attacco all'istituzione, per due ragioni: 1) poiché il sintagma è ricalcato sulla formulazione *dispotico regno ortografico* con cui cinquant'anni prima Alessandro Verri aveva denunciato, dalle colonne del «Caffè», lo stesso atteggiamento di geloso monopolio linguistico degli Accademici; 2) perché la parola, largamente impiegata in quegli anni, era assente in tutte le edizioni del Vocabolario, di cui veniva così sottilmente denunciata «l'estraneità al moderno moto delle idee» (è una polemica che vede impegnato in prima linea anche Leopardi, che fra le parole messe al bando dai puristi cita proprio *dispotismo*): F. Bruni, *Idee d'Italia*, cit., p. 70

persino confusi dagli avversari.[10] Una tale confusione è però già a monte ed è in certa misura avallata dal Monti stesso, in una lettera al genero del 4 settembre 1817:[11]

> Mio caro Giulio, per la terza volta rileggo il tuo scritto, e più l'esamino più lo trovo da capo a piedi bellissimo. La materia è trattata da gran maestro e filosofo, e se il mio giudizio mi mostra il vero, or credo veracemente che sarà vinta la lite [...]. Intanto è stato buon senno il mio nel tardare la stampa della Introduzione ch'io aveva già preparata, la quale all'ultimo non era che la ragione dell'opera; ed è avvenuto appunto ciò che il cuore mi diceva, cioè che ci saremmo incontrati in gran parte delle sentenze. *Gli ultimi capitoli del tuo scritto non sono che un pieno sviluppo della mia stessa opinione. Le parole sono diverse, ma gli argomenti e i pensieri sono i medesimi.*

Una tale convergenza di posizioni e di temi trova tuttavia espressione in atteggiamenti e stili discorsivi assai differenti. Se comune a entrambi è l'attenzione per la polemica nominalistica, che è un elemento costante della 'questione della lingua', in Perticari essa si esprime in una meticolosa critica all'antologia giuntina del 1527 intitolata *Sonetti e canzoni di diversi antichi autori toscani*, di cui viene presa di mira la nona sezione, dove sfila una galleria di autori eterogenei quali Giacomo da Lentini, Guido delle Colonne, Pier della Vigna, re Enzo, Onesto da Bologna, Guido Guinizelli, il cui principale punto in comune era, come faceva maliziosamente notare Perticari, la provenienza extratoscana: in tal modo, l'aggettivo *toscano* impiegato nel titolo della raccolta doveva necessariamente intendersi nel senso di 'italiano'. Questo stesso aspetto trova un diversissimo trattamento quando è il suocero a scrivere, come accade nell'esilarante scambio tra il Frullone (personificazione della Crusca) e Madonna Proposta (portavoce delle idee dell'autore), in cui Monti dà forse la miglior prova della propria vena satirica e si fa beffe della pretesa cruscante di ridurre la lingua italiana nel recinto del volgare toscano o meglio fiorentino (si noti la *reductio ad unum*):[12]

> *Fru.* Di grazia, monna Proposta, è questo il tuo ultimo chiccheri ciaccheri sopra il Vocabolario?
>
> *Pro.* Messer Frullone, se vuoi ch'io t'intenda, parla italiano.
>
> *Fru.* Che italiano? Stu avessi letto il Varchi e il Salviati, sapresti che s'ha a dire toscano: anzi neppur toscano, ma fiorentino.

---

[10] G. Lucchini, *Note e appunti*, cit., cita il caso di Francesco Ambrosoli e di Francesco Torti (pp. 929, 933).

[11] Cfr. Vincenzo Monti, *Epistolario*, raccolto, ordinato e annotato da A. Bertoldi, IV (1812-1817), Firenze, Le Monnier, 1930, p. 406.

[12] Si legge in A. Dardi, *Gli scritti di Vincenzo Monti*, cit., pp. 369-370.

2. Alla *Proposta* Perticari contribuì con i due saggi già menzionati intitolati rispettivamente *Degli scrittori del Trecento e de' loro imitatori* e *Dell'amor patrio di Dante e del suo libro intorno il volgare eloquio*, pubblicati a due anni di distanza (rispettivamente, nel 1818 e nel 1820).[13]

Nonostante l'impianto argomentativo di questi due contributi sia al servizio delle tesi montiane, essi non costituiscono mere riproposizioni delle idee del suocero (non vanno, cioè, declassate al rango di quelle prove che stancano la verità, secondo un noto aforisma di Georges Braque); non foss'altro per l'importanza che essi rivestono in rapporto alla ricezione ottocentesca del *De vulgari eloquentia*: un'importanza tale da aver assicurato al trattato dantesco una fortuna e una presenza nel dibattito linguistico superiore addirittura a quelle cinquecentesche, e che può persino meravigliare se si considera che i dati di cui si sostanziano sono prelevati pressoché interamente dalla grande erudizione settecentesca: da autori, ad esempio, come Melchiorre Cesarotti, Ludovico Antonio Muratori e soprattutto Gian Vincenzo Gravina, che al testo dantesco si erano rivolti in polemica con le posizioni degli Accademici della Crusca. Sicché il giudizio formulato da Contini su Perticari, paragonato a «un erudito o etimologo di provincia nel Sei o Settecento»,[14] appare persino generoso, quando si riconosca che Perticari solamente attinge a quella tradizione, senza appartenervi e senza avere le competenze e gli strumenti – vale a dire la formazione – per continuarla, come manifesta chiaramente il caso delle osservazioni di carattere epigrafico, la cui dipendenza dalla trentaduesima dissertazione delle *Antiquitates* di Muratori è stata dimostrata,[15] o l'intera serie di esempi tratti dal latino urbano e da quello rustico, vòlti a dimostrare l'esistenza di un uso linguistico popolare.[16]

---

13 Si leggono rispettivamente in VINCENZO MONTI, *Proposta di alcune correzioni ed aggiunte al Vocabolario della Crusca*, I.1, Milano, Dall'Imperiale Regia Stamperia, 1817 (ma edito nella primavera del 1818), pp. 3-198 e II.2, Milano, Dall'Imperiale Regia Stamperia, 1820, pp. 3-447 (il secondo testo è diviso in due parti: *Apologia* [pt. I]; *Della difesa di Dante in cui si dichiarano le origini e la storia della lingua comune italiana* [pt. II]). Essi confluiscono nell'edizione delle *Opere* perticariane (l'*editio princeps* vide la luce a Bologna, nel 1838; la seconda edizione, riveduta, a Bari, nel 1841, in 2 voll. Sulla datazione cfr. ROCCO MURARI, *Giulio Perticari e le correzioni degli Editori milanesi al* Convivio*; con documenti inediti*, «Giornale dantesco», n.s., a. II, n. 5, 1898, pp. 481-502: 484, nota 3; cfr. inoltre GIUSEPPE FRASSO – MASSIMO RODELLA, *Pietro Mazzucchelli studioso di Dante. Sondaggi e proposte. In appendice: La vendita della collezione dantesca di Giuseppe Bossi a Gian Giacomo Trivulzio*, Roma, Edizioni di Storia e Letteratura, 2013 («Fontes Ambrosiani», 5), p. 185 con nota 7.

14 Riprendo il giudizio (formulato in *Letteratura italiana del Risorgimento*) da G. LUCCHINI, *Note e appunti*, cit., p. 926.

15 Per Muratori cfr. C. MARAZZINI, *Storia*, cit., p. 195.

16 *Ivi*, p. 191 (sulle coppie *quiritare / iubilare, scortum / pellicula*).

Tuttavia, la centralità che il *De vulgari* riveste nell'economia dei trattati perticariani non trova precedenti in quegli eruditi settecenteschi con i quali pure essi intrattengono debiti tanto ingenti. Perticari trova cioè nel capolavoro linguistico dantesco una guida sicura con cui addentrarsi nella selva dei volgari italoromanzi e attraverso la quale illustrare la genesi dell'italiano e il suo primato rispetto alle altre tradizioni linguistiche e letterarie neolatine.

Come vedremo, se letti in sequenza, i due saggi documentano non solo il rafforzarsi della centralità attribuita da Perticari al *De vulgari*, ma anche un significativo allargamento e spostamento del baricentro d'interessi, che dalla ricostruzione della storia linguistica e letteraria d'Italia si allarga fino a comprendere quella civile.

Beninteso, non si tratta di prove isolate: esse vanno lette, piuttosto, come tappe del curricolo del Perticari dantista.

Come hanno dimostrato le ricerche di Simona Brambilla, tali interessi precedono la stesura del primo trattato: lo documentano le fitte postille (risalenti almeno al 1816) apposte da Perticari sui margini dell'esemplare dell'edizione veneziana del *Convivio* pubblicata nel 1714 da Pasquali, conservato alla Biblioteca Oliveriana di Pesaro.[17]

Da qui in avanti Dante s'impone progressivamente a Perticari come un oggetto di studio privilegiato.

Si possono richiamare in proposito il contributo pubblicato nel «Giornale arcadico» nel maggio-luglio del 1819,[18] in cui Perticari ingaggia una polemica con l'abate Lami a proposito dell'interpretazione dei versi di Nembrot e di Pluto, o le *Annotazioni e postille alla Commedia*, edite in parte a Bologna nel 1819 e in parte, postume, a Milano nel 1825 e a Faenza nel 1853 o, infine, l'emendamento del testo del *Convivio* stabilito nelle due edizioni curate dal suocero assieme al marchese Gian Giacomo Trivulzio e a Giovanni Antonio Maggi e Pietro Mazzucchelli, pubblicate presso i tipi milanesi di Pogliani (1826)[19] e quelli padovani della Tipografia della Minerva (1827).[20]

---

[17] Cfr. Giulio Perticari, *Postille a Dante (ed. Venezia, Pasquali, 1841)*, a cura di S. Brambilla, Milano, EDUCatt, 2015. Molte di queste postille furono accolte da Vincenzo Monti nel saggio *Dei molti e gravi errori trascorsi in tutte le edizioni del* Convivio *di Dante*, pubblicato nel 1823, nonché nelle due edizioni del *Convivio* pubblicate a Milano (1826) e a Padova (1827), su cui cfr. *infra*.

[18] Su questa produzione cfr. Simona Brambilla, *Spigolature dantesche nelle opere minori di Perticari*, «Testo», LXXII, 2016, pp. 35-62.

[19] *Convito di Dante Alighieri, ridotto a lezione migliore*, Milano, Tipografia Pogliani, 1826.

[20] *Convito di Dante Alighieri, ridotto a lezione migliore*, Padova, Tipografia della Minerva, 1827. Su questa impresa, a parte i classici contributi di R. Murari, *Giulio Perticari* cit. e di Anna Maria Pizzigalli, *Vincenzo Monti e il* Convito *di Dante*, in *Annuario del R.o Liceo-Ginnasio "Giovanni Berchet" di Milano 1926-1927*, Milano, Arti Grafiche V. Campanile, 1928, pp. 19-46, sono

In una lettera del 2 ottobre 1820 indirizzata al Trivulzio, cui si era rivolto per intercessione del suocero,[21] Perticari confidava il proposito di cimentarsi in una sistematica «campagna di indagini dantesche», di cui dunque il primo trattato *Degli scrittori del Trecento e de' loro imitatori* costituiva ai suoi occhi l'avvio, che egli sperava di portare a termine giovandosi della ricca biblioteca del marchese:[22]

Ma se pure alcun'altra cosa può venir terza fra questi affetti [l'amore paterno per il Monti e l'amicizia con il Trivulzio], le confesso ch'ella è la voglia di faticare sopra Dante un po' più utilmente che finora non ho fatto, né potuto fare. Perché in niuno luogo troverei soccorsi tanto meravigliosi quanto i Codici, e le edizioni di codesta sua Biblioteca; e quel che più vale in una parte del mondo potrei avere il Trivulzio, il Rosmini, il Monti per consigliatori. Quest'ultimo mi ha fatto parte della bella lezione da lei avvisata nel Purgatorio [*Purg.* XXX 25], ove alcuni codici leggono *alleviando*, altri *la rivestita carne allelujando*. Quella nuova lezione è bellissima: e i soli ciechi della mente non la vedevano.

Proprio con quest'ultimo punto, relativo all'importanza dell'escussione degli antichi codici, si tocca un aspetto nevralgico della prassi del Perticari 'filologo' e storico della documentazione linguistico-letteraria delle origini: fatta eccezione per alcuni manoscritti vaticani (fra i quali spicca la presenza del Vat. Lat. 3214, realizzato su commissione di Pietro Bembo per cura di Giulio Camillo Delminio), che nel *Dell'amor patrio di Dante* vengono esplicitamente richiamati, il problema delle fonti dalle quali Perticari trae le citazioni dai poeti antichi è ancora aperto (affrontarlo, va da sé, esula dai limiti del presente saggio).

---

fondamentali gli studi di ANGELO COLOMBO, *La philologie dantesque à Milan et la naissance du* Convito. *Culture et civilisation d'une ville italienne entre l'expérience napoléonienne et l'âge de la Restauration*, 2 voll., Lille, Presses Universitaires du Septentrion, 2000; ID., *Lo studioso del "Convivio" di Dante*, in *Vincenzo Monti*, cit., I.2, pp. 881-914; ID., *Gian Giacomo Trivulzio e Vincenzo Monti studiosi ed editori del* Convivio *di Dante (Milano, 1826- 1827)*, nel suo *«I lunghi affanni ed il perduto regno». Cultura letteraria, filologia e politica nella Milano della restaurazione*, Besançon, Presses Universitaires de Franche-Comté, 2007, pp. 183-214; VINCENZO MONTI, *Saggio diviso in quattro parti dei molti e gravi errori trascorsi in tutte le edizioni del* Convito *di Dante*, edizione critica a cura di A. Colombo, Bologna, Commissione per i testi di lingua, 2012 («Collezione di opere inedite o rare», 168); ANGELO COLOMBO, *Gian Giacomo Trivulzio e il «gran padre della lingua italiana». Filologia dantesca nella Milano della Restaurazione*, «Libri & Documenti», a. XL-XLI, n. 1, 2014-2015, pp. 35-43 (ivi cfr. inoltre LUCA MAZZONI, *Il manoscritto Triv. 1069 (*Convivio di Dante*) e la filologia degli editori milanesi*, pp. 73-85).

21 Cfr. SIMONA BRAMBILLA, *Il sodalizio dantesco tra Gian Giacomo Trivulzio e Giulio Perticari*, «Libri & Documenti», a. XL-XLI, n. 1, 2014-2015, pp. 45-52.

22 La lettera, trasmessa dal manoscritto conservato alla Biblioteca Trivulziana di Milano, segnato Triv. 157, 2, è edita da SIMONA BRAMBILLA, *Lettere di Giulio Perticari a Gian Giacomo Trivulzio*, «Verbum», XVI, 2015, pp. 129-165: 164.

Al di là di questo aspetto, in linea generale va rilevata la tendenza di Perticari a piegare le citazioni dai testi provenzali e italiani all'esigenza di dimostrare e rafforzare le proprie tesi: risultano emblematiche, in tal senso, l'incoerenza e anche la parzialità alla base della sua prassi editoriale, ora interventista (quando si tratta di eliminare oscillazioni, irregolarità o incoerenze di poeti extratoscani, così da nobilitarne le soluzioni espressive) ora rigidamente conservativa (nel caso dei testi toscani, con l'intenzione di farne risaltare la patina grossolana – la «rozzezza»). Più in generale, l'abbondante spazio accordato alle testimonianze letterarie di autori non toscani risalenti al Due-Trecento serve a mettere in evidenza, valorizzandolo, l'apporto di testi di origine extratoscana alla nostra tradizione letteraria, di cui è offerto un disegno articolato su scala regionale. Passare in rassegna, a tappeto, la produzione letteraria dell'Italia medievale, regione per regione; delineare quindi una storia linguistico-letteraria delle Origini impostata geograficamente, così da mettere in rilievo il contributo delle aree extratoscane alla formazione di una lingua letteraria comune (dalla Lombardia al Veneto all'Emilia e specialmente Bologna all'Umbria alle Marche alla Sicilia): è un'interpretazione trissiniana del *De vulgari eloquentia*, che Perticari eredita dalle posizioni linguistiche del già richiamato Gian Vincenzo Gravina così come si trovano formulate nel *Della ragione poetica*.[23] Esse, a loro volta, poggiano com'è noto su un equivoco filologico, vale a dire la mancata coscienza del processo di toscanizzazione cui erano stati sottoposti, da parte di copisti toscani, i testi della scuola poetica siciliana, che a Gravina (come prima di lui già a Dante e a Trissino) finivano così per offrire un'autorevole testimonianza di un volgare poetico illustre capace di prendere le distanze dai tratti municipali ed elevarsi a *scripta* sovralocale. Col procedere della trattazione i modelli toscani escono così sempre più sminuiti rispetto alle tradizioni capaci di esprimere quella varietà linguistica illustre che ad essi sarebbe rimasta preclusa.

Va naturalmente evitata la tentazione di valutare le posizioni di Perticari retrospettivamente e anzi occorre sforzarsi di ricondurre la sua teoria e la sua prassi alle cognizioni e alle pratiche correnti della filologia del suo

[23] Su questi aspetti è fondamentale C. MARAZZINI, *Storia*, cit., p. 189, che ha altresì messo in luce (p. 198) il ruolo di 'testo mediatore' rappresentato dall'*Istoria della volgar poesia* di Giovan Mario Crescimbeni, mostrando come, citando da quest'opera il componimento di Percivalle Doria *Come lo giorno quand'è dal maitino*, rimaneggiato da Semprebene da Bologna, Perticari emendi l'inizio della stanza IV, «Assai val meglio lono *inchomensare*», in «Assai val meglio buono *incominciare*», eliminando un tratto percepito come 'rozzo', mentre conserva però le forme poco nobili *leansa* e *piagimento*, senza emendarle in *leanza* o *piacimento*, quando attinge, sempre da Crescimbeni, l'incipit della seconda stanza del componimento *In alta donna ho misa mia intendansa* di Galletto da Pisa («A piagimento con fine leansa»).

tempo; d'altra parte, non si può non ricordare come questa stessa filologia, di lì a poco (nel 1830), avrebbe dissipato l'equivoco, grazie al contributo del filologo modenese e provenzalista Giovanni Galvani, vicino alle posizioni linguistiche manzoniane.[24]

È indubbio, però, l'isolamento culturale di questo erudito di provincia, che si manifesta con tutta evidenza nell'indebita generalizzazione dell'opposizione dantesca tra due livelli linguistici, quello volgare plebeo e quello nobile cittadino (già presente ad esempio in Charles Dufresne Du Cange, Giusto Fontanini e, soprattutto, nel solito Gravina), dalla quale Perticari ricava l'ipotesi di un corrispettivo latino del volgare plebeo: quella lingua latina *rustica* in cui egli identificava la progenitrice della lingua *romana* o *romanza*, che in un secondo momento si sarebbe divisa nelle diverse varietà linguistiche della Romània. Questa tesi, che postulava l'esistenza di lingua intermedia fra il latino e le moderne varietà romanze non è originale: era stata già espressa da François Raynouard[25] (e prima di lui da Giovanni Romani),[26] il cui contributo è però ignorato da Perticari, che dunque giunge a una conclusione simile a quella di Raynouard in maniera del tutto autonoma. Al di là delle differenze (per Raynouard, la prima lingua romanza andava riconosciuta nel provenzale), le coincidenze sono tali che Perticari dovette rimediare, seppur tardivamente, all'omissione.

Lo fece con il trattato *Dell'amor patrio di Dante*, dove riconobbe la priorità della tesi di Raynouard, col quale nel frattempo aveva stretto un rapporto di reciproca stima.

Quest'opera certifica il salto in avanti compiuto dalla preparazione tecnica di Perticari che, ormai accreditatosi nel panorama della romanistica europea, si dimostrava capace di discutere da pari le proposte avanzate da

---

24 Cfr. *Della lingua universale e comune di Italia e se questa sia quella delle classiche scritture. Discorso di* Giovanni Galvani, Modena, per gli eredi Soliani, 1830 (di circa un quindicennio più tardi è il tentativo di applicazione di questa teoria al frammento di re Enzo *Allegru cori plenu*: cfr. *Sulla verità delle dottrine perticariane nel fatto storico della lingua. Dubbi del conte* Giovanni Galvani, Milano, Carlo Turati, 1846). Come ha mostrato C. Marazzini, *Le teorie*, cit., p. 311, sebbene alla fine del Settecento fosse stato stampato il libro del provenzalista del Cinquecento Gianmaria Barbieri dal quale era possibile leggere qualche testo siciliano nella sua veste linguistica originale, si trattava di una fonte difficile da utilizzare.

25 François-Just-Marie Raynouard, *Grammaire romane, ou grammaire de la langue des troubadours*, si legge nel primo volume (1816) della prima grande raccolta di poesie trovadoriche: *Choix des poésies originales des troubadours*, Paris, Firmin Didot, 1816-1821 (Raynouard fu anche recensore della *Proposta* montiana, nel 1819 e nel 1821). Sulla posizione di Raynouard nel panorama della filologia e della linguistica romanza del tempo sono ancora importanti le pagine di Alberto Vàrvaro, *Storia, problemi e meodi della linguistica romanza*, Napoli, Liguori, 1968, pp. 58 sgg.

26 Lo ricorda C. Marazzini, *Storia*, cit., pp. 198-199 (fra il 1808 e il 1810 Romani pubblicò numerosi opuscoli di storia linguistica).

Raynouard, accettandone in parte le critiche, senza però arretrare di un passo rispetto alla sua tesi di un'«anteriorité de la langue romane commune en Italie» (come constatò Raynouard stesso nel recensire quest'opera).[27]

Confrontare il diverso atteggiamento tenuto da Perticari nei riguardi del *De vulgari eloquentia* in queste due opere consente di metterne in luce alcune importanti differenze.

Complice il ritardo di cui si è discusso, nel primo trattato l'aderenza alla trattazione dantesca corrisponde più a necessità che a libera scelta. Prima ancora che alla tesi al centro del *De vulgari eloquentia* (o, meglio, all'interpretazione che ne ereditava), Perticari mostra di essere aderente al procedimento stesso seguito da Dante nella sua esposizione: la rassegna dei quattordici volgari italiani ripartiti sulla base del displuvio appenninico. Inoltre, se dal Dante teorico del *De vulgari* Perticari ricavava un indispensabile appoggio e un conforto per le sue tesi, nella prassi linguistica dell'autore della *Commedia* egli ne trovava una verifica concreta: l'autore del poema, infatti, è elogiato per aver provveduto a una «divisione sapientissima del rustico e dell'illustre», eliminando «tutte le qualità non ben sane» del volgare, e per aver usato «parole illustri tolte a tutti i dialetti d'Italia».[28]

D'altra parte, se è pur vero che nel *Dell'amor patrio di Dante*, con il consolidarsi e l'irrobustirsi della sua preparazione linguistica, il conseguente aggiornamento dello stato dell'arte e dunque l'ampliarsi dei riferimenti bibliografici, la centralità del *De vulgari eloquentia* risulta parzialmente ridimensionata sul piano linguistico, essa non perciò viene meno, ma se mai agisce su un piano differente. Il trattato dantesco offre ora a Perticari qualcosa di più di un punto di riferimento per la sua teoria linguistica. Nelle pagine dantesche trova infatti nutrimento la nuova aspirazione patriottica che percorre il *Dell'amor patrio* come anche il clima politico-culturale nel quale quest'opera fu concepita. A questa nuova prospettiva politica vengono così subordinate anche le discussioni linguistiche più specialistiche e aggiornate, come quella appena citata relativa all'anteriorità o meno del provenzale: lo aveva pienamente còlto il già menzionato Galvani, secondo il quale l'insistenza perticariana sulla priorità del volgare italico rispetto al resto d'Europa era dettata dalla «fantasima dell'onor nazionale».[29]

Perticari si erge a strenuo difensore di Dante: un Dante considerato non nella sola veste di storico e teorico del volgare, ma anche come figura a parte

---

27 *Ivi*, p. 194 (significativo, nel secondo trattato, l'ampliamento della rassegna, che arriva a includere anche i dialetti settentrionali, esclusi dal primo trattato).

28 G. Perticari, *Degli scrittori del Trecento*, cit., p. 55.

29 C. Marazzini, *Storia*, cit., p. 200.

intera, la cui grandezza politica viene energicamente riscattata e rivendicata rispetto all'atteggiamento prudente e talora persino imbarazzato che verso di lui avevano mostrato i contemporanei («per poco non ci vergognavamo di Dante»).[30] È un ritratto morale di Dante a tutto tondo quello tracciato in questa seconda opera: del fiorentino viene elogiato l'amore «alto e gentilissimo per Firenze», la piccola patria, ricondotto a un pre-sentimento dell'amore più grande per l'Italia intera, scagionandolo così dall'accusa di ghibellinismo partigiano. L'«ottimo e certissimo maestro della nostra nobile favella» e il difensore della sua unità (di quella varietà che è ministra di unità)[31] appare in quanto tale anche «il più grande cittadino d'Italia», poiché la lingua nazionale è intesa come il «simbolo sacro dell'unità politica d'Italia».[32]

Non stupisce allora che specialmente questo secondo trattato contribuì ad assicurare all'autore e alle sue teorie linguistiche una fama notevole nell'Italia risorgimentale, procurandogli una schiera di estimatori tra le cui fila troviamo figure come Leopardi, Mazzini, Carducci e, com'è stato dimostrato recentemente, Belli.[33]

3. Se resta condivisibile la sintesi di Aldo Vallone, secondo il quale, complice anche il patriottismo che le sostanziava, le tesi linguistiche perticariane ebbero «forse più estimatori che oppositori»,[34] nel concludere questa breve istruttoria dedico qualche appunto ai secondi, tra le cui fila figurano personalità illustri quali Gino Capponi (che della lingua teorizzata da Perticari ebbe a dire che «stava per aria»),[35] Alessandro Manzoni[36] ma soprattutto Nicolò Tommaseo, favorevole alla soluzione del fiorentino vivo

---

30 G. Perticari, *Degli scrittori*, cit., p. 4.

31 M. Vitale, *La questione*, cit., p. 195.

32 Francesco Vendermini, *Discorso intorno alla vita e alle opere di Giulio Perticari*, Bologna, Zanichelli, 1875, p. 24.

33 Sulla prossimità di Belli alla linea Perticari-Monti, e l'originale (e a tratti sorprendente) rivalutazione del *De vulgari eloquentia* dantesco a essa connessa, cfr. Diego Poli, *La presenza di Dante e dell'Illuminismo nella teoresi di Belli sulla lingua*, in *Integrazioni all'esegesi dantesca nel cinquecentario della morte di Bernardo Bembo*, a cura di A. Sorella, Firenze, Cesati, 2021, pp. 57-97: 93 sgg. (per un confronto testuale, dal quale emergono significative affinità tra i due, e che perciò possono costituire una spia di una consapevole ripresa da parte di Belli di spunti perticariani, cfr. specialmente p. 95).

34 Aldo Vallone, *La critica dantesca nell'Ottocento*, Firenze, Olschki, 1958, p. 50.

35 Gino Capponi, *Storia della repubblica di Firenze*, II, Firenze, Barbèra, 1875, p. 183.

36 Per un giudizio manzoniano sul *De vulgari eloquentia* e su Perticari cfr. la sua *Lettera intorno al libro 'De vulgari eloquio' di Dante Alighieri* (1868), in *Tutte le opere di Alessandro Manzoni*, a cura di A. Chiari, F. Ghisalberti, 7 voll., Milano, Mondadori, V.2: Alessandro Manzoni, *Scritti linguistici*, a cura di A. Stella, L. Danzi, Milano, Mondadori, 1990, pp. 655 sgg.

(ma senza rinunciare ai modelli letterari), autore, nel 1825, di un opuscoletto di appena 68 pagine contenenti 184 pensieri («cenni») vòlti a evidenziare eccessi o errori nelle posizioni perticariane.[37]

Secondo la moderna editrice di questo testo, il titolo dell'opera, *Il Perticari confutato da Dante*,[38] «deriva, per la prima parte (*Il Perticari confutato*)» dal già richiamato dialogo montiano *Il Frullone e la Proposta*, in un passo del quale la Proposta fa riferimento a un concorso bandito dall'Accademia della Crusca (il 30 giugno 1820) e alla taglia di 500 scudi da assegnare «a chi confuterà il Perticari» (intendendo il trattato *Dell'amor patrio di Dante*).[39] Per quanto riguarda la seconda parte, essa deriverebbe «dall'idea tommaseana di decostruire il testo scardinandolo dal suo interno».[40]

Una tale interpretazione è senz'altro convincente. Mi sembra tuttavia che, richiamando un passo di quel dialogo già citato tra il Frullone e la Proposta, che precede di poco quello commentato da Tremonti, l'intero titolo del *pamphlet* di Tommaseo ne possa uscire ancor meglio illuminato:[41]

> *Fru.* Non hai dunque letto gli scritti già pubblicati *in confutazione di quel delirio di Dante*?
>
> *Pro.* Delirio di Dante! E non ti vergogni di profferire così stolta bestemmia?
>
> *Fru.* Voglio dire quello strano suo sogno, quel suo libro della *Volgare eloquenza*, che *il Perticari* con tanto lago d'inchiostro ha preso a difendere. Non hai tu letto gli scritti che lo condannano?
>
> *Pro.* Ho letto tutto, Messere.
>
> *Fru.* E non ti sei ricreduta?
>
> *Pro.* E mi sono più che mai confermata in quelle dottrine: le quali se prima ebbi per certe, hora che ne ho veduto il contra ben bene, ho per certissime. Perciocché niuna cosa rafforza tanto la verità quanto le grida, il fracasso, le convulsioni d'una cavillosa confutazione. Rispetto a quel lago d'inchiostro, sai che ho da dirti?

---

37 Niccolò Tommaseo, *Il Perticari confutato da Dante*, a cura di L. Tremonti, Roma, Salerno Editrice, 2009 («Testi e documenti di letteratura e di lingua», XXX).

38 Venne pubblicato da Sonzogno nel 1825, seguito, l'anno successivo, da un'Appendice dello stesso Tommaseo (cfr. Luisanna Tremonti, *Introduzione* a N. Tommaseo, *Il Perticari*, cit., p. XII, nota 2).

39 *Ivi*, pp. xxxii e xxxiv.

40 *Ibid*. Sul piano filologico, questo atteggiamento può forse essere accostato alla pratica del 'correggere Dante con Dante', collaudata da Monti nel saggio già richiamato *Dei molti e gravi errori trascorsi in tutte le edizioni del* Convivio *di Dante* (1823) e quindi messa a frutto nell'edizione del '26-'27 (sulla pratica montiana dell'«emendamento fondato sul confronto con potenziali luoghi paralleli dell'opera stessa, di altre di Dante, di opere del medesimo circuito storico e letterario o, infine, attraverso la collazione con le fonti antiche da cui il testo dipende con evidenza» cfr. A. Colombo, *Lo studioso*, cit., p. 897).

41 A. Dardi, *Gli scritti di Vincenzo Monti*, cit., pp. 368-369.

Fru. Me lo figuro: qualche nuova sciocchezza.

Pro. In nome del pubblico che non ha il cuor roso dal tarlo d'alcuna passione, e che posatamente ragiona, ho da dirti che quelle funi e quelle ritorte tu le tenga in serbo per quei paladini che succederanno in arena a guadagnare la taglia promessa dal tuo decreto 30 giugno 1820.

Fru. Che decreto? Che taglia?

Pro. Oh bella! La taglia di cinquecento scudi romani che tu hai messa a quel libro del Perticari.

Fru. Mi meraviglio del tuo impertinente sospetto; e tu prendi sul fatto mio una sicurtà di parole, un ardire che non sopporto. Quel premio fu da me decretato...

Pro. A chi confuterà il Perticari.

Raccogliendo la sfida lanciata da Madonna Proposta, attraverso il suo pugnace opuscoletto Tommaseo mostrava, fin dal titolo, l'intenzione di ripristinare il magistero e la lezione autentica di Dante, tanto riscattandolo dalle accuse mosseglì dai Cruscanti quanto sottraendolo ai fraintendimenti e alle manipolazioni (all'interessata difesa) dei classicisti. Se per il Frullone *alias* la Crusca si trattava insomma di condannare e confutare Dante e con lui i suoi difensori, a partire da Perticari, mentre per Madonna Proposta di difenderli dalle accuse, Tommaseo divide i fronti: difendere Dante e (anzi: per) confutare Perticari. Ma dietro Perticari il vero bersaglio di Tommaseo credo vada identificato in quel suocero da cui, come si è visto, lo distinguevano solo le «parole», uguali essendo gli «argomenti» e i «pensieri»: la ripresa del brano della *Proposta* è di per sé eloquente. Parafrasandolo, dunque, il titolo dell'opuscoletto potrebbe suonare 'Monti confutato da Tommaseo'. Ma se ciò non dovesse bastare, si aggiunga che le idee espresse in questo libretto vennero riprese e ripetute sin quasi alla lettera in un altro, più ambizioso scritto di Tommaseo, inizialmente intrapreso prima del *Perticari*, consegnato all'editore Stella ma poi ritirato e rinviato, e che vide finalmente la luce nel 1841, per i tipi veneziani del Gondoliere: quella premessa a un'opera non casualmente intitolata *Nuova proposta di correzioni e di giunte al Dizionario italiano*.[42]

[42] Cfr. GABRIELLA CARTAGO, *Dal 'Perticari confutato da Dante' alla 'Nuova Proposta'*, in *Niccolò Tommaseo: popolo e nazioni. Italiani, corsi, greci, illirici*, Atti del Convegno internazionale di Studi nel bicentenario dalla nascita di Niccolò Tommaseo (Venezia, 23-25 gennaio 2003), a cura di F. Bruni, I, Roma-Padova, Antenore, 2004, pp. 134-156.

LAURA MELOSI

SUL CONTESTO DEL DANTISMO LEOPARDIANO

1. La bibliografia degli studi leopardiani esibisce una folta sezione di contributi dedicati alla presenza a più livelli di Dante nell'opera del poeta di Recanati. Il primo è quello esplicito della scrittura letteraria e a inaugurarlo compiutamente, dopo qualche cursoria avvisaglia,[1] è la Cantica *Appressamento della morte*.[2] Leopardi annota di averla scritta tra novembre e dicembre del 1816, «in undici giorni tutta senza interruzioni e nel giorno in cui la terminai, cominciai a copiarla che feci in due altri giorni».[3] Aggiunge, inoltre, che quando la compose «non avea letto Dante che una sola volta», ricordando la propria sorpresa nell'aver scoperto più tardi che agli avari, nel XIX del *Purgatorio*, era riservata «la stessa pena di giacer colla faccia volta in giù che loro avea dato io nel principio del 3. canto senza saper nulla di quel luogo».[4] L'evidente ostentazione dantesca fin dai primi versi del componimento suscita, peraltro, qualche perplessità.[5]

Sarà poi appena il caso di ricordare che due anni dopo, nel 1818, Leopardi si era presentato alla Nazione in veste di poeta civile con un dittico di canzoni sullo «stato presente dell'Italia», di cui la seconda gli era stata

1 Alcune attestazioni sparse, già nei mesi precedenti la composizione della *Cantica*, sono segnalate da LUCA CARLO ROSSI, *Filigrane dantesche in «Odi, Melisso» di Giacomo Leopardi*, «L'Ellisse. Studi storici di letteratura italiana», a. X, n. 1, 2015, pp. 55-71.

2 Se ne veda ora l'edizione critica a cura di S. Delcò-Todeschini, con introduzione e commento di Ch. Genetelli, Roma-Padova, Antenore, 2002.

3 Cfr. le *Osservazioni* alla *Cantica*, in GIACOMO LEOPARDI, *Tutte le Opere*, a cura di W. Binni, con la collaborazione di E. Ghidetti, I, Firenze, Sansoni, 1989, p. 318.

4 *Ibid.*

5 Giusta l'analisi di DOMENICO CONSOLI, *Leopardi e Dante*, in *Leopardi e la letteratura italiana dal Duecento al Seicento*, Atti del IV Convegno internazionale di Studi leopardiani (Recanati, 13-16 settembre 1976), Firenze, Olschki, 1978, p. 61: «osserverò come, sin dai primi trentacinque versi, i rapporti con larghe zone del testo dantesco siano frequenti e, direi, ostentati. Predomina, come ci aspettavamo, l'influenza del I canto dell'Inferno». I raffronti lessicali e tematici individuati riguardano i vv. 2-3, 4-6, 8, 10, 18-21, 23-24, 31-33.

ispirata dalla pubblicazione del manifesto per la realizzazione a Firenze di un cenotafio commemorativo di Dante, le ossa del Vate ancora giacenti «in terra straniera».[6] Partiti per tempo in vista del quinto centenario dantesco del 1821, i liberali toscani che promossero l'impresa l'avrebbero vista realizzata solo nel marzo del '30, quando nella chiesa di Santa Croce venne inaugurata l'opera dello scultore Stefano Ricci. A quel punto Leopardi, per non incorrere in anacronismi, valutò opportuno coniugare all'imperfetto il titolo del suo componimento giovanile, che dall'edizione Piatti dei *Canti* recita *Sopra il monumento di Dante che si preparava in Firenze.*[7] Il manoscritto autografo della canzone è stato esposto a Casa Leopardi in una piccola ma accurata mostra in occasione del settimo centenario appena celebrato, presentato al pubblico per la seconda volta dopo che nel 1865 la sorella del poeta, Paolina, lo aveva concesso alla Deputazione provinciale di Firenze per le solenni manifestazioni dei seicento anni dalla nascita di Dante.[8]

Un secondo livello dell'attenzione leopardiana per il Sommo poeta perviene dalle inferenze dantesche attestate nelle pagine dello *Zibaldone* e in altre sedi di carattere riflessivo più che creativo, dove di Dante si discute sul piano teorico-letterario, specie in relazione alla componente figurale della sua poesia, ma non solo. Basterà qui richiamare il noto pensiero che Giacomo appunta nel giorno del suo ventiquattresimo compleanno, dove elegge Dante a «grande prototipo» letterario[9] per la forza immaginifica prima ancora che per l'eleganza stilistica della sua poesia:

Ovidio descrive, Virgilio dipinge, Dante (e così proporzionatamente nella prosa del nostro Bartoli) a parlar con proprietà, non solo dipinge da maestro in

---

[6] Il manifesto apparve il 18 luglio 1818, la canzone fu «opera di 10. o 12. giorni, Settemb. Ottob. 1818», secondo l'annotazione apposta dal poeta all'autografo che si conserva tra le Carte Leopardiane della Biblioteca Nazionale di Napoli. La *princeps* fu stampata in *Canzoni di Giacomo Leopardi. Sull'Italia. Sul Monumento di Dante che si prepara in Firenze*, Roma, presso Francesco Bourlié, 1818.

[7] Per la variante cfr. Giacomo Leopardi, *Canti, Appendici, Poesie disperse*, edizione critica diretta da F. Gavazzeni, Firenze, Accademia della Crusca, 2009 (l'abbozzo prosastico *Argomento di una Canzone sullo stato presente dell'Italia* in II, pp. 280-282).

[8] Per tale occasione, «nei giorni 14, 15, e 16 maggio del 1865 migliaia di persone provenienti da tutte le zone d'Italia e anche dall'estero (Inghilterra, Francia Germania) si recarono nella capitale *in pectore* Firenze per assistere alle manifestazioni centenarie [...] per cura della Deputazione provinciale di Firenze fu organizzata un'Esposizione dantesca nei locali del Palazzo del Podestà, divisa in due sezioni, *Letteraria* e *Artistica*, in cui vennero mostrati al pubblico 228 codici, 9 illustrazioni dantesche – tra cui anche l'autografo di *Sul monumento di Dante* di Leopardi, messo a disposizione dalla sorella del poeta, Paolina» (Fabrizio Tieri, *L'Italia e Dante: il centenario del 1865*, «Studi Danteschi», LXVIII, 2003, p. 212).

[9] Cfr. John Humphreys Whitfield, *Dante e Leopardi*, Atti del I congresso nazionale di studi danteschi (Caserta-Napoli, 21-25 maggio 1961), Firenze, Olschki, 1962, pp. 106-116: 110.

due colpi, e vi fa una figura con un tratto di pennello; non solo dipinge senza descrivere, (come fa anche Virgilio ed Omero), ma intaglia e scolpisce dinanzi agli occhi del lettore le proprie idee, concetti, immagini, sentimenti. (29. Giugno, 1822. dì di S. Pietro.).[10]

C'è infine un terzo livello di contatto tra Leopardi e Dante che passa per il non dichiarato delle trame intertestuali ed è specialmente a questo tipo di esercizio che si stanno rivolgendo gli studi più recenti, con nuove acquisizioni critiche.[11]

È evidente che le linee sopra richiamate – troppo battute da una parte e troppo specialistiche dall'altra – mal si adattano alla presente occasione, che richiede uno sguardo ampio per collocare questa pur eccezionale esperienza nel più generale fenomeno del dantismo di area marchigiana. L'attenzione si concentrerà, dunque, su alcuni aspetti di contesto, per illustrare i quali ci si affiderà alle tracce dantesche che si possono rinvenire nella biblioteca di Casa Leopardi e nelle corrispondenze familiari.

---

10 *Zibaldone*, 2523. Cfr. anche, più oltre, *Zibaldone*, 3479-3480: «Il poeta dee mostrar di avere un fine più serio che quello di destar delle immagini e di far delle descrizioni. E quando pur questo sia il suo intento principale, ei deve cercarlo in modo come s'e' non se ne curasse, e far vista di non cercarlo, ma di mirare a cose più gravi; ma descrivere fra tanto, e introdurre nel suo poema le immagini, come cose a lui poco importanti che gli scorrano naturalmente dalla penna; e, per dir così, descrivere e introdurre immagini, con gravità, con serietà, senz'alcuna dimostrazione di compiacenza e di studio apposito, e di pensarci e badarci, nè di voler che il lettore ci si fermi. Così fanno Omero e Virgilio e Dante, i quali, pienissimi di vivissime immagini e descrizioni, non mostrano pur d'accorgersene, ma fanno vista di avere un fine molto più serio che stia loro unicamente a cuore, ed al qual solo *festinent* continuamente, cioè il racconto dell'azioni e l'*evento* o successo di esse. Al contrario fa Ovidio, il quale non dissimula, non che nasconda; ma dimostra e, per dir così, confessa quello che è; cioè a dir ch'ei non ha maggiore intento nè più grave, anzi a null'altro mira, che descrivere, ed eccitare e seminare immagini e pitturine, e figurare, e rappresentare continuamente. (20. Sett. 1823.)». (Si cita dall'edizione critica e annotata a cura di G. Pacella, Milano, Garzanti, 1991, rispettivamente II, p. 1360 e II, p. 1817; sul tema cfr. anche Anna Cerbo, *Dante nello Zibaldone e nei Canti*, in *Episodi della storia della fortuna e della critica dantesca fra Cinquecento e Novecento*, a cura di V. Placella, Napoli, L'Orientale, 1999, pp. 31-68).

11 Si vedano, tra gli altri, Alessandro Cesareo, *Sì ch'a mirarla intenerisce 'l core. Luoghi danteschi in Giacomo Leopardi*, Perugia, Morlacchi, 2013; Antonella Del Gatto, *«Una lunga lirica»: la «Divina Commedia» di Leopardi*, in I. Napiórkowska – J. Szymanowska, *Il Dante dei moderni: la Commedia dall'Ottocento a oggi*, Vicchio, LoGisma, 2017, pp. 59-69; Giulia Abbadessa, *L'allegoria in Leopardi: l'eco dantesca*, «Lexicon Philosophicum», VI, 2018, pp. 133-175. Più in generale, alle implicazioni dantesche in Leopardi hanno guardato Paolo Paolini, *Leopardi di fronte a Dante*, «Otto/Novecento», XXII, 1998, pp. 39-71; Costanza Geddes da Filicaia, *La presenza di Dante nell'opera di Leopardi. Osservazioni e suggestioni*, «La modernità letteraria», VI, 2013, pp. 91-100; William Spaggiari, *Leopardi lettore di Dante*, «Bollettino Dantesco. Per il Settimo Centenario», VIII, 2019, pp. 33-64.

2. Cominciamo con il porre in rilievo la presenza di Dante nel lessico familiare di Giacomo e dei suoi parenti, che si manifesta con il ricorso alla straordinaria efficacia gnomica di alcune e ben individuate raffigurazioni della *Commedia*. Si presta proficuamente all'esemplificazione di questo meccanismo mnestico condiviso la metafora dell'ipocrisia come cappa di piombo, stante la condanna inflitta ai dannati della VI bolgia di *Inf.* XXIII. La si trova citata in una lettera di Carlo Leopardi del 4 settembre 1828, indirizzata a Giacomo a Pisa e che contiene l'amaro sfogo del fratello rimasto da solo a Recanati a sopportare il peso dell'oppressione domestica e a combattere con le armi indispensabili della dissimulazione quella battaglia che nel gennaio 1829 lo avrebbe portato – vittorioso ma di fatto perdente – a contrarre l'avversato matrimonio con la cugina Paolina Mazzagalli:

> Sfogarmi? Non sarebbe tanto misero l'uomo se all'età mia potesse ancora sfogarsi. [...] Hai ragione di lagnarti che non t'ho scritto nulla – hai ragione: ma chi credi che sia più io? quello di una volta? oibò, sono stato tagliato a pezzetti – vivo la vita non so di chi, non è certo quella di Carlo ch'io vivo. Basta: se il mondo è questo per tutti, non v'è altro che passar via silenziosi sotto le cappe di piombo come i dannati di Dante.[12]

Nulla di strano, trattandosi di un luogo celeberrimo della *Commedia*, ma desta sorpresa il fatto che non solo la stessa immagine, ma esattamente la stessa frase si legge in una lettera anch'essa di sfogo, scritta da Paolina Leopardi a Marianna Brighenti il 30 maggio 1834:

> Né io non accorderò mai di esser pazza: ma sono addolorata, sono stanca, oh stanca assai! Se il mondo è questo per tutti, non v'è altro che passar via silenziosi sotto le cappe di piombo come i dannati di Dante.[13]

Questa coincidenza apre uno spiraglio decisamente interessante sugli usi e i riusi propri di quella che non è forse esagerato definire 'l'officina epistolare' di Casa Leopardi, memori dell'intenso e protratto lavoro di copisti a cui si prestarono i fratelli di Giacomo, ed è una pista che varrà la pena di seguire in futuro nello studio dei carteggi leopardiani.

Quanto a Giacomo, anch'egli non disdegna di ricorrere all'evidenza lapidaria del contrappasso dantesco quando si tratta di sfoghi e lamenti. Il registro sarcastico della sua prosa, che più avanti troverà una straordinaria

---

[12] GIACOMO LEOPARDI, *Epistolario*, a cura di F. Brioschi, P. Landi, II, Torino, Bollati Boringhieri, 1998, p. 1560.

[13] PAOLINA LEOPARDI, *Lettere ad Anna e Marianna Brighenti 1829-1865*, a cura di F. Grimaldi, Fermo, Livi Editore, 2012, p. 180.

messa a punto nei CXI *Pensieri*, sa precocemente trarre alimento dall'espressionismo linguistico dell'*Inferno* forzandone i toni, come accade nella lettera a Pietro Brighenti del 22 giungo 1821 dove sono richiamati i dannati del canto XX, gli indovini puniti nella IV bolgia per aver voluto vedere nel futuro e per questo costretti a camminare in eterno all'indietro, con il viso girato verso il dorso:

> Amami, caro Brighenti, e ridiamo insieme alle spalle di questi coglioni che possiedono l'orbe terraqueo. Il mondo è fatto a rovescio come quei dannati di Dante che avevano il culo dinanzi e il petto di dietro; e le lagrime strisciavano giù *per lo fesso*. E ben sarebbe più ridicolo il volerlo raddrizzare, che il contentarsi di stare a guardarlo e fischiarlo.[14]

3. Altro tema è quello della presenza di Dante nella formazione di Leopardi, con particolare riguardo alle istruzioni che Giordani gli fornisce nel primo tempo della loro corrispondenza e che funzionano come autorevole confronto per il giovane Giacomo, impegnato nella costruzione di un proprio sistema di valori letterari. Il termine 'istruzioni' non è casuale, perché si riferisce allo scritto giordaniano del 1821 in cui il letterato piacentino definisce le linee didattiche del suo magistero, indirizzandole *A un giovane italiano* affinché apprenda l'arte dello scrivere.[15] Come discepolo, lo sappiamo, Giacomo non si piegò più di tanto alle regole di Giordani, le quali stabilivano che prima si dovessero tradurre i classici per imparare a scrivere in prosa e solo dopo aver compiuto questo solido apprendistato si potesse approdare alla poesia. La questione è stata adeguatamente approfondita dalla critica e non è qui il caso di riprenderla, ma tra le varie citazioni dall'epistolario leopardiano che toccano l'argomento[16] merita segnalare almeno

[14] G. Leopardi, *Epistolario*, cit., I, p. 513.

[15] *Scritti editi e postumi di Pietro Giordani pubblicati da Antonio Gussalli*, IV, Milano, Sanvito, 1857, pp. 8-25.

[16] Cfr. G. Leopardi, *Epistolario*, cit., I, lettera a Giordani del 30 aprile 1817, pp. 88-99: «Io da principio avea pieno il capo delle massime moderne, disprezzava anzi calpestava lo studio della lingua nostra, tutti i miei scrittacci originali erano traduzioni dal Francese, disprezzava Omero Dante tutti i Classici, non volea leggerli, mi diguazzava nella lettura che ora detesto [...]. Da che ho cominciato a conoscere un poco il bello, a me quel calore e quel desiderio ardentissimo di tradurre e far mio quello che leggo, non han dato altri che i poeti e quella smania violentissima di comporre, non altri che la natura e le passioni, ma in modo forte ed elevato, facendomi quasi ingigantire l'anima in tutte le sue parti, e dire fra me: questa è poesia, e p[er] esprimere quello che io sento ci voglion versi e non prosa, e darmi a far versi. Non mi concede Ella di leggere ora Omero Virgilio Dante e gli altri sommi? Io non so se potrei astenermene perchè leggendoli provo un diletto da non esprimere con parole, e spessissimo mi succede di starmene tranquillo e pensando a tutt'altro, sentire qualche verso di autor classico che qualcu-

la lettera che nel maggio 1817 segna la capitolazione del maestro proprio all'insegna dell'Alighieri:

> Negli studi – scrive Giordani – credo che principalmente l'uom debba seguire il proprio genio. E s'ella più ama la poesia, bene sta! Dante adunque sia sempre nelle sue mani; che a me pare il miglior maestro e de' poeti e nientemeno de' prosatori. L'evidenza, la proprietà, l'efficacia di Dante mi paiono uniche.[17]

4. Veniamo, infine, a un ultimo punto, che ha a che fare con alcuni curiosi lavori danteschi oggetto del dibattito letterario negli anni Venti e Trenta dell'Ottocento, specie sul versante classicista. Essi entrano in questo discorso, oltre che per il fatto di testimoniare la fortuna di Dante nel secolo XIX,[18] perché Leopardi ne ebbe notizia e in qualche caso poté averli tra le mani.

Il primo è il *Dante rivendicato* di Francesco Torti, saggio antipurista in forma di lettera a Vincenzo Monti impresso a Foligno nella tipografia Tommassini nel giugno 1825. Anton Fortunato Stella richiamava l'attenzione di Leopardi su questo libro l'8 di ottobre, chiedendogli se lo avesse letto e cosa se ne dicesse a Bologna,[19] e il poeta gli rispondeva che l'opera non era ancora arrivata in città, aggiungendo di conoscere l'autore «per altre sue ope-

---

no della mia famiglia mi recita a caso, palpitare immantinente e vedermi forzato di tener dietro a quella poesia. [...] Però io avea conchiuso tra me che per tradur poesia vi vuole un'anima grande e poetica e mille e mille altre cose, ma per tradurre in prosa un più lungo esercizio ed assai più lettura, e forse anche (che a me pare necessarissimo) qualche anno di dimora in paese dove si parli la buona lingua, qualche anno di dimora in Firenze. E similmente componendo, se io vorrò seguir Dante, forse mi riuscirà di farmi proprio quel linguaggio e vestirne i pensieri miei e far versi de' quali non si possa dire, almeno non così subito, questa è imitazione. [...] bisogna sapere che qui tutto quello che non è brodo, o se è brodo, non è tanto lungo, si chiama Dantesco sì che il Salvini, p. e., è Dantesco; il Segneri il Bartoli, e tutti i non cattivi sono Danteschi, ed oltre i non cattivi, fino la mia traduzione di Virgilio». *Ivi*, lettera a Giordani del 30 maggio 1817, pp. 106-112: «E come le massime astratte e generali che vagliono p[er] la pittura denno anche valere p[er] la poesia, così secondo la sua sentenza, Omero Virgilio e gli altri grandi avrebbero errato infinite volte, e Dante sopra tutti che ha figurato il brutto così sovente. Perocchè le tempeste le morti e cento e mille calamità che sono altro se non cose moleste anzi dolorosissime?». *Ivi*, lettera di Giordani del 10 giugno 1817, pp. 118-120: «Molte cose orrende atroci in Dante. Ma osservi che per voler dare un saggio di tutte le cose umane, pone anche un diverbio di quei due vilissimi idropici nell'inferno: e per mostrare il suo purgato giudizio, e la nobiltà dell'animo e della educazion sua, si fa riprendere da Virgilio d'essersi fermato ad ascoltarli "Chè voler ciò udire è *bassa voglia*"».

[17] *Ivi*, p. 101. La giordaniana è datata «Milano il dì dell'Ascensione».

[18] Cfr. almeno Francesco Mazzoni, *Il culto di Dante nell'Ottocento e la Società dantesca italiana*, «Studi Danteschi», LXXI, 2006, pp. 335-359.

[19] G. Leopardi, *Epistolario*, cit., I, p. 956: «*P.S.* - Ha letto Ella il *Dante rivendicato*? Che ne dice Ella e che cosa se ne dice costì?».

rette dello stesso genere» e di ritenerlo «un uomo d'ingegno sufficiente, ma di nessun gusto, e che per esser sempre vissuto in città piccole, non conosce punto il genio di questo secolo, nè lo stato attuale della letteratura italiana».[20] Assai più duro sarebbe stato qualche anno dopo il giudizio di Monaldo su Torti, additato di eresia in ripetuti articoli de «La Voce della Ragione» per un'altra sua opera, *La corrispondenza di Monteverde*, finita all'indice. Una polemica che ebbe una risposta apologetica da parte di Torti, la quale tuttavia non cambiò le sorti di quel suo libro,[21] e si trattò di un aspro scontro ideologico su cui meriterebbe tornare a riflettere, anche alla luce del fatto che nella biblioteca monaldiana si conservano diversi lavori di questo autore.

Sempre Stella, in un post-scriptum alla lettera del 29 novembre 1826,[22] segnalava a Leopardi il commento alla *Commedia* di Paolo Costa stampato presso la tipografia bolognese Cardinali e Frulli, che Giacomo non aveva ancora potuto vedere perché era ripartito alla fine del mese alla volta di Recanati. «Ora, – scriveva il 6 dicembre – essendo qui per questo inverno, mi trovo all'oscuro di ogni novità, e non ho veduto per conseguenza neppur questa».[23] Un esemplare dell'edizione si trova invece nella biblioteca di Monaldo, che con tutta probabilità dovette farla arrivare su sollecitazione di Giacomo.[24]

Altro libro insolito è quello intitolato *Amori e rime di Dante Alighieri*, stampato da Caranenti nel 1823 per le cure di Ferdinando Arrivabene, avvocato e patriota mantovano che nel 1812 aveva avviato la monumentale impresa di una parafrasi della *Divina Commedia* arrestatasi nel '18 alle soglie del *Paradiso*.[25] Questa nuova opera dantesca si compone di un'antologia di

---

20 *Ivi*, p. 968.

21 Nel romanzo epistolare *Corrispondenza di Monteverde o Lettere morali sulla felicità dell'uomo e sugli ostacoli che essa incontra nelle contradizioni fra la politica e la morale* (3 voll., Lugano, Libreria italiana e straniera, 1832, ora a cura di G. Rati, 2 voll., Perugia, Effe, 2002), Torti mise in luce i vizi del governo teocratico, attirandosi la censura della Sacra Congregazione dell'Indice e le critiche di Monaldo Leopardi in sette articoli usciti nel periodico da quest'ultimo fondato e diretto (dal fasc. 63, 15 novembre 1834, al fasc. 69, 15 febbraio 1835: cfr. Nada Fantoni, *«La Voce della Ragione» di Monaldo Leopardi [1832-1835]*, Firenze, Società Editrice Fiorentina, 2004, pp. 283-302). Essi furono successivamente raccolti nel volume *Considerazioni sulla corrispondenza di Monteverde*, Pesaro, Nobili, 1835. Torti ribatté nell'*Apologia della Corrispondenza di Monteverde contro il giornale La Voce della Ragione*, [s.l., s.n.], anch'essa finita all'Indice.

22 G. Leopardi, *Epistolario*, cit., II, p. 1270: «*P.S.* - Del Dante colla interpretazione del prof. Costa che cosa ne dice?».

23 *Ivi*, p. 1274.

24 *La Divina Commedia di Dante Alighieri con brevi note di Paolo Costa*, 3 voll., Bologna, Tip. Cardinali e Frulli, 1826.

25 *La Divina Commedia di Dante Alighieri illustrata da Ferdinando Arrivabene*, 4 voll., Brescia, Franzoni, 1812-1818.

liriche amorose dalla *Vita Nuova* e dalle rime extravaganti, alle quali l'autore aveva premesso un trattato volto a comprovare l'esistenza di Beatrice come «essere corporeo» e non solamente come «ente morale». Leopardi l'aveva richiesta a Vieusseux nell'inverno del 1828, mentre si trovava a Pisa e necessitava di edizioni per l'allestimento della *Crestomazia* della poesia, probabilmente più interessato alla parte antologica che al resto. E il direttore del Gabinetto Scientifico e Letterario glielo aveva prontamente messo a disposizione: «Non tutti i libri che mi chiedete, – gli scriveva il 10 febbraio – sono presentemente al Gabinetto; vi mando quelli che trovo, e sono i seguenti: *Lamberti. Alfieri. Parini. Rezzonico. amori di Dante. Saggio di versi*».[26]

La realtà biografica di Beatrice è un *tòpos* del dantismo ottocentesco che negli anni Trenta annovera un altro impegnativo lavoro di scavo, anch'esso probabilmente capitato sotto gli occhi di Leopardi. Si tratta di *Dell'amore di Dante Alighieri e del ritratto di Beatrice Portinari* di Melchiorre Missirini, saggio stampato a Firenze nel 1832 a seguito di una tenace ricerca di carattere iconografico che aveva assorbito il già segretario di Canova dopo il suo trasferimento a Firenze. Tutti ricordano l'imbarazzante episodio del pranzo romano a casa del Mai nel 1823 e il giudizio senza appello che in quell'occasione Leopardi, ignaro di trovarsi in presenza dell'autore, aveva espresso sull'orazione funebre di Canova pronunciata proprio da Missirini.[27] L'incidente non aveva però lasciato strascichi nel rapporto tra i due, tanto che nel febbraio del 1831 Missirini indirizzava a Leopardi una lettera nella quale lo

---

26 G. Leopardi, *Epistolario*, cit., II, p. 1454.

27 Leopardi ne scriveva al padre il 15 marzo 1823: «Al pranzo del quale Ella mi domanda, dato da Monsig. Mai, fummo il Dott. de Matthęis che gode qui molta opinione in letteratura (ossia in Antiquaria), Monsig. Marini nepote del famoso Gaetano Marini e suo successore nell'impiego di Archivista vaticano, l'Ab. Palcani ex gesuita, un ecclesiastico che non conoscevamo, ed io. Cadde il discorso sopra i celebri funerali di Canova fatti qui pochi giorni avanti, e sull'Orazion funebre recitata dall'Ab. Missirini, la quale non valeva nulla, ma il Carnevale e l'Orazione del Missirini erano i discorsi della giornata, e conveniva adattarvisi. Io dissi sopra quella Orazione il mio parere, che fu seguito e confermato dagli altri, fuorchè da Monsig. Mai che per accidentalità non attese al discorso. In somma l'Orazione fu disapprovata a pieni voti. Dopo il pranzo, avanti di prendere il caffè, si seppe che quell'Ecclesiastico sconosciuto era l'Abate Missirini che Mons. Mai aveva inavvertitamente trascurato di far conoscere ai commensali. Dispiacque a tutti l'inconveniente, ma non essendovi neppur luogo a scuse, convenne dissimulare. Usciti di là, io non parlai, ma tutti gli altri e lo stesso Missirini raccontarono subito il fatto a mezzo mondo, e tutta Roma letterata fu piena di questa bagattella, della quale Missirini ed io fummo i protagonisti, perchè gli altri erano venuti dietro al parer mio. Veramente le risate che furono fatte di questo incidente in vari luoghi, non furono alle mie spalle. Seppi poi che Missirini aveva mandati a Monsig. Mai certi pettegolezzi perchè li rimettesse a me, e che Monsignore era stato a posta da lui e l'aveva persuaso a non farne altro. Le ho raccontato questa storiella per ubbidirla» (*ivi*, I, p. 673). Sull'episodio cfr. anche *Leopardi a Roma*, a cura di N. Bellucci, L. Trenti, Milano, Electa, 1998, pp. 117 sgg.

metteva al corrente di quella che riteneva essere una sua scoperta epocale: il vero ritratto di Beatrice, da lui attribuito a Dante stesso, confutando la tesi di chi come Filelfo aveva interpretato la donna amata dal poeta nei termini di una presenza allegorica. L'effige della Gentilissima, caratterizzata da tutti gli attributi fisiognomici ricavabili dalle rime dantesche, era stata invece riconosciuta da Missirini in una «tavoletta» quattrocentesca scovata presso un'anonima famiglia patrizia fiorentina, da lui prontamente acquistata e sottoposta all'*expertise* dei professori dell'Accademia, i quali concordi ne avevano attestato l'autenticità. Il presunto ritratto di Beatrice era parte di un dittico comprendente anche quello dell'Alighieri e Missirini ne aveva tirato una prima litografia, di cui appunto faceva omaggio a Leopardi, in attesa dell'uscita imminente del trattato *Dell'amore di Dante Alighieri* con cui intendeva sciogliere ogni dubbio sulla verosimiglianza e veridicità dell'opera. Questa è la lettera di accompagnamento al dono:

Carissimo Amico, e Padrone.
È qualche tempo ch'io sono con lei debitore di ringraziamenti per avermi favorito di una sua visita un giorno, che con mio dispiacere non mi trovai in casa; ma aspettava farlo nell'occasione, ch'io volea ch'Ella fosse il primo, a cui io facessi parte d'una importantissima e desideratissima scoperta da me fatta, cioè del Ritratto della Beatrice di Dante: La prego adunque ad accettare la prima litografia da me fatta tirare di questo singolare monumento. Stò dettando un libro per illustrarlo: tutti i professori dell'Accad.[a], cominciando dal Benvenuti mi hanno munito di amplissimo documento sulla bontà, e preziosità dell'Opera. Ho trovato che lo stesso Dante, e lui solo la Beatrice dipinse: e più altre cose ho scoperto a ciò relative, e ch'Ella poi leggerà nello scritto. Intanto aggradisca questa stampa, e la rinnovazione dei sensi della mia venerazione ed affezione.[28]

Non è certo se anche il volume abbia poi preso la stessa strada all'indirizzo di Leopardi. Quando nel 1838 Ranieri si adoperò per restituire a Monaldo alcuni libri e stampe appartenuti a Giacomo e rimasti in suo possesso, nella lista comunicata compare anche l'indicazione «Missirini, Amore di Dante» senza ulteriori specificazioni:

Pregiatissimo signor Conte,
Non mai risposto da lei ad una mia lettera del mese di settembre, credo, inviatale per mezzo del signor Giambene segretario di coteste Poste pontificie; ora che potrebbe forse non essere lontana l'ora in cui io facessi pensiero di muovere da Napoli, non voglio trascurare di avvertirla, che io oggi per l'appunto ho consegnati nelle mani di questi banchieri signori Falanga alcuni libri per lei, dei quali le

---

28 G. Leopardi, *Epistolario*, cit., II, p. 1775.

distenderò qui sotto una piccola lista. Io, privo d'ogni altro modo, aveva pregato questi Signori di mandare i libri ad Ancona; ma non è stato possibile. Mi sono dovuto, dunque, contentare ch'essi li mandino a Roma, ed ho pensato che il meglio era d'indirigerli, come ho fatto al Melchiorri, al quale non mancherò di farne prevenzione. Si farà di tutto acciocchè i libri non vadano in dogana. Ma quando ciò fosse inevitabile, io sono certo e so per prova che al buon Melchiorri sarà cosa facile il riaverli senz'altra spesa. Della mia salute nè d'altro non le parlo, ignaro e perplesso della sua; ma desiderandole ogni maggior bene, la prego di credermi qui o altrove suo devotissimo servitore. P.S.: per il porto ho provveduto io qui al tutto.

Fuoco, *Filologia*, volume secondo	vol. 1
Ciccone, *L'Italia*, brochure	" 1
Baldacchini, *Rime*	" 1
___ *Vannini*	" 1
Blauch. *Miscellanea*	" 1
Bisazzo, *Versione Gesner*	" 1
Mortillaro, *Opere*	" 1
Manni, *Asfissie*	" 1
___ *Sopra un busto di Mecenate*, brochure	" 1
Puoti, *Prose*, quaderni	" 2
Giordani, *Psiche*, brochure	" 1
Pollin, *Versione di Scianfare*	" 1
Maestri, *Elogio del Mazzo*	" 1
Niccolini, *Ludovico Sforza*	" 1
Missirini, *Amore di Dante*	" 1
Gherardesca, *Monumento di Leopardi*	" 1
De Cesare, *Due articoli*, brochure	" 1
In tutto volumi	18[29]

A differenza di altri libri rimasti intrappolati nelle maglie doganali e poi felicemente approdati a Recanati, dell'*Amore di Dante* non è traccia nella biblioteca di Monaldo e si potrebbe sospettare che sia stata la sola litografia con il ritratto di Beatrice a esser stata consegnata alla famiglia del poeta se un supplemento d'indagine, compiuto oggi nell'archivio di Casa Leopardi, non avesse purtroppo escluso questa possibilità, consegnando in conclusione la vicenda alla serie dei casi bibliografici irrisolti nella biblioteca leopardiana d'autore.

---

[29] *Nuovi documenti intorno alla vita e agli scritti di Giacomo Leopardi raccolti e pubblicati da Giuseppe Piergili*, Firenze, Successori Le Monnier, 1882, pp. 261-262.

Ilaria Cesaroni

«MISE NON SO QUANTI PONTEFICI E SANTI NEL SUO INFERNO»: INFERENZE DANTESCHE NELLE CORRISPONDENZE DI MONALDO LEOPARDI[1]

Il riverbero della poetica dantesca echeggiò, seppur flebilmente, «in uno degli angoli più depressi del depresso Stato della Chiesa»,[2] tra gli interessi di un uomo provinciale convinto assertore di una tradizione, quella ecclesiastica, che non si era mai mostrata generosa nei confronti del poeta fiorentino. A Recanati, tra le mura di palazzo Leopardi, il cattolicissimo Monaldo, impegnato nella febbrile attività epistolare che lo accompagnò per tutta la vita, affidava ad alcune missive dei riferimenti a Dante che meritano almeno una menzione nel novero delle esperienze marchigiane che hanno intrecciato la loro esistenza all'opera del grande poeta. Oltre a restituire testimonianze utili a sostanziare la documentazione critica relativa alle inferenze dantesche nelle Marche, le tracce rinvenute nelle corrispondenze aiutano a sondare come, nel microcosmo privato della famiglia Leopardi, l'assimilazione dell'opera di Dante si sia cristallizzata in una serie di attestazioni fortemente diversificate, manifestandosi, per Giacomo, nella scrittura letteraria e in alcuni luoghi critici dello *Zibaldone*, e, per Paolina e Carlo, nel linguaggio formulare delle epistole. All'interno di questa ricezione scandita su più livelli, è ammissibile annoverare anche l'esperienza di Monaldo, del quale non stupisce il pensiero negativo riservato a Dante, un giudizio rimesso alle pagine di un'opera dalla fisionomia divulgativa mirata a contestare la *Storia d'Italia* scritta da Carlo Botta:

Forse Dante ha quietato le coscienze e migliorato i costumi perchè in Firenze sua patria fu condannato a morte [...] o perchè lasciò molte pagine scritte da em-

[1] È bene specificare che la presente ricerca è frutto di un lavoro in itinere, in quanto prodotto collaterale di un progetto di dottorato in corso, e che, auspicabilmente, potrà essere arricchita con ulteriori attestazioni utili a sostanziare lo studio della presenza dantesca all'interno delle mura di palazzo Leopardi.

[2] Gino Tellini, *Leopardi*, Roma, Salerno Editrice, 2001, p. 11.

pio, ovvero perchè mise non so quanti pontefici e santi nel suo inferno, e sgridò l'imperatore Costantino per le donazioni da lui fatte alla Chiesa? [...] se [Dante, Petrarca e Boccaccio] incontrarono misericordia, ciò non fu certamente per quello che lasciarono scritto, ma perchè ne piansero amaramente e si pentirono di averlo scritto. Costoro furono de' primi a sparlare dei Papi e di Roma, a sollevare i principi e i popoli contro la podestà della Chiesa, e a bandire la crociata contro le chiavi di Pietro. Per questo, più ancora che per i meriti letterarii sono tanto applauditi e vezzeggiati dai ciarlatani della filosofia [...].[3]

Tuttavia, grazie al supporto pervenuto dalla documentazione epistolare, è possibile autorizzare qualche nuovo tassello di indagine, ampliando così alcune maglie interpretative nel rapporto tra il nobiluomo e il poeta. Dal vaglio attento delle corrispondenze di Monaldo affiorano indizi che costeggiano riflessioni di duplice tangenza: la figura di Dante emerge sia come oggetto di interesse bibliografico che come stimolo di indagine esegetica.

In prima istanza, ritengo utile riportare la richiesta di una particolare edizione della *Commedia*, mossa da Monaldo ad Annesio Nobili il 10 marzo 1832:

Vengono qui ricercati gli infradescritti Libri i quali potrà spedire se si trovano nel negozio, da pagarsi col solito ribasso del 25 per cento. Altro non dovendo per ora, mi confermo con la solita sincera stima

D[evotissi]mo Obbl[igatissimo]mo S[ervito]re Monaldo Leopardi

- Delpino, Sistema di stenografia... due copie
- Dante la Comedia, con commenti del Venturi
- Goldsmith Compendio di Storia Romana

L'interesse del padre di Giacomo per la risorsa bibliografica in questione è ascrivibile a un periodo particolarmente proficuo per la biblioteca monaldesca che, proprio nel 1832, grazie all'aiuto di quel tipografo esemplare che fu Nobili,[4] si arricchì delle edizioni illustri dei testi più vari. Le ragioni dell'incremento del fondo avito in quel periodo sono chiaramente imputabili, oltreché alla natura di bibliofilo di Monaldo, all'avvio del progetto

---

[3] Monaldo Leopardi, *Considerazioni sulla storia d'Italia di Carlo Botta in continuazione a quella del Guicciardini*, Pesaro, Nobili, 1834, pp. 130-131. L'opera è un insieme di articoli usciti su «La Voce della Ragione» e poi ristampati separatamente.

[4] Sulla figura di Annesio Nobili si veda Carla Carotenuto, *La figura esemplare di Annesio Nobili attraverso i documenti notarili*, in *Quei monti azzurri. Le Marche di Leopardi*, a cura di E. Carini, P. Magnarelli, S. Sconocchia, Venezia, Marsilio, 2002, pp. 531-551; sulla corrispondenza tra Monaldo e il tipografo suggerisco Sara Lorenzetti, *«Andare in mare senza barca». Le lettere di Monaldo Leopardi ad Annesio Nobili. Un carteggio per «La Voce della Ragione»*, Firenze, Cesati, 2009.

editoriale de «La Voce della Ragione», il periodico di stampo misoneista che tenne impegnato il conte fino al 1835. Di molte di queste fonti, infatti, egli si servì a supplemento della composizione di numerosi articoli per la rivista.[5] È inoltre utile sottolineare che, già nel 1832, l'attività di reperimento bibliografico di Monaldo si articolava secondo un criterio oculato e organico delle scelte testuali, e non rispondeva più all'esigenza dell'accumulo compulsivo delle opere manifestata fino a qualche anno prima.[6] Per indagare le ragioni di questa richiesta bibliografica e proporne un quadro interpretativo quanto più efficace possibile, è utile illustrare, seppure per brevi cenni, la storia dell'edizione della *Commedia* commentata dal gesuita Pompeo Venturi[7] il quale, entrato giovanissimo nella Compagnia, vi svolse incarichi come professore di filosofia e retorica. La prima redazione di quest'opera uscì nel 1732, in un secolo, quindi, in cui, dopo la rapida eclissi secentesca, si colgono i segni di una diversa apertura nei confronti del poeta fiorentino, vòlta a sondare, sia pure in modo incostante e incerto, l'impianto filosofico della *Commedia*.[8] L'edizione curata dal Venturi intendeva sopperire alla mancanza del supporto esegetico riscontrata nell'edizione dell'opera proposta dall'Accademia della Crusca nel 1595, che rispondeva a istanze di natura prettamente filologica; inoltre, l'edizione era finalizzata a stimolare negli ambienti più tradizionalisti e invisi alla figura di Dante, quali erano i monasteri della Compagnia di Gesù, una diversa disposizione nei confronti dell'opera del poeta.[9] Proponendo una rilettura in chiave ortodossa che facilitasse l'inserimento del testo all'interno di un canone lette-

---

5 Cfr. Nada Fantoni, *«La Voce della Ragione» di Monaldo Leopardi*, Firenze, Società editrice fiorentina, 2004.

6 Una ricostruzione puntuale delle diverse fasi di costituzione della biblioteca Leopardi è offerta da Andrea Campana, *Monaldo di fronte ai suoi libri: progetto, costituzione e catalogazione del fondo recanatese*, in *Giacomo dei libri. La Biblioteca Leopardi come spazio delle idee*, a cura di F. Cacciapuoti, Milano, Electa, 2012, pp. 45-53.

7 Per una trattazione più ampia si veda Antonio Marzo, *Le tre edizioni del commento alla "Commedia" del p. Pompeo Venturi*, in *Per beneficio e concordia di studio. Studi danteschi offerti a Enrico Malato per i suoi ottant'anni*, a cura di A. Mazzucchi, Cittadella, Bertoncello Artigrafiche, 2015, pp. 529-541 e Antonio Marzo, *Le varianti del commento alla* Commedia *del p. Pompeo Venturi*, in *Avventure, itinerari e viaggi letterari. Studi per Roberto Fedi*, a cura di G. Capecchi, T. Marino, F. Vitelli, Firenze, Società Editrice Fiorentina, 2018, pp. 231-236.

8 Cfr. l'articolo di Angelo Colombo, *Tra filologia e politica. Modelli esegetici del commento a Dante nell'Ottocento*, «Studi Medievali e Moderni. Arte, Letteratura, Storia», II, 1998, pp. 59-96; il lavoro è stato ripubblicato in Id., *«I lunghi affanni ed il perduto regno». Cultura letteraria, filologia e politica nella Milano della Restaurazione*, Besançon, Presses Universitaires de Franche-Comté, 2007, pp. 143-182.

9 Sulla ridefinizione del rapporto tra Dante e i Gesuiti si veda almeno Luca Curti, *Dante e il canone letterario da Bellarmino a Bettinelli*, in *I Gesuiti e la Ratio Studiorum*, a cura di M. Hinz, R. Righi, D. Zardin, Roma, Bulzoni, 2004, pp. 357-178.

rario utile all'impegno culturale dei Gesuiti, Pompeo Venturi fece uscire il commento in tre edizioni:[10]

i) *Dante con una breve e sufficiente dichiarazione del senso letterale diversa in più luoghi da quella degli antichi Commentatori. Alla Santità di N. S. Clemente XII*, Lucca, per Sebastiano Domenico Cappuri, 1732, in tre volumi;

ii) *La 'Commedia' di Dante Alighieri tratta da quella, che pubblicarono gli Accademici della Crusca l'Anno MDXCV. Con una dichiarazione del senso letterale*, Venezia, Giambattista Pasquali, 1739, in tre volumi;

iii) *La 'Divina Commedia' di Dante Alighieri con una breve, e sufficiente dichiarazione del senso letterale diversa in più luoghi da quella degli antichi Commentatori*, Verona, Giuseppe Berno, 1749, in tre volumi.

Le ragioni che spinsero Monaldo a richiedere il testo, il cui effettivo approdo agli scaffali della biblioteca Leopardi non è, purtroppo, ancora testimoniato né dai carteggi, né dal catalogo della biblioteca,[11] che non ne riporta cenni, possono essere molteplici. È innanzitutto opportuno considerare la rapida diffusione del commento venturiano, attestata da un elevato numero di edizioni succedutesi tra il XVIII e il XIX secolo;[12] la ricca ricezione dell'opera, infatti, spinse sicuramente Monaldo a desiderarne un esemplare all'interno della collezione avita. Al successo suscitato dal commento venturiano, che aprì alcune indagini riprese dalla moderna dantologia, si accompagnò, inoltre, una fitta serie di polemiche e discussioni, originate da numerose incomprensioni e interpretazioni errate: lo scalpore suscitato dall'opera fu un altro dei motivi che stimolò ardentemente l'interesse di Monaldo. Un'ulteriore traccia da percorrere, utile a sondare le ragioni della richiesta, si ritrova sicuramente nell'afferenza del commentatore alla Compagnia di Loyola: è infatti noto che Monaldo, sebbene ricordasse con sofferenza l'educazione impartita dai precettori gesuiti, sostenne per tutta la vita la causa della Compagnia, che a quei tempi fu vittima di numerose persecuzioni. Il legame spirituale con i Gesuiti, che aveva

---

[10] Il testo fu riprodotto nella lezione fissata dalla Crusca nel 1595; la prima edizione presenta una dedicatoria al Papa Clemente XII; la seconda, dopo una minuziosa revisione operata dal Venturi, riporta, alla fine di ogni canto, la spiegazione delle allegorie che vi sono contenute; la terza, che venne fortemente manipolata da parte del curatore Valerio Baggi, presenta delle sostanziali modifiche ai commenti venturiani.

[11] Si fa riferimento all'edizione più aggiornata: *Catalogo della Biblioteca Leopardi in Recanati (1847-1899)*, a cura di A. Campana, prefazione di E. Pasquini, Firenze, Olschki, 2011.

[12] Il *Censimento dei commenti danteschi*, 3 voll., Roma, Salerno Editrice, III: *Le «Lecturae Dantis» e le edizioni delle opere di Dante dal 1472 al 2000*, a cura di C. Perna, T. Nocita, Roma, Salerno Editrice, 2012, riporta almeno 14 attestazioni antecedenti al 1832 (anno di spedizione della lettera).

radici molto antiche,[13] è testimoniato anche dalle corrispondenze epistolari che Monaldo aveva intessuto con alcuni esponenti di spicco, come Joannes Philippe Roothaan, Generale della Compagnia di Gesù che riformò la *ratio studiorum* e diffuse enormemente la presenza missionaria dei Gesuiti nel mondo.[14] All'interno della biblioteca «non propriamente sacra ma 'a base sacra'»[15] di palazzo Leopardi, inoltre, era assegnato largo spazio ai testi di tradizione gesuitica. L'attenzione rivolta da Monaldo al commento del Venturi, che accostò a diverse banalizzazioni alcune utili osservazioni interpretative, riflette perfettamente la natura del conte come bibliografo, disponibile al confronto con testi che potevano non essere conformi alle sue ideologie reazionarie.

Da una lettera del 26 ottobre 1832 emerge la seconda richiesta di un testo dantesco:

> Bensì i miei figli che hanno lavorato in questa correzione gradirebbero un esemplare della Vita Nuova di Dante stampata da Lei, purchè tuttora ne abbia.

A differenza del caso precedente, l'ingresso dell'opera nella biblioteca è attestato da una lettera di ringraziamento inviata da Monaldo al tipografo Nobili, spedita il giorno immediatamente successivo alla richiesta:

> I miei figli la ringraziano della Vita Nuova di Dante, e non perderanno tempo per ricercare nel suo catalogo, giacchè l'inverno si avvanza e la quinta camera ha bisogno di essere riscaldata.

L'edizione a cui Monaldo faceva riferimento è la *Vita nuova secondo la lezione di un codice inedito del sec. XV colle varianti delle edizioni più accreditate*, stampata a Pesaro per le cure di Nobili nel 1829, ed è meritevole anch'essa di una contestualizzazione.[16] Il 'codice inedito' di cui si fa menzione nel titolo e che oggi, purtroppo, risulta disperso, è conosciuto come 'Codice di Pesaro', ed era stato utilizzato nel 1829 per esemplare un'edizione della *Vita*

---

13 Un antenato di Monaldo, Pier Nicolò Leopardi, facilitò l'arrivo dei Gesuiti a Recanati ottenendo l'apertura di un Collegio la cui importanza fu riconosciuta dalla Compagnia, che onorò l'istituzione trasportando nella Chiesa di S. Vito i resti di P. Nicola Bobadilla, uno dei primi compagni di S. Ignazio.

14 Alcune lettere della corrispondenza tra Monaldo Leopardi e Padre Roothaan sono pubblicate in Franco Foschi, *Nuove ricerche su Monaldo Leopardi e in particolare sui corrispondenti della* Voce della Ragione, «Atti e memorie», CI, 1996, pp. 383-435.

15 *Catalogo della Biblioteca Leopardi*, cit., p. 21.

16 Un approfondimento relativo a questa edizione della *Vita Nova* è offerto dal contributo di Marzia Festa, *Un manoscritto smarrito della* Vita Nuova?, «Carte romanze», II, 2015, pp. 233-258.

Nova a cura di Luigi Crisostomo Ferrucci e di Odoardo Machirelli. Dell'edizione esemplata sul Codice di Pesaro vennero realizzate due stampe: una di lusso, caratterizzata dal titolo e dalle divisioni in inchiostro rosso; l'altra cartacea, in caratteri comuni, contenente le varianti delle edizioni più accreditate – all'epoca, la Giuntina del 1527, la Biscioni del 1723 e la Pogliani del 1827 – nei margini. L'edizione desiderata dal nobiluomo recanatese è quest'ultima, e figura nel catalogo della biblioteca Leopardi. Anche nel presente caso non vengono esplicitate le ragioni della richiesta; si intuisce, però, che questa venne mossa per soddisfare l'interesse dei figli di Monaldo. La dedizione riservata alla crescita intellettuale di Giacomo, Carlo, Paolina e Pier Francesco viene indagata in numerosi studi, ma è comunque meritevole, a mio parere, di ulteriori attenzioni e approfondimenti: il fondo recanatese deve la sua stratificazione al lavoro del conte, in prima istanza, ma si può configurare anche come la sintesi organica dei più svariati interessi culturali nutriti dai membri della famiglia Leopardi; proprio la circolazione di idee differenti all'interno delle mura domestiche, infatti, permise la costituzione di un microcosmo culturale fervido e multiforme. La necessità di reperire l'edizione della *Vita Nova* precedentemente illustrata può essere giustificata da due motivi. Il primo, e più banale, risiede nell'interesse che la nuova edizione di un'opera dantesca poteva suscitare di per sé stessa; il reperimento di essa, inoltre, era notevolmente facilitato dal quotidiano rapporto epistolare intrattenuto con il tipografo Nobili. Il secondo motivo può ritrovarsi nel fatto che nel 1832 cominciò per Paolina un periodo di intenso lavoro creativo finalizzato anche alla stesura di articoli per «La Voce della Ragione», quel progetto paterno per il quale essa investì profondamente risorse e attenzioni. Tuttavia, all'interno dei fascicoli del giornale non compare alcuna menzione dell'opera, neanche nelle sedi dedicate al bollettino bibliografico. Si lascia dunque aperta la questione, riservando a un auspicabile recupero documentario risposte utili ad approfondire i motivi dell'interesse riservato all'opera di Dante nel 1832.

L'ultima analisi che vorrei proporre è dedicata a un'osservazione monaldiana di natura esegetica rivolta alla figura di San Pier Damiani, e rinvenuta nella corrispondenza epistolare tra Monaldo e un marchigiano di spicco: Raffaele De Minicis,[17] intellettuale fermano, cultore di storia locale e proprietario di una biblioteca nutrita di primizie bibliografiche frequentata, al pari di quella del conte, da illustri studiosi in visita nella Marca.[18] Mo-

---

[17] La corrispondenza è pubblicata in GABRIELLA FOSCHI, *Monaldo Leopardi e la cultura marchigiana del suo tempo. Il carteggio con i fratelli De Minicis*, Potenza, Osanna Edizioni, 2002.

[18] Sulla biblioteca dei fratelli De Minicis si veda ROSA MARISA BORRACCINI, *«Nell'abbondanza e sceltezza sono alcuni pezzi unici»: la Biblioteca De Minicis nella stima di Filippo Raffaelli (Fermo*

naldo e il De Minicis sostanziarono a vicenda gli scaffali dei rispettivi spazi culturali con importanti testi di storia locale, numismatica e antiquaria. Con una lettera del 26 maggio 1842, Monaldo chiese aiuto all'intellettuale fermano per l'identificazione della figura del 'Pietro Peccatore' di Dante:

> Graditissima mi è stata la notizia del Pietro Peccatore prodotta dall'Olivieri, ed anche opportunissima perchè appunto oggi accade di servirmene per il mio attuale lavoro sugli Annali Lauretani, e Recanatesi. Io ne traggo vantaggio per il mio assunto, ma ho bisogno di maggiore istruzione.
>
> Di che trattasi in quel documento, che sarà probabilmente una concessione di indulgenze. In qual luogo fù dato. Di dove era vescovo quel Petrus Peccator, che potrebbe essere lo stesso San Pier Damiani, fatto Cardinale e Vescovo di Ostia nel 1057. Insomma tutto ciò che Ella crederà opportuno a darmi piena conoscenza dell'atto, mettendomi al caso di citarlo esattamente. Intanto quanti più sono i Pietri Peccatori di quel tempo, tanto è meno credibile che Dante volesse proporre un indovinello nei suoi noti versi. Dunque mi pare certissimo sempre più, che parlava di San Pietro Damiani, come in tutto il resto della dizione.

Monaldo fece numerose ricerche sul Pietro Peccatore nominato da Dante, per provare che fosse effettivamente il San Pier Damiani morto nel 1072. Il conte si servì di queste indicazioni nelle *Discussioni sopra la Santa Casa di Loreto* a sostegno della sua tesi secondo cui il trasferimento della Santa Casa a Loreto avvenne molti anni prima del 1294, almeno nel secolo XI. Nelle *Discussioni*, infatti, si legge:

> Nei versi di cui trattiamo, il santo descrive l'Eremo di Catria, o sia il monastero della Fonte Avellana, dice che in esso si infervorò nell'amore di Dio, mortificandosi con l'astinenza, e passando i giorni nella contemplazione. Ricorda che quell'Eremo era una volta fecondo di molti santi; e poi conclude di avere dimorato in esso, e nella "Casa di Nostra Donna sul lito Adriano" finchè negli ultimi tempi della sua vita fu chiamato alla dignità di Cardinale. Questo è il senso naturale e piano del suo discorso, e così lo intesero gli Accademici della Crusca, e tutti quelli che leggono com'essa i versi di Dante: "E Pietro peccator fui nella Casa – Di Nostra Donna sul lito Adriano". Anzi volendosi anche leggere: "E Pietro peccator fu nella Casa" potrebbe conservarsi lo stesso senso, supponendo che sopra la parola FU dovesse esserci un'apostrofe piuttostochè un accento, e si intendesse "fu'io" come si legge nel verso precedente: "In quel loco fu'io Pier Damiano".[19]

1872), in *Una mente colorata. Studi in onore di Attilio Mauro Caproni per i suoi 65 anni*, promossi, raccolti, ordinati da P. Innocenti, curati da C. Cavallaro, III, Manziana, Vecchiarelli – Roma, Il libro e le letterature, 2007, pp. 857-875.

19 Monaldo Leopardi, *La Santa Casa di Loreto. Discussioni istoriche e critiche,* Lugano, Veladini, 1841, p. 140.

Anche in più luoghi degli *Annali di Recanati, Loreto e Porto Recanati*, grandioso lavoro storico cui Monaldo si dedicò completamente negli ultimi anni della sua vita, si possono rintracciare riferimenti a San Pier Damiani:

Nei tempi di cui trattiamo, e precisamente nell'anno 1072, morì San Pier Damiani, di cui scriveva Dante nella sua cantica: *E Pietro peccator; fui nella casa – di Nostra Donna in sul lito Adriano.* Nelle mie Discussioni Lauretane ha procurato di dimostrare con buona fede, e mi pare ancora con buona logica, che le parole di Dante possono intendersi solamente di una visita fatta dal santo Damiani alla Santa Cappella di Loreto [...]. Quando, calmatosi lo spirito della contradizione, avrà ripreso le sue ragioni, il buon senso, ognuno vedrà a chiari occhi, che nella cantica dell'Alighieri parlava veramente e solamente il Santo Pietro Damiani, e che quel Santo diceva di avere visitato sul lido Adriano la Santa Casa di Nazaret.[20]

Raffaele De Minicis supportò le ricerche di Monaldo con l'invio di un testo redatto da un altro studioso marchigiano di antiquaria, Annibale degli abati Olivieri,[21] ossia le *Memorie della Badia di D. Tommaso in Foglia nel contado di Pesaro*, stampato a Pesaro, per i tipi di Gavelli, nel 1778, un libro che si rivelò effettivamente una fonte preziosa, come si evince da una missiva del conte datata 18 ottobre 1842:

Tengo preparato da un pezzo il suo libro sulla Abbadia di Foglia, e ancora non mi è capitata occasione opportuna da rimandarlo. Esso mi fù opportunissimo, poichè dalla nota bolla appare che il Santo Damiani si firmava Petrus Peccator ancor dopo assunto il Cardinalato, sicchè oramai sarebbe una follia il supporre che fosse un altro Pietro il Pietro Peccatore di Dante.

Il testo in questione, infatti, riproduceva in Appendice una bolla del papa Niccolò II del 1060, sottoscritta da diversi cardinali fra cui S. Pier Damiani, che vi prendeva il nome di Petrus Peccator.[22]

Lo stralcio epistolare tratto dalla corrispondenza con Raffaele De Minicis sollecita una duplice riflessione: da una parte permette di entrare nel laboratorio bibliografico di cui si servì Monaldo per redigere le sue opere, e dall'altro testimonia come uno specifico luogo della *Commedia* divenne per il conte una fonte importante per condurre un'indagine di interesse

---

20 Id., *Annali di Recanati, Loreto e Portorecanati*, a cura di F. Foschi, Recanati, Centro Nazionale di Studi Leopardiani, 1993, p. 11.

21 Per un quadro biografico più ampio si veda Emilio De Tipaldo, *Biografia degli italiani illustri nelle scienze, lettere ed arti del secolo XVIII, e de' contemporanei*, IV, Venezia, Tipografia di Alvisopoli, 1834, pp. 405-414.

22 Annibale Olivieri, *Memorie della Badia di s. Tommaso in Foglia nel contado di Pesaro*, Pesaro, Gavelli, 1778, p. 137.

locale. Sebbene Monaldo non fosse sicuramente un estimatore di Dante, che «lasciò molte pagine scritte da empio», si servì anche dell'opera del poeta fiorentino per sostanziare le sue attente ricerche dedicate al culto della storia marchigiana. Il fervore culturale che contraddistinse le Marche a cavallo tra il Sette e l'Ottocento fu animato dalla presenza di indefessi studiosi, impegnati in una febbrile attività culturale, cristallizzata in testi che rappresentano una sintesi organica tra potenziale storico di un territorio e perizia dell'uomo di cultura.[23] Monaldo fu senza dubbio uno di questi e desidero concludere il presente lavoro, pensato all'interno di un'iniziativa culturale dedicata al dantismo nelle Marche, con l'auspicio che, grazie a un ulteriore recupero documentario, sia possibile ampliare il novero dei cultori marchigiani che abbiano attinto, per le loro ricerche, agli estesi spazi culturali tracciati dall'opera del poeta fiorentino.

[23] Per approfondire la realtà culturale marchigiana a cavallo tra Sette e Ottocento si veda Alfredo Luzi, *Letteratura e società nelle Marche del primo Ottocento*, in *Quei monti azzurri*, cit., pp. 389-398.

Maria Valeria Dominioni

«QUANTO STA NEL VOLTO TUO SCOLPITO». GIULIO ACQUATICCI CULTORE DI DANTE

Perchè, gran Padre, dal tuo sguardo ardente,
da la nobil fierezza del tuo viso
(specchio de l'alma, sì com' io diviso)
toglie argomento d'ammirar la gente?

Dall'Epopeia tua, sacra, eccellente,
onde il secol perverso fu conquiso,
per quanto vi s'aguzzi l'occhio fiso,
chi appieno sazia può ritrar la mente?

Studi pur l'età nostra e la ventura
sin che ne colga almen fior di speranza
che l'enigma del verbo sia schiarito;

ma ciò che tuona aperto la scrittura,
tanto, che ne salisti a grande orranza,
è quanto sta nel volto tuo scolpito.

1. Nel sonetto intitolato *Dante* e pubblicato in *Poligenea*[1] è condensata l'essenza della lunga dedizione che Giulio Acquaticci, nato a Treia nel 1848 e morto a Macerata nel 1919, votò all'Alighieri: un'opera indefessa di restituzione della parola del poeta alla sua voce autentica, che, nel fissare il suo traguardo nell'eclissi dell'interprete, concorse a determinare il destino d'ombra che le spettò nelle affollate costellazioni della dantistica ottocentesca.

Al nome Acquaticci, invero, rispondono oggi sparute e tiepide manifestazioni di interesse, che per la maggior parte tendono a mettere in risalto

1 Giulio Acquaticci, *Poligenea: trenta sonetti*, Macerata, Tip. Mancini, 1908, XXVII.

il ruolo della famiglia nella vita culturale della città di Treia e che spesso non coinvolgono, se non indirettamente, il Giulio Acquaticci dell'Ottocento.[2] Fu un altro, infatti, il poeta con questo nome, nato sempre a Treia e morto a Macerata, ma due secoli e mezzo prima dell'omonimo discendente (1603-1688), ad aver consegnato alla storia della letteratura la memoria della nobile casata. Membro dell'Accademia dei Catenati di Macerata e della Georgica di Treia, egli fu autore del poema sacro-eroico *Il Tempio Peregrino* (1685), racconto in ottava rima della leggenda della *translatio* della Santa Casa da Nazaret a Loreto, prosecuzione della *Gerusalemme liberata* di Tasso.

Anche il Giulio Acquaticci dell'Ottocento fu accademico dei Catenati e della Georgica, oltre che dell'Arcadia di Roma con il nome Acandro Caristio. Fu poeta, musicista e studioso eclettico, ma oggi lo ricordiamo, e in questa sede intendiamo prenderlo in considerazione, in virtù del suo culto per Dante. Culto che ebbe una triplice espressione. In primo luogo, si riflettè nella sua stessa produzione poetica. La pervasiva influenza che i versi di Dante esercitarono sui suoi si è già potuta apprezzare dal saggio di endecasillabi riportati in esergo, molti dei quali, anche per ovvi motivi di omaggio, ricalcano fedelmente passi della *Commedia* (ad esempio, espressioni quali «com' io diviso» *Purg.* XXIX, 82; «ritrarrà la mente» *Inf.* II, 6; «in grande orranza non ne salì» *Inf.* XXVI, 6; «mentre che la speranza ha fior del verde» *Purg.* III, 136, o l'appellativo 'padre', attribuito da Dante a Virgilio e qui rivolto a Dante stesso). Ma anche altri sonetti appartenenti alla medesima raccolta poetica mostrano un evidente debito nei confronti di Dante: in *Navigando*, ad esempio, Acquaticci paragona ironicamente una banale traversata in mare ad un viaggio all'Inferno, dove, similmente a quanto annunciato sulla porta di *Inf.* III, 9, «perduta è ogni speranza di scampare» e dove si odono «urli, pianti, lamenti in atto pio» (citazione in *variatio* del celebre *tricolon* dantesco di *Inf.* III, 22); nel sonetto *Dio*, accanto alle riprese linguistiche, il poeta arriva a recuperare gli argomenti sul mistero della santa trinità esposti dall'Alighieri in vari luoghi del poema e in particolare nella terza cantica. Inutile dire che l'ascendenza dantesca della poesia di Acquaticci si ravvisa in molti altri testi[3] e che solo uno studio ad essa interamente dedicato potrà renderle piena giustizia.

---

[2] Ricordiamo *"Quei battenti sempre aperti". Gli Acquaticci e Treia nella cultura marchigiana*, Atti del Convegno di Studi (Treia, 4 novembre 2000), Treia, Accademia Georgica, 2002.

[3] Dalla terza rima del *Cantico dei cantici di Salomone* (1886) alla novella in endecasillabi *Norina* (1907), dove una massima tratta dalla *Commedia* (*Purg.* XVIII, 34-36) diventa il punto di partenza per narrare una storia di amore infelice, il cui prologo, si chiude con una citazione da *Inf.* XV, 62.

Il culto dantesco del treiese si esplicò altresì nella sua attività di collezionista di edizioni antiche e rare della *Divina Commedia* e delle opere minori di Dante, nonché dei commenti, delle edizioni illustrate e degli studi a lui dedicati. Su questa attività, affiancata dalla pubblicazione di un *Catalogo della collezione dantesca raccolta e posseduta da Giulio Acquaticci* in duplice edizione,[4] ci soffermeremo nel prossimo paragrafo, anche al fine di rintracciare i nessi e disegnare le coordinate entro le quali si inscrive l'ultima e più importante espressione del suo dantismo: il lavoro di studio, esegesi e divulgazione della *Commedia*.

Acquaticci pubblicò infatti sei opere dedicate al poema sacro: una crestomazia delle similitudini intitolata *Le gemme della Divina Commedia* del 1895, un'*Esposizione sommaria della divina commedia* del 1896, ristampata nel 1901, un'edizione della *Commedia di Dante Alighieri riveduta nel testo e commentata* del 1898, la prolusione fatta per la *Commemorazione centenaria della Divina Commedia* nell'anno 1900, una crestomazia di massime morali intitolata *Gnomologia della Divina commedia* del 1903 e una seconda edizione del testo del poema del 1905.[5] A queste opere sarà devoluta l'ultima sezione del contributo, al fine di offrire una panoramica, inevitabilmente sintetica e introduttiva, di un'esperienza intellettuale che, per quanto circoscritta all'ambito regionale – anche nelle intenzioni espresse con schietta modestia dell'autore[6] – raggiunse notevole ampiezza di respiro e si confrontò con esperienze di portata nazionale e internazionale.

2. Per introdurre il discorso sulla collezione dantesca di Giulio Acquaticci non si può non ricorrere alle parole di una sua emerita concittadi-

---

4 *Catalogo della collezione dantesca raccolta e posseduta da Giulio Acquaticci*, Treia, tip. Luigi Valentini, 1900 e 1901[2] (d'ora in avanti citati come CCD1 CCD2 e seguiti dall'indicazione della pagina).

5 *Le gemme della Divina Commedia dichiarate ed illustrate da Giulio Acquaticci*, Cingoli, Luchetti, 1895 (GEM); *Esposizione sommaria della Divina Commedia ordinata ed illustrata da Giulio Acquaticci*, Cingoli, Luchetti, 1896 e 1901 (ES96, ES01); *La Commedia di Dante Alighieri riveduta nel testo e commentata da Giulio Acquaticci*, Foligno, Reale Stab. F. Campitelli, 1898 (DC98); Giulio Acquaticci, *Commemorazione centenaria della Divina Commedia letta in Macerata alla Soc. Filarmonico-Drammatica il 7 aprile 1900*, Treia, Tip. Luigi Valentini, 1900 (COM); Id., *Gnomologia della Divina commedia*, Macerata, Unione Cattolica tipografica, 1903 (GN); *La Comedia di Dante Alighieri riscontrata sui migliori testi con le varianti fino ad ora avvistate e note concordanti e dichiarative da Giulio Acquaticci*, Macerata, Unione Cattolica tipografica, 1905 (DC05).

6 Nell'introduzione alla sua ultima opera l'autore scrive che anche qualora il giudizio dei critici risultasse negativo: «sarà abbastanza per me il conforto morale ottenuto dalle mie fatiche, ed anche la compiacenza (in letteratura fare un po' di regionalismo non guasta) che nell'ermeneutica del Poema sacro anche il nostro Piceno come le altre regioni d'Italia, abbia, comunque sia, detto la sua» DC05, XIV.

na, Dolores Prato, tratte dal romanzo autobiografico *Giù la piazza non c'è nessuno*, che ormai – di già – accompagna come un nume tutelare la figura del dotto dantista nei pochi studi che gli sono stati dedicati. Lo sguardo estasiato della scrittrice bambina al cospetto del palazzo Acquaticci, presso il quale si era recata più volte al seguito dello zio, ne rappresenta gli interni come un'enorme sterminata biblioteca: «Entrare era ritrovarsi subito immersi nei libri [...] si vedevano scorci di altre stanze, le pareti coperte da scaffali pieni di libri, che andavano lontano». Fra questi vi erano diverse edizioni rare, che il «bibliofilo» mostrava allo zio con «orgoglio amoroso», e – a catturare la curiosità della scrittrice e forse ad inocularle il seme del suo stesso culto per Dante[7] – «una straordinaria collezione di Divine Commedie; tutte quelle che s'erano stampate, lì c'erano».[8]

La cospicua e variegata consistenza raggiunta dalla collezione dantesca di Acquaticci è documentata dal summenzionato *Catalogo*, pubblicato in prima edizione nel 1900 e in seconda nel 1901: 594 volumi divisi in *Edizioni della Divina Commedia*, *Commenti*, *Illustrazioni della Divina Commedia*, *Edizioni delle opere minori* e *Studi speciali*. Come ricostruisce egregiamente Christian Dupont,[9] la collezione arrivò a raccogliere tutte le edizioni di valore del poema ancora disponibili a quell'epoca sul mercato: «tra il 1472, quando uscì la *princeps* [...], ed il 1629, l'ultimo anno in cui l'opera ebbe un'edizione a stampa, prima che la sua fortuna editoriale si interrompesse per un secolo, ci furono in tutto quarantotto edizioni del poema» e Acquaticci arrivò a possederne quaranta. «Gli mancavano solo alcune edizioni estremamente rare del Quattrocento»,[10] già accaparrate da altri collezionisti: nota è l'agguerrita corsa all'acquisto delle edizioni dantesche tipica dell'Ottocento. All'altezza del 1901 Acquaticci poteva dunque dichiarare la sua ricerca terminata, avendo esposta sui suoi scaffali una delle collezioni dantesche più complete in Europa e nel mondo.

Collezione che tuttavia, solo un anno più tardi, spinto con ogni probabilità da difficoltà finanziarie,[11] Acquaticci si vide costretto a vendere, anzi, peggio, a smembrare, cedendone la parte più pregiata alla biblioteca

---

[7] Un culto per lo più relativo a una Prato ancora inedita di cui ci dà notizia Elena Frontaloni nella prefazione di Dolores Prato, *Sogni*, Macerata, Quodlibet, 2010, p. xxxi.

[8] Ead., *Giù la piazza non c'è nessuno*, Macerata, Quodlibet, 2009, p. 364.

[9] Christian Dupont, *Giulio Acquaticci e John Zahm, collezionisti di Dante*, in *"Quei battenti sempre aperti"*, cit., pp. 99-154.

[10] *Ivi*, p. 125.

[11] In una cartolina spedita al mediatore della compravendita, il Cardinale Frascarelli, Acquaticci afferma di accontentarsi di un semplice rimborso delle spese effettuate per l'acquisto della collezione, in ragione di un improvviso «tramutamento di domicilio», *ivi*, p. 122.

dell'Università di Notre Dame, Indiana (USA), nella persona del reverendo John Zahm. Alcuni dei volumi più rari finirono così oltreoceano,[12] dove si trovano ancora oggi, mentre gli altri – quelli meno rari o già posseduti da Zahm – rimasero nelle Marche, seguendo un destino ancora in parte ignoto. Secondo quanto riportato sul sito dell'università statunitense e alla voce dell'Enciclopedia dantesca dedicata ad Acquaticci, essi dovrebbero trovarsi nella biblioteca Mozzi Borgetti di Macerata, ma ad oggi non sono ancora stati rinvenuti.[13]

Accanto al giallo della collezione dispersa, di non minore interesse è quello sulla finalità della pubblicazione dei cataloghi, diffusi gratuitamente da Acquaticci, corredati di descrizioni, e, per questo, attribuiti in un primo momento da Dupont all'esigenza del treiese di vendere la collezione: ipotesi poi ritrattata per quel che riguarda il catalogo del 1900, in virtù delle notevoli acquisizioni di cui si avvantaggiò la collezione tra il 1900 e il 1901, nonché delle dichiarazioni dello stesso autore. Acquaticci infatti acclude all'edizione del 1900, in seconda di copertina, una nota, in cui afferma che, oltre a voler mostrare «gratitudine» verso quei libri che erano stati «precettori e compagni nello studio del Poeta sommo», ai quali doveva tutto ciò che fino ad allora gli era riuscito di scrivere sul poema sacro, con il catalogo intendeva domandare ai «Sigg. Librai» un riguardo particolare per la sua collezione: un modo garbato per chiedere il loro aiuto per ampliarla.[14] Ragion per cui Dupont è portato a concludere che, se la seconda edizione poteva effettivamente avere lo scopo di vendere, questa prima edizione doveva essere finalizzata piuttosto ad intercettare nuovi esemplari da aggiungere alla collezione.

---

12 I volumi sono visibili sul sito dell'esposizione online «Renaissance Dante in Print» (<https://www3.nd.edu/~italnet/Dante/index.html>).

13 La biblioteca Mozzi-Borgetti ad oggi non ha reperito traccia di lasciti o donazioni. Da un recente censimento dei volumi danteschi posseduti dall'istituzione, svolto in collaborazione con il servizio civile nazionale, emerge la presenza di edizioni corrispondenti a quelle menzionate nel carteggio tra Zahm e i mediatori della compravendita, ma non acquistate perché già possedute. Sappiamo tuttavia che, all'interno della copertina di tutti i volumi più rari della sua collezione, Acquaticci era solito inserire delle brevi note illustrative, simili a quelle accluse anche nel catalogo in corrispondenza delle descrizioni dei singoli esemplari, corredate spesso anche dell'indicazione del prezzo e del luogo d'acquisto. Da un primo spoglio, queste note non sembrano essere presenti nei volumi della biblioteca e tuttavia potrebbero essere state rimosse, secondo una condotta non infrequente delle biblioteche in caso di ex libris classificati come non autorevoli.

14 CCD1, seconda di copertina. In un anno Acquaticci fece notevoli acquisizioni: 47 edizioni della Divina Commedia in più per un totale di 214 edizioni del poema (8 del XV sec., 29 del XVI, 3 del XVII, 20 del XVIII e 154 del XIX) oltre a 7 nuove edizioni delle opere minori, 5 nuovi commenti parziali e 75 studi speciali.

Ma forse val la pena di considerare anche altri fattori: *in primis* le affermazioni di Acquaticci circa la sua attività di dantista che tutti quei volumi avevano informato, che, insieme alle automenzioni negli elenchi degli studi posseduti, sembrano volte, se non a pubblicizzare i suoi lavori, almeno a presentare sé stesso come divulgatore informato e documentato;[15] in secondo luogo, la tendenza che si afferma a partire dalla seconda metà dell'Ottocento di comporre bibliografie dantesche. La più nota è quella di Colomb de Batines (1845-46),[16] che Acquaticci possiede nella sua collezione e che anche Dupont cita perché a suo avviso richiamata nella lettera di Acquaticci al cardinale Frascarelli, mediatore della compravendita con Zahm: «Ella valuterà l'importanza bibliografica della collezione, se, come credo, sarà versato nella Bibliografia dantesca»,[17] ma questo, più che un riferimento all'opera bibliografica di Colomb di Batines, potrebbe essere un richiamo alla disciplina bibliografica in sé, di cui altro esempio fu la bibliografia del Koch, *Catalogue of the Dante Collection presented by William Fiske* (1898-1900). A Daniel Willard Fiske, collezionista per la Cornell University di una delle più ampie biblioteche negli USA e nel mondo, Acquaticci inviò il proprio catalogo, con la scusa di chiedere un'informazione, ma forse con l'intento di portare alla sua attenzione la consistenza della propria collezione.[18] Una riconferma in questo senso deriva anche dalla nota alla seconda edizione del catalogo, dove il dantista marchigiano dice che esso «offre il vantaggio sul primo, oltre di essere più copioso, di fornire agli studiosi e ai bibliografi notizie e illustrazioni dei singoli esemplari» e aggiunge che la sua collezione, «se modesta per numero, non lo è per importanza; intrapresa trent'anni addietro, sarebbe forse potuta riuscire la prima d'Europa» ma, «date le difficoltà» del presente, «si dovrà contentare del posto che le assegneranno i bibliografi».[19]

Il fatto che Acquaticci punti ad essere tenuto in considerazione dai bibliografi, per la consistenza complessiva o per i singoli esemplari della sua collezione, per i suoi studi o per l'opera bibliografica da lui stesso realizzata con i cataloghi – che a questo punto non si potranno più considerare quali meri inventari commerciali – ce lo fa collocare, almeno per ambizione, in un territorio confinante a quello della critica erudita, che mira a mettere

---

15 Cfr. anche DC05, IV-V.

16 Paul Colomb de Batines, *Bibliografia dantesca; ossia, Catalogo delle edizioni, traduzioni, codici manoscritti e comenti della Divina Commedia e delle opere minori di Dante seguito dalla serie de biografi di lui*, 3 voll., Prato, Tipografia Aldina, 1845-46.

17 Cfr. C. Dupont, *Giulio Acquaticci e John Zahm*, cit., p. 122.

18 Cfr. *ivi*, p. 116.

19 CCD2, seconda di copertina.

ordine in una bibliografia sterminata e talvolta anche dispersiva su Dante. Come illustra Vallone, tale filone di ricerca, allontanandosi dalle interpretazioni più ardite e simboliche fatte nel primo Ottocento e anche dallo scontro frontale tra fazione neoguelfa e neoghibellina, ha tra i suoi principali obiettivi la ricerca concorde per un'edizione critica della *Divina Commedia* e la compilazione di repertori, enciclopedie e bibliografie ad uso e consultazione dello studioso, fra le quali quelle maggiormente rappresentative sono, oltre alle già citate, il *Dizionario critico ragionato della divina commedia* di Blanc (1852), il *Manuale dantesco* in cinque volumi del Ferrazzi (1865), il *Dizionario dantesco* del Poletto (1885-92, autore a cui Acquaticci si richiamerà apertamente nei suoi scritti) e l'*Enciclopedia dantesca* dello Scartazzini (1896):[20] tutte opere possedute da Giulio Acquaticci.

3. Veniamo ora a una rassegna delle opere di Acquaticci espressamente dedicate allo studio e alla divulgazione del capolavoro dantesco.

La prima, del 1895, intitolata *Le gemme della Divina Commedia*, – come scrive l'autore nell'introduzione – mira ad avvicinare i giovani al poema sacro, allettandoli con ciò che di bello c'è in esso, ovvero le similitudini. Nell'opera, esse si susseguono in ordine di canto, suddivise per cantica, sono precedute da una brevissima nota di contestualizzazione, per permettere al giovane di riconoscerle, e sono seguite da una spiegazione letterale e un commento, per renderle alla portata di tutti e popolari come fu la *Divina Commedia* al tempo di Dante.[21] Il progetto in sé non è originale, sebbene l'autore lo presenti come tale. Scrive infatti che l'idea gli «venne dall'esempio di Francesco De Sanctis», che nella *Storia della letteratura italiana*, commentando i «paragoni» che rendono particolarmente memorabili alcuni passaggi dell'ultima cantica (ne cita circa una decina), li definisce «le vere gemme del Paradiso»:[22] «data così l'idea era facile di tradurla in campo più vasto».[23] La prima opera ampia, organica e per questo davvero innovativa sul tema era stata in realtà quella di Luigi Venturi, *Le similitudini dantesche ordinate, illustrate e commentate* (1874), la quale a sua volta si richiamava esplicitamente in prefazione ad altre opere: la latinizzazione di Carlo d'Aquino (1707), il già citato *Manuale dantesco* di Jacopo Ferrazzi (1865), *Dell'evidenza*

---

20 Cfr. Aldo Vallone, *La critica dantesca nell'Ottocento*, Firenze, Olschki, 1975², pp. 182-187.

21 Idea espressa, fra gli altri, già da Giosuè Carducci, *Primizie e reliquie delle carte inedite*, Bologna, Zanichelli, 1928, p. 253.

22 Francesco De Sanctis, *Storia della letteratura italiana*, Firenze, Salani, 1965.

23 GEM, VII.

dantesca di Giovanni Franciosi (1872, l'unica parzialmente commentata).[24] Anche stando alla bibliografia di Sowell (1983), ancor oggi punto di riferimento per un campo di ricerca di straordinaria fortuna per gli studiosi di Dante,[25] questi furono i primissimi censimenti di similitudini, ai quali è possibile aggiungere il *Prospetto* dello Scolari (1865) e, successivi, l'elenco di Bobbio nel suo *Prontuario del dantofilo* (1887) e lo studio di Bartoli in *Delle opere di Dante Alighieri* (1889).[26] Sebbene il testo di Venturi, a differenza di quelli di Franciosi, Bobbio e Bartoli, non sia presente nella biblioteca del treiese e non sia molto diffuso all'epoca,[27] è indubbio che egli lo conoscesse perché è da esso che contrae i debiti più ingenti. I commenti di Acquaticci sono ripresi quasi letteralmente da quelli di Venturi, così come le parole di contestualizzazione, la parafrasi e i confronti con le fonti e con gli 'epigoni' imitatori delle similitudini dantesche, che vengono per lo più sintetizzati. Acquaticci riprende fedelmente da Venturi anche l'impostazione dell'introduzione e alcune considerazioni sulle funzioni della similitudine qui esposte; riprende poi l'indice tematico, che risulta speculare nei due autori, ma che, a differenza di quanto accade in Venturi, in Acquaticci non ordina la materia, ma è posto alla fine del volume come ulteriore mappa per la consultazione di una raccolta che segue, invece, l'ordine di apparizione nel poema, seguendo l'elenco di Bobbio. Ma se Bobbio nella sua opera aveva elencato circa 400 paragoni e Venturi ne aveva analizzati 597, Acquaticci ne commenta circa 250. Afferma infatti di essere stato parco nella scelta e di aver prediletto quelli che «per altezza di concetto, per forza di espressione, e per corrispondenza d'immagini, pongono l'Alighieri al di sopra di tutti i poeti, e rivelano la potenza del suo genio»,[28] in particolare Acquaticci afferma che il genio di Dante si esprime in quelle associazioni che mettono in relazione due cose molto distanti fra loro, non in paragoni fra elementi della stessa specie, che perciò decide di tralasciare. Si può dire quindi che l'opera sia nei contenuti quasi un calco di quella di Venturi e nell'imposta-

---

24 *Le similitudini della "Commedia" di Dante Alighieri trasportate verso per verso in lingua latina da Carlo d'Aquino della Compagnia di Gesù*, Roma, Stamperia Komarek, 1707; Jacopo Ferrazzi, *Manuale dantesco*, Bassano, Sante Pozzato, 1865-1877; Giovanni Franciosi, *Dell'evidenza dantesca, studiata nelle metafore, nelle similitudini e ne' simboli*, Modena, Luigi Gaddi, 1872.

25 Madison U. Sowell, *A Bibliography of the Dantean Simile to 1981*, «Dante Studies», CI, 1983, pp. 167-80.

26 Filippo Scolari, *Esercitazioni dantesche*, Venezia, Gaspari, 1865; Giacomo Bobbio, *Prontuario del dantofilo*, Roma, Forzani, 1887; Adolfo Bartoli, *Delle opere di Dante Alighieri: la Divina Commedia*, Firenze, Sansoni, 1889.

27 Boicottato probabilmente per ragioni politiche. Cfr. Luca Azzetta, *Luigi Venturi. Appunti per un profilo biografico*, «Aevum», LXXXII, 2008, pp. 749-80.

28 GEM, VIII.

zione una selezione tendente alla semplificazione in termini di volume e di complessità, che, come scrive anche l'autore nella conclusione, offre al giovane un agile strumento per orientarsi nel mare del testo dantesco, per il quale occorre certamente «un pilota», che tuttavia non si deve ricercare fra i commentatori, ma fra gli autori di «traduzioni in prosa» come il «Foresi».[29] L'idea che animerà lo studioso anche nelle opere successive è già sintetizzata in questo primo testo. A suo modo di vedere, la mediazione dei commenti è superflua quando non nociva per la comprensione della *Commedia*: per usare le sue parole, «bisogna pur persuadersi che il migliore interprete di Dante è...Dante stesso».[30]

Dà seguito a queste convinzioni la pubblicazione, subito successiva, dell'*Esposizione sommaria della Divina Commedia*, che, a giudicare dalla dedica («A Giacomo Poletto che con gli scritti e l'insegnamento dalla cattedra dantesca nell'Istituto Leoniano in Roma rischiara di nuova luce lo studio di Dante questo umile lavoro *da lui ben auspicato per l'italiana gioventù* [...] consacra l'autore»[31]), fu da Poletto caldeggiata e forse financo commissionata: lui, d'altra parte, fu tra i primi sostenitori della formula sorta negli ultimi tempi – come scrive il treiese nell'introduzione alla sua opera successiva – di «spiegare Dante con Dante»,[32] la sola che possa dare buoni frutti e che molti deve ancora darne. Forse anche grazie all'autorevole 'patrocinio' del Poletto, l'opera di Acquaticci ebbe un discreto successo, tanto da essere ripubblicata a grande richiesta nel 1901.[33] Il testo consiste in una sintesi, e a tratti in una semplice parafrasi, del poema dantesco, da cui sono state espunte tutta la scienza e la dottrina che rendono ostica la comprensione del testo. Nell'introduzione, Acquaticci si profonde in una critica molto aspra verso la vastità degli studi e dei commenti sull'opera di Dante e soprattutto verso quelli particolarmente oscuri che insistono sul senso allegorico della *Commedia* e, facendola apparire come una «Sfinge paurosa» e impenetrabile,[34] scoraggiano e allontanano i lettori. L'*Esposizione* è in questo senso un antidoto a quei veleni, che invita il lettore a ripartire dal significato letterale, dischiuso dalla propedeutica lettura del riassunto

---

29 GEM, 180-181. *La Divina Commedia di Dante Alighieri voltata in prosa col testo a fronte per cura di Mario Foresi*, Firenze, Salani, 1886.

30 *Ibid.*

31 ES96, III, ES01, 0, corsivo nostro.

32 DC98, XII-XIII.

33 La ripubblica senza sostanziali aggiornamenti, se non nei quadri introduttivi delle cantiche, «per soddisfare – a quanto l'autore scrive nella nota introduttiva – alle domande che da ogni parte gli provengono» ES01,1.

34 DC98, X.

in prosa, per arrivare poi da sé ad una propria interpretazione.[35] Per fare ciò, annota lo studioso, è altrettanto necessario disporre di un buon testo, che lui stesso tenterà di mettere insieme solo due anni più tardi.

La *Commedia di Dante Alighieri riveduta nel testo e commentata* è presentata dall'autore come un *comento variorum* a cui ha aggiunto «un poco anche di *suo*»:[36] per le varianti afferma di aver seguito la maggioranza, e nel dubbio gli antichi; per il commento, per quanto possibile, dice di esser ricorso alle parole di Dante, con riferimenti ad altri passi della *Commedia* e delle opere minori, sgomberando il campo dal superfluo e dalle oziose disquisizioni tipiche dell'epoca. In questa sede egli si scaglia, infatti, di nuovo, contro quella che chiama 'comentomania': l'eccesso di commenti dove ognuno mette in bocca a Dante le proprie parole, «senza badare che così la grande figura del Poeta *viene* fra le loro mani a impicciolire».[37] Sette anni più tardi, l'autore pubblicherà una nuova edizione del poema, rinnegando questa prima edizione commentata e affermando di voler fare «ammenda» delle imprecisioni in essa contenuti.[38]

La *Gnomologia della Divina Commedia*, del 1903, si presenta come un'antologia di circa 180 brani, per la maggior parte tratti dal *Purgatorio* e dal *Paradiso*, disposti nell'ordine del testo, ognuno preceduto da un titolo (*Sensualità, Buon uso del tempo, Non giudicar da lungi, Fugacità della fama, Virtù accende amore* ecc.) e seguìto da una parafrasi esplicativa e da un breve commento interpretativo. Nella premessa l'autore dice di aver voluto trarre dalla *Commedia*, che è un «monumento di sapienza morale e civile», principi apodittici al fine di porre rimedio alla penuria di spiritualità del presente, caratterizzato dal «materialismo» e dall'«agnosticismo».[39] A differenza dell'altra sua crestomazia, qui l'autore ammette la scarsa originalità dell'opera,[40] ma lo fa anche per rimarcare le innovazioni apportate da lui al genere già conclamato. Da un confronto con le raccolte di sentenze a quest'altezza pubblicate – *Pensieri, massime e giudizi* di Bartolucci del 1884, il già citato *Prontuario del dantofilo* di Bobbio e *La gnomologia* di De Biase

[35] Come scrive nell'opera successiva, Dante è di tutti: chiunque «nel suo gran libro ha il suo bisogno, ogni ceto, ogni grado di persone, dal principe all'infimo della plebe ha segnata la norma del vivere suo». DC98, IX-X.

[36] DC98, VII.

[37] DC98, IX, XI.

[38] DC05, X.

[39] GNO, III, VI.

[40] GNO, VI. Per illustrare le sentenze estrapolate dal testo della *Commedia*, l'autore si rifà ampiamente a Vincenzo Gioberti, *La Divina Commedia ridotta a miglior lezione dagli Accademici della Crusca con le Chiose di V.G. Opera Omnia*, Napoli, Fratelli Morano, 1866.

del 1898[41] – emerge come essa si inserisca più consapevolmente nel genere gnomico, ampliando la semplice parafrasi con una meditazione morale nel commento. A tal fine, Acquaticci dice di essersi avvalso di «note esegetiche e filosofiche di illustri dantisti moderni, coordinandole fra di loro».[42] Si tratta quindi, anche in questo caso, di un lavoro per buona parte compilativo, che seleziona e integra fra loro i materiali composti da altri al fine di consegnare ai lettori, e soprattutto ai giovani, un lavoro fruibile e utile. Nella postfazione, intitolata *L'ortodossia della Divina Commedia e una moderna ermeneutica dantesca*, l'autore fa notare come le sentenze riunite nella raccolta dimostrino che è fuori strada chi, come Foscolo e Rossetti, voglia vedere in Dante uno spirito antipapale e riformista della chiesa romana. Racconta poi che in occasione della prolusione tenuta a Macerata il Venerdì Santo del 1900, oggetto anche di una già citata pubblicazione minore,[43] fu accusato da un giornale locale di aver creato «un Dante tutto *suo* cattolico fervente e peccatore pentito»: accusa alla quale risponde «oggi per allora, di non meritare affatto l'onore che *gli* si volle fare della trovata» dato che essa non spetta a lui, ma proprio «a Dante».[44]

L'ultima opera dantesca di Acquaticci è l'edizione de *La Commedia di Dante riscontrata sui migliori testi con le varianti fino ad ora avvistate e le note concordanti e dichiarative*, del 1905. È un «Testo» che l'autore presenta come prossimo alla perfezione,[45] frutto di un lavoro iniziato sicuramente anni prima perché basato sul confronto fra le «duecento edizioni» della sua collezione,[46] a quest'altezza per la gran parte vendute. Egli lo definisce una 'fatica di Sisifo': si tratta infatti di un lavoro di comparazione notevolmente ampio che, tuttavia, come nota Moevs, non poteva che essere una «fatica superflua nel contesto della nuova filologia ragionata e sistematica, basata sui codici, che negli ultimi decenni dell'Ottocento veniva promossa in Italia».[47] Si tratta di un'edizione in cui compaiono unicamente le varianti,

---

41 Lorenzo Bartolucci, *Pensieri, massime e giudizi estratti dalla Divina Commedia e ordinati per comodo degli studiosi da L. B.*, Città di Castello, S. Lapi, 1884, Luigi De Biase, *Gnomologia dantesca, ovvero, Detti memorabili di Dante raccolti dalla Divina Commedia e illustrati ad uso di citazioni*, Napoli, Stab. Tip. Pierro-Veraldi, 1898. Di questi testi, Acquaticci non ne cita nessuno e possiede solo quello di Bobbio.

42 GNO, VII.

43 COM.

44 GNO, 200.

45 DC05, V.

46 DC05, III.

47 Christian Moevs, *Giulio Acquaticci studioso di Dante*, in *"Quei battenti sempre aperti"*, cit., pp. 77-98, 96.

senza l'indicazione delle fonti, le edizioni dubbie sono riportate in corsivo e eventuali riferimenti a personaggi o luoghi di non facile decodificazione sono indicati in nota. Con quest'opera il treiese porta a compimento il suo proposito di emancipare il lettore dalla 'schiavitù' del commento, munendolo del 'Testo' di Dante e solo di questo, eventualmente associato a una parafrasi o alla sua stessa esposizione in prosa.

Venendo alle conclusioni, possiamo affermare che Giulio Acquaticci, con la sua opera, pur non trovando posto nel pantheon della critica erudita, al quale forse avrebbe aspirato, mettendo al servizio dei lettori la propria ampia cultura dantesca (rimodulata e semplificata), raggiunge l'obiettivo di una 'divulgazione erudita' della *Divina Commedia*, che, se non lascia il segno nella storia della critica, lo fa nella storia della cultura. Inoltre, condividendo con altri studiosi un preciso programma di 'popolarizzazione' del poema sacro che, come ricorda in più occasioni, era proprio dell'epoca di Dante, contribuisce concretamente a una vera e propria rivoluzione luterana dell'approccio al testo dantesco, permettendo ai lettori di sperimentare quanto lui per primo aveva scoperto:[48] il confronto diretto con lo sguardo del poeta, che rende semplice e limpida la sua verità più profonda.

---

[48] DC98, X.

Giulia Corsalini

IL CONTRIBUTO DI GIOVANNI MESTICA AGLI STUDI DANTESCHI

Giovanni Mestica (Favete di Apiro 1831, Roma 1903)[1] ha dedicato a Dante un lungo saggio, dal titolo *Francesco, Dante e Giotto*, pubblicato in tre parti nella «Nuova antologia di scienze, lettere e arti», nel 1881;[2] poi ripubblicato, in occasione delle «onoranze centenarie di San Francesco di Assisi» del 1926, dalla casa editrice Bisson & Leopardi di Macerata, in un volumetto impreziosito da tavole con riproduzioni degli affreschi giotteschi della cappella di Assisi, del ritratto di Dante attribuito a Giotto e di vedute di Assisi. Oltre a questo saggio, Mestica ha scritto una presentazione della *Commedia* per il manuale *Istituzioni di letteratura*, compilato per Barbera,[3] un'opera destinata alle scuole, non priva, tuttavia, di alcuni motivi di interesse per questo discorso, come vedremo.

Giovanni Mestica quindi non è stato un dantista, sì, invece, un leopardista, e a Leopardi ha riservato un considerevole impegno filologico, critico e per la promozione della figura e dell'opera: ha fatto parte in qualità di vicepresidente della Commissione, presieduta da Giosuè Carducci, istituita ai fini dell'esame e della pubblicazione delle carte leopardiane già possedute da Antonio Ranieri; si è occupato di una edizione delle opere per Barbera;[4] ha scritto una serie di saggi, per la gran parte raccolti negli *Studi leopardiani*.[5] Come studioso si è impegnato soprattutto nella ricostruzione

---

[1] Per un profilo storico critico aggiornato si vedano gli atti del convegno *Per non dimenticare: Mariotti e Mestica all'ombra di Leopardi* (Apiro, 24 aprile 2015), a cura di F. Musarra, G. Piccinini, N. Sparapani, P. Ramazzotti, Firenze, Cesati, 2017.

[2] Giovanni Mestica, *San Francesco, Dante e Giotto*, «Nuova antologia di scienze, lettere», s. II, LVII, 1881, pp. 3-39, 403-443; s. II, LVIII, 1881, pp. 38-64.

[3] Id., *Istituzioni di letteratura*, Firenze, Barbera, 1974 (I), 1976 (II).

[4] Giacomo Leopardi, *Le poesie*, Firenze, Barbera, 1886; *Le prose*, Firenze, Barbera, 1890.

[5] Giovanni Mestica, *Studi leopardiani*, Firenze, Le Monnier, 1901, poi, a cura di F. Foschi, Ancona, Il lavoro editoriale, 2000.

storico-biografica basata sui documenti e sulle testimonianze dirette, senza dimenticare il commento estetico e provandosi comunque anche in una interpretazione più generale del pensiero e del genere.

E proprio il metodo critico seguito in questi studi mi interessa perché mi aiuta a inquadrare quello che a mio parere è l'aspetto di maggiore rilievo del contributo su Dante: l'essere cioè testimonianza di un momento della storia della critica dantesca, pur conservando una propria originalità, o almeno caratterizzazione. In uno dei suoi saggi leopardiani, dal titolo *Leopardi davanti alla critica*, ricostruendo la storia degli studi leopardiani, Mestica riferisce infatti il proprio metodo alla critica positiva, articolata «or nel rispetto storico, or nel filologico, or nell'estetico, ora in tutti con prevalenza dell'ultimo, che qualifica più strettamente la critica letteraria»,[6] un metodo in cui, in ogni caso, hanno un peso determinante la documentazione e l'esame delle fonti. Certamente anche il saggio in esame s'iscrive nell'alveo della critica positiva, e più in generale in quel momento degli studi danteschi in cui si sentì il bisogno di correggere e sanare alcune mancanze e lacune proprie della critica del primo Ottocento, in modo particolare quanto in essa c'era di vago e impreciso, di generico e generale, l'assenza di una indagine storica e biografica accurata e documentata; aspetti che si erano accentuati a ridosso del centenario della nascita del poeta, quando erano prevalse le interpretazioni ideologiche e partigiane.[7]

Il saggio dantesco di Mestica mira alla ricostruzione storico-biografica sulla base dei documenti e fonda l'esegesi sull'analisi delle fonti secondo un procedere che il critico ritiene legittimato dal legame profondo che Dante intesse con la realtà del suo tempo e con il suo sostrato culturale e letterario:

> Erano quelli i felici tempi, in cui le lettere e le arti rinnovellandosi cominciavano per virtù di massimi ingegni a trar la materia, l'ispirazione e le forme dalla natura, dall'uomo, dalle credenze e dai sentimenti del popolo. Del che nessun'opera è documento più grande della Divina commedia, nella quale il genio di Dante rappresentò e vestì d'immortali forme la religione, la scienza e la vita sociale e politica del medio evo con un altissimo presentimento della civiltà futura d'Italia e del genere umano. A ben comprendere dunque e rettamente giudicare produzioni siffatte bisogna in prima risalire ai fonti, ond'esse hanno derivato l'origine e l'alimento.[8]

Va detto, tuttavia, che non di rado nelle pagine del saggio si fa strada l'interpretazione personale, non sempre avvalorata dai documenti; né

---

[6] G. Mestica, *Studi leopardiani*, a cura di F. Foschi, cit., p. 390.

[7] Cfr. Aldo Vallone, *La critica dantesca nell'Ottocento*, Firenze, Olschki, 1958, pp. 176-226.

[8] Giovanni Mestica, *San Francesco, Dante e Giotto*, «Nuova antologia di scienze, lettere», s. II, LVII, 1881, pp. 3-4.

manca, supportata da singole notazioni stilistiche ed estetiche, l'attenzione al valore squisitamente letterario dell'opera.

Il saggio si articola in tre parti, dedicate, la prima, alla illustrazione delle fonti francescane e alla verifica della relazione biografica di Dante con l'ordine monastico; la seconda, alla esegesi del canto XI del *Paradiso*; la terza, alla ricostruzione del rapporto tra Dante e Giotto e alla discussione dell'ipotesi che il primo abbia ispirato alcune scelte giottesche. Sono pochi tra gli studiosi successivi a ricordare questo saggio, ma, quando viene citato,[9] lo si fa soprattutto perché Mestica vi ha affrontato due questioni largamente dibattute: una di carattere storico-biografico, ossia l'ipotesi dell'ascrizione di Dante all'ordine dei francescani; l'altra di carattere esegetico, ossia l'interpretazione dei versi sul «grave giogo» per cui piangono Gualdo e Nocera (*Par.* XI, 47-48), all'interno della descrizione geografica dei luoghi francescani. Mi fermerò dunque, tra le tante affrontate, su queste, per poi passare ad analizzare aspetti a mio parere più significativi.

Per quanto riguarda la notizia di Dante bambino novizio dei frati minori di Santa Croce, trasmessa dal commento alla *Divina Commedia* di Francesco Bartolo da Buti (il quale la riferisce al passo di *Inf.* XVI, 106-109, in cui Dante racconta di una corda prima cinta intorno alla sua vita e poi sciolta; e al passo di *Purg.* XXX, 40-42, che allude ad una virtù che ha trafitto il poeta prima che uscisse dalla puerizia), a Mestica non pare adeguatamente documentata, né gli sembra probabile che si venisse ammessi al noviziato da bambini, per cui non vi si sofferma che brevemente. Maggiori elementi di analisi e discussione sembra meritare invece per il critico l'ipotesi che Dante abbia aderito al terz'ordine francescano; notizia diffusa dal francescano Antonio Tognocchi di Torrinca in una sua «opera indigesta e riboccante di secentate» del 1580, nella quale l'informazione viene riferita ad uno scritto di Fra Mariano fiorentino, storico dell'ordine francescano vissuto all'inizio del sedicesimo secolo. Per l'esame dell'ipotesi Mestica tiene in considerazione in particolare due condizioni storiche: il vigore dell'ordine terziario ai tempi di Dante e, per altro verso, il culto speciale e lo studio riservato dai francescani al poeta, di cui custodirono gelosamente le spoglie a Ravenna e al quale ogni anno dedicavano una celebrazione solenne. Non trovando tuttavia spiegazione al silenzio di alcuni secoli in merito alla adesione di Dante

---

[9] Cfr. Alfonso Bertoldi, *Lectura Dantis*, Firenze, Sansoni, 1904; *Rassegna dantesca*, «Civiltà Cattolica», a. LXXIX, n. 1, 1929; Carmine Chiodo, *Note sulla critica dantesca nelle Marche dal 1861 al 1915*, in *Aspetti della cultura e della società nel Maceratese dal 1860 al 1915*, Atti del XV Convegno di Studi maceratesi (Macerata, 24-25 novembre 1979), Macerata, Centro di Studi storici maceratesi, 1982, pp. 735-798; soprattutto per il rimando alle fonti lo cita invece più di recente Luca Bufano, *Note sulla posizione e il significato di San Francesco nel Paradiso*, «Italica», a. LXIII, n. 1, 1986, pp. 265-277.

all'ordine, il critico ritiene che il culto dei francescani vada piuttosto riferito all'onore di custodire le ossa del sommo poeta e all'elogio del loro fondatore presente nella *Divina Commedia*. Quanto all'altro argomento addotto da alcuni a riprova, l'ipotesi che Giotto abbia rappresentato Dante in abito da scapolare nella basilica di Assisi (più precisamente nella crociera sopra l'altare della basilica inferiore, nell'allegoria della Castità, tra i tre personaggi che vengono ricevuti da Francesco, una clarissa, un minore e un terziario), Mestica riferisce pareri di illustri studiosi che negano la corrispondenza e riconoscono piuttosto nella immagine il beato Egidio, primo dei terziari; inoltre, al di là delle somiglianze, il critico ritiene prova inconfutabile il fatto che Giotto abbia dipinto la crociera tra il 1300 e il 1302 e dunque non avrebbe potuto sapere che Dante si sarebbe fatto terziario negli ultimi anni della sua vita (oggi, tuttavia, quegli affreschi si fanno risalire agli anni Trenta del Trecento e vengono attribuiti non a Giotto ma ad un anonimo Maestro delle vele). Si tratta di una discussione che esorbita dallo spazio di questa relazione, tuttavia, se la questione del rapporto di Dante con l'ordine francescano (in particolare del suo noviziato presso i frati minori di santa Croce a Firenze e della sua ascrizione al terz'ordine) è stata più volte ripresa prima e dopo il saggio in esame – ha avuto una particolare fortuna nella temperie romantica, un nuovo impulso nell'ambito degli scrittori ecclesiastici in occasione del centenario del terz'ordine francescano nel 1921 e riemerge di tanto in tanto tra gli studiosi francescani –, la linea già seguita da Mestica, ossia di considerare le testimonianze della vita monastica di Dante troppo poche e troppo tardive per essere probanti, mi pare sia prevalente.[10]

Per quanto riguarda la seconda questione largamente dibattuta, ossia l'analisi dei vv. 47-48 di *Par.* XI, là dove si legge che Nocera e Gualdo piangono «grave giogo», Mestica fa parte della minoranza degli esegeti che optano per l'interpretazione politica, escludendo quella fisica, secondo la quale il giogo sarebbe il massiccio del monte Subasio; ipotesi che il critico ritiene inadeguata sia alla reale configurazione dei luoghi, in quanto semmai i gioghi sarebbero due e non uno perché il monte che sovrasta Nocera non è lo stesso che sovrasta Gualdo, sia agli effettivi esiti sul clima, non così nefasti per le due città. Secondo una proposta di Benvenuto da Imola, che la pospone tuttavia a quella fisica, per Mestica il giogo sarebbe riferibile piuttosto alla signoria di Perugia, che lo stesso Francesco condannò per i mali che faceva ai suoi vicini e di cui, come testimonia una serie di documenti, le due città subirono non senza patimenti l'egemonia. Anche in questo caso,

[10] Per una bibliografia sull'argomento cfr. FRANCESCO DI CIACCIA, *Dante e Francesco*, Milano, Edizioni Rosetum, 2004.

la verifica della discussione richiederebbe finalità diverse e uno spazio maggiore di questo scritto, tuttavia è possibile affermare che la tesi sostenuta da Mestica e da una minoranza di esegeti, se è abbastanza plausibile dal punto di vista storico, non pare giustificata dal contesto del brano, nel quale gli altri riferimenti descrittivi sono senza dubbio di natura concreta e non simbolica, per cui, come scrive Attilio Momigliano «L'interpretazione politica introdurrebbe nel contesto una nota assolutamente estranea».[11] È d'altra parte indubitabile che il massiccio montuoso che comprende il Subasio per la sua posizione non protegge le due città dalla Tramontana, mentre toglie loro alcune ore di sole. Se si considera inoltre, come è stato fatto, che il versante appenninico in cui esse si trovano è più scosceso e meno fertile, diviene evidente che ci sono varie ragioni per ammettere uno svantaggio di Nocera e Gualdo legato alla loro ubicazione geografica.[12] È significativo comunque che tutta la parte dedicata alla questione venga tagliata nella riedizione unitaria e postuma del saggio.

Ma, come si diceva, è soprattutto l'esame delle fonti francescane a guidare l'esegesi, attraverso il confronto del testo dantesco con le diverse leggende riguardanti la vita e la santità di Francesco, la *Vita prima* e la *Vita seconda* di Tommaso da Celano, la *Leggenda dei tre compagni* e soprattutto *La leggenda maggiore* di Bonaventura da Bagnoregio e il suo compendio, *Leggenda minore*. In questa disanima, al di là dei numerosi parallelismi e degli evidenti riscontri, mi sembra di particolare interesse il riconoscimento di due differenze di carattere macroscopico: il ruolo centrale, anzi esclusivo, della povertà nel testo dantesco e la quasi totale assenza in esso della narrazione dei miracoli. Secondo Mestica, se Dante, come dimostrano passi delle diverse opere, in particolare del *Convivio*, matura una concezione della povertà affine a quella dei Latini, ossia una condizione di vita libera dall'assillo dei beni materiali, dunque agiata ma sobria (d'altra parte quella che sperimentò nell'esilio fu per Dante una «dolorosa povertà», un cruccio e non la condizione volontaria e gioiosa predicata da Francesco), egli condivide però con Francesco l'ideale di una chiesa povera. Una interpretazione questa che anticipa quella degli studiosi successivi, che hanno riesaminato e precisato la posizione dantesca, volta a distinguere la radicalità cristiana e francescana, imprescindibile per i religiosi, da un ideale classico e laico di povertà. Su questa linea, Mestica, identificando nel canto XI del *Paradiso* i

---

11 Nel suo commento alla *Divina Commedia* (Firenze, Sansoni, 1946-1948).

12 Pochi anni dopo, con una lunga trattazione, sostiene l'interpretazione politica, senza citare Mestica, MEDARDO MORICI, *Il "greve giogo" di Nocera Umbra e Gualdo Tadino (Paradiso XI 46-47)*, «Giornale dantesco», VII, 1899, pp. 353-371.

caratteri di un inno che si differenzia a partire dal genere sintetico e celebrativo dalle biografie francescane necessariamente più diffuse ed esaustive, sostiene che l'esaltazione di un unico aspetto ritenuto centrale per la glorificazione della santità di Francesco, ossia appunto la sua scelta della povertà, si debba alla priorità che Dante attribuisce a questa virtù nell'ambito della vita religiosa. Soluzione forse frettolosa, se si tiene presente il dibattito successivo, nel quale, come si sa, ha avuto un ruolo di rilievo l'interpretazione di Umberto Bosco, che riferisce la priorità accordata da Dante al tema delle mistiche nozze ad una ben precisa posizione politica ed ideologica, ossia alla sua volontà di inserirsi nella controversia che divideva i francescani tra loro e con la curia in merito al possesso di beni terreni.[13] Per quanto riguarda infine l'assenza dei riferimenti ai miracoli e del sentimentalismo a cui indulgono le biografie, Mestica ne attribuisce la ragione al realismo dantesco, quale perfetta unione di oggettività della rappresentazione e soggettività dell'ispirazione lirica, cui si collegano la classica semplicità e la capacità di sintesi. Il critico arriva così ad un discorso sull'essenza dell'arte della *Commedia* proprio attraverso il confronto oppositivo con le fonti:

> A quella rapidità di concetto e di favella che è uno dei caratteri più rilevanti della *Divina Commedia*, qui dà risalto maggiore il raffronto con i rispettivi passi delle Leggende; ma quanto più quel pregio apparirebbe mirabile, se queste si scorressero per intero, e sia pure la sola *Leggenda Maggiore*, dalla quale principalmente il poeta ha tolto la materia al suo canto! In soli settantaquattro versi egli ha condensato un volume. Tenuto pur conto delle differenze, che porta seco in generale la diversa natura della poesia e della prosa, e in particolare il procedimento e l'intendimento diverso del biografo e dell'innografo, è innegabile che c'è nella Leggenda un gran profusione di pensieri e di parole, derivante da un sentimento degenerato in sentimentalismo [...].[14]

Dunque, il realismo di Dante, che, come si diceva all'inizio, giustifica a parere di Mestica un'esegesi basata sui documenti e le fonti, è anche all'origine della sua arte. Il discorso si fa a mio parere tanto più interessante quando il critico scende a esaminare le singole scelte stilistiche, attraverso

---

[13] UMBERTO BOSCO, *San Francesco (XI del Paradiso)*, in, *Dante vicino*, Caltanisetta-Roma, Sciascia editore, 1966, pp. 316-341.

[14] GIOVANNI MESTICA, *San Francesco, Dante e Giotto*, «Nuova antologia di scienze, lettere», s. II, LVII, 1881, p. 441. Sul rapporto del testo dantesco con le fonti francescane rimando in particolare, all'interno di una bibliografia molto vasta, ai saggi di UMBERTO COSMO, *Le mistiche nozze di frate Francesco con Madonna Povertà*, «Giornale dantesco», VI, 1898, pp.49-69; ZEFFIRINO LAZZERI, *Fonti bonaventuriane dell'XI e XII canto del Paradiso*, «Studi francescani», VII, 1921, pp. 56-68; ALBERTO CHIARI, *Tre canti danteschi*, Varese, Editrice Magenta, 1954; ERICH AUERBACH, *Studi su Dante*, Milano, Feltrinelli, 1963, pp. 227-240, U. BOSCO, *Dante vicino*, cit..

notazioni che paiono scaturire dagli stessi presupposti del metodo positivo. Così, nel contesto della descrizione geografica di Assisi, e in particolare nel noto verso in cui si precisa l'ubicazione della città nel punto in cui il pendio del Subasio si fa più lieve, l'ammirazione per la precisione descrittiva diventa tutt'uno con l'ammirazione per la poesia:

> «Là dov'ella frange più sua rattezza». Qui la geografia diventa topografia; il poeta è un disegnatore, che rileva le accidentalità del terreno, come se dovesse fare una carta geologica e militare; e le rileva non già con un ammasso di linee, che generino peso e confusione, ma con un semplice tocco.[15]

In queste righe c'è, mi pare, l'essenza del metodo di Mestica, che si fonda sul sentimento della profonda unità tra la puntualità della concretezza, in questo caso fisica, topografica, e la resa artistica e poetica; per cui, nei momenti migliori, l'attenzione ai dati concreti, siano essi storici o fisici, diventa per il critico cognizione del valore artistico dell'opera.

Allo stesso tempo, può capitare che proprio l'allontanamento dalla informazione storica e biografica, per modifica o sintesi, permetta a Dante di raggiungere la migliore resa stilistica: Mestica sottolinea a esempio che, se Dante si discosta dall'ordine cronologico dei seguaci di Francesco, così come viene proposto dalla *Leggenda dei tre compagni* (che fa seguire a Bernardo Silvestro ed Egidio, ordine accolto anche da Bonaventura da Bagnoregio), condottovi dalla necessità della rima; la particolareggiata narrazione leggendaria della sequela viene riassunta nel testo in una sola parola, il verbo scalzarsi, «ripetuta efficacemente tre volte»:

> tanto che 'l venerabile Bernardo
> si scalzò prima, e dietro a tanta pace
> corse e, correndo, li parve esser tardo.
> Oh ignota ricchezza! oh ben ferace!
> Scalzasi Egidio, scalzasi Silvestro
> dietro a lo sposo, sì la sposa piace. (*Par.* XI, 79-84)

È evidente il tentativo del critico di recuperare all'interno del metodo positivo un discorso sulla letteratura e sul valore estetico dell'opera, attenzione che d'altronde, nel saggio sulla critica leopardiana citato all'inizio, Mestica riconosceva come propria di tale impostazione critica.

D'altra parte, un discorso su Dante di tutt'altra natura Mestica lo aveva già fatto all'interno di un'opera in cui non si proponeva di fornire apporti agli studi danteschi ma di istruire i giovani. Si tratta del ricordato manuale

---

[15] G. Mestica, *San Francesco, Dante e Giotto*, cit., p. 416.

in due volumi dal titolo *Istituzioni di letteratura*; uno dei trattati di retorica allora e fino ai primi del Novecento molto in uso nelle scuole; un'opera a cui Mestica lavorò nei primi anni settanta dell'Ottocento e che ha il merito di non fermarsi alla illustrazione delle nozioni di base della retorica, ma di supportarla con una serie di esempi tratti dagli autori, per i quali, ma fin qui niente di nuovo, Mestica attinge da Dante a mani basse, sottolineandone con particolare entusiasmo la forza e l'efficacia dello stile.

Ma è soprattutto interessante che, all'interno di una trattazione per generi e forme, non dunque per opere e autori, e in particolare nel capitolo dedicato alla poesia didattica, Mestica riservi un paragrafo completo alla *Divina commedia*: «Della *Divina Commedia*, suo soggetto e fine». Non si tratta per il vero di una peculiarità: altri trattati del tempo propongono questo approfondimento, probabilmente previsto dai programmi.[16] Tuttavia, la lettura dell'opera da parte di Mestica sembra esorbitare dai limiti di una trattazione scolastica e permettere al critico di dire tutto ciò che l'attinenza ad un metodo scientifico nel saggio di alcuni anni più tardo non gli avrebbe permesso di dire; in modo particolare di esprimere un vero e proprio entusiasmo intellettuale per un poema che, a suo parere, eccelle su tutti gli altri poemi di ogni tempo perché non celebra eroi ma «la vita umana nei suoi aspetti più alti e più nobili fini col dominio dello spirito sulla materia, che è lo spirito stesso della civiltà moderna».[17] Giudizio generale che si cala nell'apprezzamento per l'unità strutturale del poema e per la qualità di una allegoria che nulla toglie al senso letterale. Ma in particolare colpiscono le notazioni stilistiche, tanto parche nel saggio preso in esame e qui invece sovrabbondanti: i «felici accoppiamenti» che danno aria di novità alle parole d'uso comune e che sono il *vero* merito di Dante per quanto riguarda la lingua; il carattere nuovo, conciso, pittoresco del suo stile: «Fiero nel concetto e nella favella Dante dice una cosa, e cento ne fa comprendere; ti sforza sempre a pensare senza mai annojarti, e ti lascia nell'animo un cupo e durevole suono».[18] Una sensibilità per la lingua, i toni, lo stile, di cui solo poche tracce si possono cogliere nel saggio in cui più rigorosamente Mestica si attiene al confronto con i documenti e alla verifica storica.

---

[16] Le *Lezioni di letteratura* di Telesforo Sarti, uscite a Firenze l'anno precedente entro una simile impostazione trattatistica, contenevano anch'esse in appendice una parte dedicata alla *Divina Commedia*; e ancora prima *Gli ammaestramenti di letteratura* di Ferdinando Ranalli, usciti per Le Monnier nel 1857, opera più estesa delle altre, in quattro volumi, conteneva un intero lungo capitolo dedicato alla *Commedia*.

[17] G. Mestica, *Istituzioni di letteratura*, cit., I, p. 678.

[18] *Ivi*, p. 680.

ECHI DANTESCHI CONTEMPORANEI

Costanza Geddes da Filicaia

VOCI POETICHE MARCHIGIANE

La figura di Dante Alighieri svetta, nella storia della letteratura italiana ma anche, più in generale, nella identità culturale del Paese, per il suo ruolo centrale e imprescindibile. Benché infatti da un punto di vista tematico e stilistico sia il *Canzoniere* di Francesco Petrarca a costituire l'*exemplum* su cui si modella la tradizione lirica italiana, ma anche più largamente europea, la fama dell'Alighieri è però universale. Naturalmente, per quanto riguarda la così detta 'cultura di massa', essa è essenzialmente legata alle tre cantiche della *Divina Commedia*, e alle innumerevoli citazioni, immagini, rivisitazioni, anche nelle arti figurative, che da essa sono state tratte e che di essa sono state proposte. Ma Dante è, come noto, fra i padri della lingua italiana, la quale, grazie anche alla sua produzione in volgare fiorentino, e contrariamente a quanto da lui teorizzato nel *De Vulgari Eloquentia*, proprio al modello fiorentino si indirizzerà, pur dopo secolari e tortuosi percorsi dialettici. Egli è inoltre teorico di una sublime utopia politica nel *De Monarchia*, filosofo e poeta nel *Convivio*, trattatista scientifico nella *Quaestio de aqua et terra*, finissimo cantore di un amore *caritas* e delle sue implicazioni teologiche nella *Vita Nova* e, più largamente, nella produzione stilnovistica, sperimentatore di una versificazione nettamente diversa da quella stilnovistica nelle *Rime petrose*.

Entro le numerosissime iniziative che hanno accompagnato la ricorrenza, celebrata nel 2021, dei settecento anni dalla sua morte, il volume *Dante e il dantismo nelle Marche* indaga il tema enunciato nel titolo attraverso saggi divisi in sezioni tematiche. Questa nota costituisce una sintetica introduzione all'ultima di esse, che ospita i contributi di sei fra i più significativi esponenti dell'attuale panorama lirico legati, per cultura e per tradizioni, alle Marche. Qui di seguito brevemente li presentiamo.

Marco Di Pasquale, docente di materie letterarie nella scuola superiore, è direttore artistico di festival e rassegne culturali sul territorio marchigiano. La sua produzione poetica, che appare in varie sillogi oltre che nei volumi *Il fruscio della luce* (2013), *Formula di vapore* (2017) e *Dai sentieri divorati* (2019), ha ricevuto vari riconoscimenti sia in Italia che all'estero.

Lorenzo Fava, studente dell'Università di Macerata e collaboratore de «Il Resto del Carlino», ha pubblicato testi poetici in siti e blog fra cui *Inversum, Poetarum silva* e *Carteggi letterari* e nel volume *Lei siete voi* (2019).

Franca Mancinelli fa parte del progetto *Versopolis*. Ha pubblicato i volumi *Mala kruna* (2007), *Pasta madre* (2013), *Libretto di transito* (2018) e *Tutti gli occhi che ho aperto* (2020). Una sua silloge è compresa nella antologia *Nuovi poeti italiani* pubblicata da Einaudi nel 2012. Traduzioni di suoi testi sono apparse su riviste e antologie straniere.

Renata Morresi, ricercatrice in lingue e letterature angloamericane, ha svolto numerosi incarichi di insegnamento presso le università di Macerata e Padova. Per la sua attività di traduttrice di poeti americani moderni e post-moderni ha ricevuto, nel 2015, il *Premio Nazionale per la Traduzione* conferitole dal Ministero dei Beni Culturali. Ha pubblicato le raccolte *Cuore comune* (2010), *La signora W.* (2013), *Bagnanti* (2013) e *Terzo paesaggio* (2019).

Pietro Polverini dopo aver conseguito, presso l'Università di Macerata, una laurea magistrale in Filosofia con una tesi in teorie dell'arte, sta perfezionando i suoi studi con un secondo percorso in Filologia moderna. Si occupa di critica, con particolare riferimento alla letteratura italiana moderna e contemporanea, e di scrittura letteraria. È redattore della rivista «Mediumpoesia». I suoi versi sono stati pubblicati su «La Repubblica» e su «Poesia Inverso».

Fabio Maria Serpilli si è formato in filosofia e teologia presso la Pontificia Università lateranense di Roma. La sua produzione annovera oltre sessanta libri fra saggistica, narrativa e poesia sia in lingua che in dialetto. Fra le sue pubblicazioni si segnalano *Mistero in cartapesta* (1993), *Èl paés e la cità* (2022), *Falconara e i quaranta padroni* (2009), *Lengua de Aleluja* (2017), *Mal'Anconìa* (2021). Ha curato, insieme a Jacopo Curi, l'antologia *Poeti dialettali marchigiani* (2018) a cui è stato conferito il trentottesimo premio nazionale *Frontino Montefeltro*.

I contributi di Di Pasquale, Fava, Mancinelli, Morresi, Polverini e Serpilli sono contraddisti da una spiccata impronta personale. Ognuno di loro ha infatti ripercorso il rapporto con Dante e la sua poesia lungo due direttrici: quella dello sviluppo della propria identità poetica e quella del ruolo svolto dall'Alighieri nella propria formazione umana e culturale. Tale impostazione risponde d'altronde all'input che, da parte nostra, si era inteso dare a queste autrici e autori, ai quali si era infatti chiesto di esplicitare come la lettura e la conoscenza dell'opera di Dante, e dei numerosi riferimenti alle Marche in essa contenuti, abbia influenzato la loro produzione poetica e di voler poi indicare eventuali passi dell'opera dantesca a loro particolarmente cari, rivelando altresì i motivi delle proprie scelte. Sono così nate queste testimonianze contraddistinte da una spontaneità mai superficiale e da una straordinaria freschezza della prosa in cui ciascun saggista, anche avvalendosi di un portato di originalità che affonda le radici nei diversi percorsi poetici, letterari e biografici di ciascuno, ha fatto appello al patrimonio della propria memoria culturale ed esperienziale per delineare i tratti del 'suo' Dante e per definire anche tramite ciò il proprio io lirico.

È così dunque che questo variegato volume si arricchisce, nella sua sezione conclusiva, di un confronto, ideale e pur tuttavia serrato, fra due mondi, quello fondativo del sommo Alighieri e quello di alcune fra le più interessanti voci poetiche contemporanee legate alla terra marchigiana, così significativamente rappresentata nell'opera dantesca, e si ingenera pertanto un fascinoso *trait d'union* che, pur attraverso ben settecento lunghi anni di storia letteraria, lega inscindibilmente la nostra contemporaneità alla sua primigenia sorgente lirica.

Marco Di Pasquale

UNA CRONACA SPUDORATAMENTE INTIMISTA

Questo intervento è una cronaca indiscretamente e spudoratamente intimista e non possiede alcun carattere di serietà ed oggettività esegetica dell'opera dantesca. Potremmo definirlo un reportage della mia *Bildung* agli sgoccioli del secolo scorso, in cui mi interrogo su quale ruolo abbia svolto la *Divina Commedia* nell'edificazione del mio fabbricato poetico.

Non voglio tuttavia né essere retorico né smuovere l'emotività del lettore raccontando banalmente ciò che può definirsi un evento convenzionale, poiché rappresenta una tappa fissa nella formazione di centinaia di migliaia di altri studenti, ma non posso che annotare che la voce dantesca si affaccia per la prima volta nella mia adolescenza. Tuttavia, il dato di fatto è che questo incontro avviene proprio nella fase più inquieta di quella stagione della mia vita, trascorsa, nelle mattinate di nove mesi su dodici, in un liceo classico molto ingessato e fortemente paralizzato nel suo compito di formazione di una classe dirigente di cui, ne ero pienamente cosciente, non mi avrebbero mai permesso di far parte. Ma, d'altro canto, di certo non era mia intenzione farne parte: io ero lì soltanto per una passione che già mi divorava, quella della letteratura, della filosofia, per la dedizione ad ogni forma di arte vissuta (anche troppo) con una tragicità e cecità molto fisica ed affettiva.

Diversi anni dopo, tutte queste pulsioni contraddittorie ma concorrenti alla fornitura di propellente esplosivo per il mio lancio in orbita, fuori dalla terrestre noia della mia troppo stretta provincia, troveranno forma sulla pagina in un testo che credo colga alcune suggestioni, legate alle sfumature della luce, che risentono di echi danteschi:

GOTICO FAMILIARE

se la chiave si impasta rifiutando
ogni pacata lusinga
restiamocene al vento a rovistare
tra le costellazioni mai contate
puntiamo il dito nella fessura tra le ossa
dove preme il respiro

mio padre stringe le rughe bruciate
per distinguermi dall'alba pallida
mia madre ha stinto capelli e idee
io volto le spalle e fisso la pianura
si annodano le speranze e la valigia pesa[1]

In questo quadro storico-sociologico, le cui prime pennellate mi avevano entusiasmato ma le cui ultime campiture erano state impastate di delusione e frustrazione, ci sono volti ed oggetti che emergono con smagliante evidenza ed oggi riescono quasi totalmente ad annullare quel graffio amaro nella memoria. Per primo affiora il sorriso sempre indeciso tra il beffardo e il complice della professoressa di Letteratura del triennio, una sopravvissuta, pur con varie traversie personali, al Sessantotto; poi, voluto proprio da lei, mi sovvengo con nostalgia dell'edizione della *Commedia* curata da Natalino Sapegno, per i tipi de La Nuova Italia, ed i due ricordi si fanno inscindibili. La professoressa era stata allieva alla Sapienza del grande italianista e, in tre anni di lezioni molto intense e appassionate, aveva cercato di avvicinarci quanto meglio poteva alle terzine dantesche, recitandole con un trasporto che non stento a definire sensuale. Quelle lezioni mi sono restate nella memoria come uno stampo a cui ispirare quello che oggi è divenuto il mio lavoro, e sicuramente tanta della suggestione e del valore etico e formativo che attribuisco alle ore trascorse ora insieme ai miei studenti, li devo a quella vampa di emozione che faceva vibrare le mattinate grigie e asfissianti del mio *cursus* liceale.

Però, nell'edizione del Sapegno e nel piccolo volume esegetico, nero come la pece ed avido di immagini, che accompagnava ogni anno scolastico e quindi ogni nuova cantica affrontata in classe, mancava un elemento che era fondamentale in un'età della vita che si nutre con gli occhi com'è l'adolescenza: mancavano le immagini. E visto il mio già citato interesse per le arti, all'epoca soprattutto quelle figurative, avevo cercato con tutti i mezzi allora a disposizione (ben pochi, anche a causa della marginalità culturale della provincia in cui vivevo) rappresentazioni visive della *Commedia*: infatti, Dante non poteva che essermi veicolato anche dalle suggestioni iconografiche derivanti dalla profusione di interpretazioni grafiche e pittoriche, tra le quali quelle di due grandi artisti hanno spiccato per fascino ed evocatività: Gustave Doré e le sue algide xilografie, ipnotiche nella profondità dei chiaroscuri, ma soprattutto William Blake.

Effettivamente, il poeta ed incisore inglese, pervaso dalla furia preconizzatrice di un Romanticismo ancora da venire ed imporsi sulla scena eu-

[1] Marco Di Pasquale, *Dai sentieri divorati*, Massa, Transeuropa, 2019.

ropea, mi aveva letteralmente sconvolto: le masse quasi tridimensionali dei corpi, i colori quasi spalmati sul foglio, la dimensione onirica della *Commedia* tangibile nel totale disinteresse di prospettive e verosimiglianza, l'inquietudine che ogni scena dell'oltretomba medievale trasuda, tutto il complesso di queste sollecitazioni mi avevano catturato fin dai primi approcci, facendomi da esca appetitosa per appassionarmi soprattutto alla cantica infera, quella che davvero mi tocca e mi ispira ancora oggi quando mi trovo a scrivere per descrivere, ossia per modellare con la parola poetica un nuovo intendimento di un testo pittorico scelto per affinità al mio sentimento:

COME OMBRE NEI VETRI

perché nella luce la celia
del tuo dito mi acceca – eddai
che la colpa stringe il petto
di quelli chini e affumicati
come ombre nei vetri – affanculo
la tua pace, culla dei tremori
del ritmo di sesso e lucenti sete
io la barba mi lustro di cadute
truffo la lingua di chi santo muore
apro il sipario freddo della fine[2]

Non credo che sia sfuggito, attraverso queste sparse suggestioni sul mio personalissimo percorso all'interno della massima opera dell'Alighieri, che fin dalle prime letture la mia *enquête* non ha mai tenuto come stella polare il raggiungimento della pace paradisiaca, poiché non mi ha mai convinto fino in fondo la presunta necessità di coronare di redenzione la scalata allo splendore celestiale. La mia è una *Commedia* senza Beatrice, in cui è sufficiente arrivare «a riveder le stelle» grazie all'accompagnamento sempre premuroso del «buon duca» Virgilio, attraverso la burrasca fiammeggiante dei tanti incontri che sconvolgono e smuovono l'animo di Dante, e quindi il mio: Paolo e Francesca, Pier delle Vigne, il conte Ugolino, e soprattutto Ulisse, colui che mi spinse al «folle volo» – o così almeno lo vedevo allora, sporgendomi dallo sperone di argilla friabile della mia Ripatransone – tutti questi corpi concreti, queste sofferenze così reali da poter essere abbracciate e consolate, mi hanno persuaso a non accontentarmi mai della superficie, dell'ordinarietà delle cose, ad indagare le strutture del nostro esistere disponendomi con quell'aperto e curioso «intelletto d'amore» (questo sì,

2 Marco Di Pasquale, *Formula di vapore*, Osimo, Arcipelago Itaca, 2017.

insegnamento stilnovistico cardinale nel mio cammino) che è unica chiave per comprendere (etimologicamente) il reale.

L'amore, di cui godiamo nel suo traboccare nel canto quinto, che ci pervade e sconquassa senza che né possiamo né vogliamo salvarci, è quello che ho sempre raccontato nelle mie poesie. Esso non è solo quello erotico ed intimo:

ti offro parole
invece di sogni
più concrete da masticare
e sentirti salda
distrattamente felice[3]

ma è anche acciaio che salda la «social catena», è pienezza di convivenza civile e corretta, e ci dona quell'impeto che occorre per rivoluzionare la vacuità del flusso di anni e stagioni e le storture dell'epoca. Per questo Dante rappresenta, per me, anche l'innamorato della giustizia, colui che mi ha spinto a combattere anche quando l'orizzonte si presenta fosco:

ORDIGNI DI UN DISAGIO

macerata, febbraio

il sangue è sempre nero, da qualsiasi ferita esploda
le mani strette a garza sul terrore spinto a fiotti
sotto le fitte di una pioggia di cornice al grigio
di un cervello che ha inciampato, gli ha teso
un tranello lo stesso odio che l'ha sfamato

orrore nero nelle bocche senza più fiato, occluso
dalle sirene, dai vetri perforati, da gente
a registrarlo intente con in mano gli ordigni
di un disagio che chiamiamo saturazione, pece
su cui piume aderiranno a vestire l'insulto[4]

In queste poche righe, spero di aver adeguatamente sintetizzato il mio saltuario ma esaltante rapporto con il maggiore documento della poesia dantesca, e questa ricognizione su me stesso mi ha dimostrato (inattesa sorpresa) quanto, senza accorgermene, la *Divina Commedia* si sia insinuata nel mio lavoro di scrittore, lasciando tracce durevoli e ricordandomi ogni giorno quale compito mi sia stato assegnato dalla potente lezione di Dante Alighieri.

---

[3] Marco Di Pasquale, *Il fruscio secco della luce*, Montecassiano, Vydia, 2013.

[4] Id., *Dai sentieri divorati*, cit.

Lorenzo Fava

LA *COMMEDIA*: POSTURA, SUONO E TEMPO

A lungo mi sono interrogato su quale sia la 'postura' ideale per scrivere, in tutte le sue declinazioni. Credo sia narrazione che i versi siano registrazioni di processi mentali, così come le riflessioni o le critiche. Mentre queste ultime si configurano come un parlato didascalico, raccontare è vedere, mostrare (*Show don't tell*), la poesia è un canto. Ma le mie infinite domande sulla 'postura' hanno riguardato e riguardano anche aspetti eminentemente fisici, che molto hanno a che fare con lo strumento, il supporto che permette di 'fermare' il pensiero. In questo momento scrivendo sulla tastiera del mio cellulare sono seduto. Ho la gamba destra sopra la sinistra, con questa che la sorregge, fra coscia e ginocchio, poco sopra la caviglia. Mentre le dita appuntano il dettato, il busto è dritto, le spalle un poco curve. Chissà come si rapporta il sangue col pensiero, chissà come e quanto, in poesia, l'ossigeno stimoli la produzione di qualcosa di 'bello'. Molto direi che questa questione ha a che fare col 'respiro', particolarmente rilevante nella scrittura di metro fisso, come i lunghi poemi, dove la parola 'tensione' è un'etichetta estetica spesso fraintesa nelle pagine di critica. Se è vero che il buon critico, almeno novecentesco, svelava il valore dell'opera, è altrettanto vero che la questione fisica della postura presa durante il gesto dello scrivere è una questione che va necessariamente menzionata nell'approccio ad un riflettere che vuole indagati i processi creativi dell'individuo.

Ma come accennavo, l'operazione scrittoria è mentale per larga parte. Cerco di vedere quella porzione del fenomeno, in ambito narrativo, come un audiolibro, qualcuno che racconta un fatto, volendo anche molto lungo. Non è l'occasione, a mio avviso, ciò che conta: si può scrivere un racconto eccellente pur inquadrando un giardiniere che innaffia i fiori o una giornata ordinaria della vita di una persona. Conta molto, per far sì che una narrazione mi risuoni, sentire una voce calma e lineare raccontarmi la vicenda.

In poesia, quale postura va assunta, quale è aderente e risalta al meglio la 'voce' di ognuno? Credo le posture mentali da tenere nell'atto dello scrivere versi lirici siano essenzialmente tre: quella nei riguardi di sé stessi, quella che va presa con l'Altro e quella che guarda dritta la Poesia. Come tre, mi han sempre detto, sono i livelli di lettura della *Commedia*, che io credo prospettive dantesche di queste che dicevo. L'uno è Dante, di cui gli accompagnatori nel viaggio rappresentano un po' una guida, uno spirito di coscienza; l'Altro, nella mia categoria, è la persona che di volta in volta Dante vede nel suo viaggio; la poesia, come proprio della tradizione guinizzelliana e cavalcantiana da cui Dante viene, non è raro venga salutata, un 'tema del congedo' propriamente duecentesco che trova un'eco nella contemporaneità anche in Silvia Bre,[1] oltre che nella numerosa produzione che rapporta in maniera più o meno esplicita l'autore con la poesia stessa. La metapoesia è da sempre parte della scrittura in versi come i temi della lirica classica, pura: amore e morte.

Amore e morte che nella *Commedia* si coniugano indissolubilmente. È di morti che si parla, morti che trasudano vita e, tramite la loro storia, continuano, seppur in una dimensione come sospesa in attesa del recupero del corpo,[2] a narrarsi. Quello che mi interessa dire è la postura del poeta nei confronti di sé stesso, di queste narrazioni e della Poesia. Dante, come Virgilio gli indica, si dispone all'ascolto verso queste anime: un ascolto che non sarebbe stato possibile, quello delle anime dei dannati, nel Dante della *Vita Nova*, giovane. L'esperienza della vita, con la ferita dell'esilio, lo porta a disporre l'anima empaticamente e ad assecondare la parola altrui, anche dei dannati. Il rapporto di Dante con la Poesia credo raggiunga l'apice del suo splendore in chiusura del Paradiso. È l'esempio della *Commedia* che più sento mi risuona.

> La forma universal di questo nodo
> credo ch'i' vidi, perché più di largo,
> dicendo questo, mi sento ch'i' godo.
> Un punto solo m'è maggior letargo[3]

Mi sono trovato a discutere con poeti riguardo alla possibilità di salvezza tramite la poesia. «Un punto solo m'è maggior letargo»: quel punto è la poesia. La matematica è astrazione, passare per lo spazio allo scopo di individuare quel «maggior letargo» è la transizione più immediata. La geometria, presente nella *Commedia* sicuramente molto più di quanto io stesso non sappia capacitarmi, è il punto d'arrivo paradisiaco dalla dimensione tutta materica infernale.

---

[1] Cfr. SILVIA BRE, *La fine di quest'arte*, Torino, Einaudi, 2015, p. 23.

[2] Cfr. la figura di Pier delle Vigne (*Inf.* XIII).

[3] *Par.* XXXIII, 91-94.

Ma al di là dell'esegesi che io non ho titolo per fare, sento una forte assonanza con le parole di questo canto che raggiunge, chiaramente, una vetta che nella *Vita Nova* era solo profetizzata. È il periodo della vita di un Dante vicino oramai alla fine che chiude il progetto di tutta un'esistenza. Progetto vitale e poetico, con le due questioni finalmente consustanziali.

Dante trova nella *Commedia* la sua formula di significazione valida e vera per ogni uomo: che un destino comune all'umanità tutta è la morte, così come ad ognuno è concessa una chance di salvezza:

> La tua benignità non pur soccorre
> a chi domanda, ma molte fïate
> liberamente al dimandar precorre.
> In te misericordia, in te pietate,
> in te magnificenza, in te s'aduna
> quantunque in creatura è di bontate.[4]

Queste parole, fra le altre, descrivono la Vergine nell'Empireo. L'elogio della Madonna è il compimento dello Stil Novo, come *La fine di quest'arte* di Silvia Bre è il compimento di una poesia che riflette, allegoricamente, lei stessa. La 'postura' dantesca, per tornare sul filo, trova la sua congenialità dell'opera nel trovare qualcosa (l'aldilà che segue la morte) comune a tutti. Questo per l'impianto dell'opera completa. Ma in ogni endecasillabo delle tre cantiche si trovano grandi verità che ognuno di noi, nella vita, sperimenta: «Amor ch'a nullo amato amar perdona»,[5] quanta umanità descrive nella condizione dell'amore? A tratti racconto di destino, a tratti fenomenologia amorosa, la *Commedia* trova il quid di vero per ognuno, e quel punto del pensiero apre e sviscera per tutto il suo svolgersi. Credo risieda qui il perdurare dell'interesse, per chi si interessa di poesia, dell'esperienza dantesca. Nel trovare in una fede qualcosa di comune a ogni uomo ed esplicitarlo. Questo credo sia il segreto della postura nei confronti dell'Altro.

Fra l'arte poetica e quella fotografica credo esistano notevoli affinità, a livello posturale. La fotografia nei riguardi di sé stessa tende a mostrarsi, ed in ogni opera c'è una chiave di lettura metafotografica. Anche la poesia può assumere questa posizione specchiandosi in sé stessa. La poesia, all'occorrenza, può essere un mezzo per tradurre in parole un'immagine nel suo svolgersi. La dinamica narrativa tipica dei lunghi poemi descrive, nella *Commedia*, un solo attimo. Da qui la critica interpretativa: *Commedia* come *visio* o come *fictio*? Dal canto mio sono avvezzo a pensare questo capolavo-

---

4 *Ivi*, 16-21.

5 *Inf.* V, 103.

ro come una fotografia dell'ultrareale. Tutto si svolge in un solo istante, il tempo della scrittura è abolito. Come abolito è il tempo in un altro poeta, Gabriele Galloni. Sia ne *L'estate del mondo* che ne *In che luce cadranno*, che tratta di un immaginario i cui protagonisti sono i morti, il tempo è un elemento messo a parte, addirittura negato, in un confronto costante e attualissimo del poeta col concetto: «Sarà il tempo per noi sempre più stretto / rifugio». Un endecasillabo stilisticamente perfetto, in cui la tradizione di cui certo Dante è un caposaldo non può non trovare, al confronto con la voce di un poeta come Galloni, troppo presto sottratto alla vita, un confronto degno e doveroso.

Penso che la poesia sia anche questione di attitudine. Tengo a mente Landolfi:

> Il giorno che dovrai dire:
> "Dante, non ho la tua forza"
> Sarà il giorno più tristo dell'anima tua.
> Non si può partire
> Se non certi di superare
> Il maggiore di chi ci corre innanzi.

Ipoteca pesantissima sulla poesia di tutti i tempi che la seguono, non solo in lingua italiana, credo la questione dantesca attuale per il suo raccontare l'uomo da una prospettiva decentrata dalla vita, e forse proprio per questo capace di inquadrarla tutta. La condizione totale del poeta emette verdetti, giudica, racconta vicende dell'epoca tirando le somme di tutta la specie umana.

Franca Mancinelli

CAMMINANDO CON LA *COMMEDIA*

La nostra lingua ha una madre antichissima, la poesia. Siamo figli di questa materia creatrice, di questa parola azione che ci connette, attraverso un cordone mai spezzato, con la vibrazione originaria, *Om*, *Verbo*, che dà vita all'universo. Padre della nostra lingua è Dante. La sua eredità vive in noi soprattutto inconsapevolmente, come un'eredità genetica: gli echi e le tracce più profonde sono quelle che non riusciamo a riconoscere; sono in circolo nel nostro sangue. È con la consapevolezza di questo debito inestinguibile che porto in me, come figlia, che penso a Dante. Quando adolescente lo incontrai a scuola, iniziai subito nei miei pomeriggi una pratica di amanuense e di camminante: copiavo a penna in alcuni foglietti parti dei canti della *Commedia*, e poi li portavo con me in cammino nelle strade sterrate vicino a casa, ripetendo nella mente, e tra le labbra, con la voce, i suoi versi fino a che non si erano trasfusi in me. Volevo che si scrivessero nel mio corpo, per poterli ritrovare ogni volta che si facevano indispensabili. Sentivo che era fondamentale avere una riserva di suoi versi, come possibilità di salvezza.

Nella sua terzina c'è un'antica forza propulsiva che chiede di metterci in cammino, sui nostri piedi, come pellegrini che hanno abbandonato ogni bene superfluo, viandanti che praticano nel loro corpo, in ogni passo, un esercizio di conoscenza e di libertà. «Se la prima lettura non dà che un po' di affanno e una sana spossatezza, per quelle successive munitevi d'un paio di indistruttibili scarponi svizzeri ben chiodati» scrive Mandel'štam, domandandosi «quante suole di pelle bovina, quanti sandali abbia consumato, l'Alighieri, nel corso della sua attività poetica, battendo i sentieri da capre dell'Italia».[1] Scritta traducendo il ritmo dei passi, la *Divina Commedia* ha come protagonista un personaggio in cammino, e a sua volta produce

---

[1] Osip Mandel'štam, *Conversazione su Dante*, a cura di R. Faccani, Genova, il melangolo, 1994, pp. 50-51.

in chi la legge l'energia del camminare. Un cerchio perfetto che sembra dirci come mai questa poesia non si fa lettera morta, come mai non resta sulla carta, anatomizzata dai filologi, ma continua ad attraversare i secoli, generando *poiein*, azione creatrice, in chi la riceve. Probabilmente perché attinge a quella forza creativa che è nel nostro corpo, nel suo movimento; ai primordi della specie umana era la poesia la nostra prima forma di linguaggio: muoverci seguendo un ritmo. Così, nell'infanzia, impariamo a parlare proprio mentre impariamo a camminare. La possibilità di spostarci autonomamente nello spazio è strettamente connessa alla facoltà di articolare suoni dotati di significato. Diversi termini della poesia e della musica confermano questo legame profondo: piede, metro, verso, battute, e gran parte delle indicazioni di tempo e di espressione della musica: andante, lento, adagio, sostenuto...

Non è un caso che per Mandel'štam, come per Primo Levi, il viatico della prigionia, dei tempi più bui, siano stati proprio i versi della *Commedia*; il loro ritmo è un motore di libertà, un generatore di energia per la vita. Scritta da un esule, quest'opera ha la capacità di restituirci ciò che non può esserci tolto, ci riporta alla nostra condizione di migranti su questa terra. Viaggiando in Italia, o facendo piccoli tragitti intorno a casa, i versi della *Commedia* incisi nei luoghi che li hanno ispirati, tornano come tracce vive dell'andare perenne di questo nostro padre, della vastità e umiltà dell'amore che lo ha portato a conoscere nei minimi dettagli il volto della Terra e le sue storie. Nella città dove vivo, quasi ogni giorno, passando attraverso l'Arco di Augusto, leggo il nome della via Guido del Cassero, uno dei «due miglior da Fano» a cui viene predetto nel XXVIII canto dell'*Inferno* una crudele morte per acqua. E mi affaccio spesso «al vento di Focara», nel Parco San Bartolo, guardando il dirupo in maggio fiorito di ginestre e il mare sottostante, increspato, sordo alle preghiere di Guido e Angiolello. Da questo piccolo borgo, volgendo lo sguardo verso le colline dell'interno, compare il profilo del castello di Gradara, con la sua storia di «bufera infernal», e di indissolubile amore che atterra Dante, come in una morte temporanea: «e caddi come corpo morto cade» (*Inf.* V). Se ci dirigiamo verso l'Appennino, a un'ora di auto dalla costa, alle pendici del «gibbo che si chiama Catria» (*Par.* XXI), troviamo il monastero di Fonte Avellana, dove probabilmente soggiornò Dante; al suo ingresso un tasso secolare apre la sua chioma dagli stessi secoli del passaggio del poeta. La lingua di Dante si è nutrita di questo paesaggio, di questo silenzio fitto di boschi. Forse è anche per queste radici che si aprono nella nostra terra, così come nel cielo, che la *Divina Commedia* continua a non entrare nell'archeologia letteraria, ma a vivere nella nostra voce, nei nostri passi. Ha più di settecento anni l'albero *Divina Commedia* e ha ancora foglie verdi come nel suo primo germogliare, continua a donarci ossigeno, a proteggerci con la sua chioma, ad avvicinarci con i suoi rami le geometrie del cosmo. «Qual è [...] la differenza tra un poema e un albero? Nessuna. Eppure, per chissà quali strade – di fatica, di miracolo – esiste»,[2] scrive Marina Cvetaeva. È proprio questo che accade con le grandi creazioni: si generano dal seme di una vita, di una vicenda biografica, ma ne travalicano i confini tanto che ognuno può attingere a quella forza custodita. Ci sono versi di Dante con i quali possiamo attraversare un tratto dell'esistenza, come un deserto con una riserva d'acqua. E ci sono suoi versi con i quali viviamo, come sotto una costellazione. Quelli in cui ho riconosciuto una parte del mio cammino sono due, appartengono alla voce di Ulisse che prende parola da una fiamma crepitante nel XXVI canto dell'*Inferno*:

né dolcezza di figlio, né la pieta
del vecchio padre, né 'l debito amore[3]

Sono l'epigrafe del mio primo libro, *Mala kruna*[4] che si apre proprio con l'immagine di un viaggio impedito per il «cattivo tempo» o altre forze oscure, come la «madre nera» che, avvicinandosi, pronuncia la frase in croato che intitola il libro: «piccola corona di spine», può tradursi in italiano. Questo incontro avvenuto per strada, in una piccola isola della Croazia, si è inciso in me con l'incandescenza di una rivelazione, come se l'anziana vestita di nero che è poi entrata simbolicamente nei versi come «madre», avesse letto qualcosa che portavo scritto sulla fronte, un messaggio che soltanto un altro, e forse proprio un estraneo, poteva restituirmi. Quando il significato di quella frase mi ha raggiunto, da un piccolo dizionario trovato il giorno seguente in un mercatino, l'ho accolto come in una fiaba in cui la strega annuncia le prove che attendono il protagonista, le difficoltà che dovrà affrontare nel suo viaggio. Questo mio primo libro, come un romanzo di formazione in versi, attraversa una profonda ferita personale, dall'infanzia all'età che ci si aspetta di approdo e di costruzione – mentre per me, come intitola l'ultima sezione, è *Un rudere la casa*. Quando ho riconosciuto quei due versi dell'*Inferno* come la sola epigrafe che poteva aprire il libro, ho sentito che il contenuto più indicibile della mia ferita era già nella voce di Dante: aveva attraversato il suo corpo, ero salva. In questi due versi si concentra una triplice negazione che dal presente si apre verso

---

[2] MARINA CVETAEVA, *Il poeta e il tempo*, Milano, Adelphi, 1984, p. 74.

[3] *Inf.* XXVI, 94-95.

[4] FRANCA MANCINELLI, *Mala kruna*, Lecce, Manni, 2007, poi riedito con alcune varianti in EAD., *A un'ora di sonno da qui*, Ancona, Italic pequod, 2018.

il futuro con il «figlio», affonda le radici nel passato attraverso il «padre» e intesse la quotidianità attraverso l'amore dovuto alla moglie. La negazione ripetendosi accumula la sua potenza creando quella tensione che permette il salto: il «folle volo» che non può essere impedito. I legami familiari sono la forza che deve contrastare Ulisse perché il suo desiderio di conoscenza possa essere libero e aperto, come lo sguardo quando si raggiunge l'«alto mare» dove non compare alcuna traccia di terra; sono la forza che continua ad agire, al di là di ogni distanza temporale e geografica, permettendo ad Ulisse di non perdersi, di non cadere preda delle sirene che annienterebbero la sua vita. Ma quei due versi estrapolati dagli altri, così come mi sono venuti incontro, possono essere la nitida descrizione di un trauma, di una ferita che si apre senza incontrare alcuna riva o approdo. Il viaggio resta impedito, rinviato. Come nelle fiabe quando, per un incanto, si esce dal tempo e si cade nel sonno. Eppure anche in questi pozzi di buio dove finiamo quando si spezzano i legami dell'amore umano, possiamo ritrovare l'antico cordone, la nostra lingua madre che ci ricongiunge con l'amore originario e, dalla possibilità di ancorarci a un ritmo, sentire riaffiorare un significato: e a un tratto siamo di nuovo in piedi, in cammino, premendo con le nostre suole la terra. A volte il viaggio inizia proprio quando ci crediamo fermi. La materia continua incessantemente a trasformarsi in noi. Serriamo la porta di casa, spegniamo il cellulare e lo schermo, torniamo nella nostra stanza, chiudiamo gli occhi: stiamo viaggiando in uno stormo che segue le correnti mutando forma, senza mai disperdersi. Questa immagine è l'epigrafe del mio libro recente, *Tutti gli occhi che ho aperto*,[5] a cui fa da cornice il viaggio dei migranti sulla rotta balcanica. Gli Ulisse del nostro tempo affrontano una burocrazia imperscrutabile, confini taglienti, e una violenza ripetuta che vorrebbe respingerli indietro: che si facessero invisibili, che non fossero mai partiti. Vengono trovati allo stremo nel gelo dei boschi, morti tra le merci dei camion, per un viaggio che viene loro negato, mentre i giovani occidentali si votano sempre più a un eremitismo domestico, si fanno hikikomori, riconoscendo nella propria stanza connessa alla rete la loro Itaca e il loro viaggio. A prendere parola in questo libro è un soggetto plurale e aperto, che passa da una donna migrante accampata al confine tra Serbia e Croazia, agli alberi, ad antiche statuette votive, seguendo le trame di un migrare e di un trasmigrare che appartengono a ogni vivente, agli umani come alle pietre. Al centro delle sue otto sezioni c'è uno dei tanti naufragi che hanno fatto del nostro Mediterraneo un'urna d'acqua. Questa sequenza giunge come increspando appena un apparente

[5] Ead., *Tutti gli occhi che ho aperto*, Milano, Marcos y Marcos, 2020.

idillio marino: abbandonando il proprio peso alla superfice del mare, facendo come si dice 'il morto' – mentre a diverse leghe, altri lo sono.

> il morto si può fare: braccia aperte
> per chiglia la colonna, niente
> nella mente, un moto
> come un ricordo d'acqua.

*

> tutti nella stiva premendo
> per un'altra vita l'aria
> come una madre manca.
> Lotta di gambe e di braccia
> –non svuoteranno il mare.
> Richiusa in bara la barca discende.

Affondano uomini e donne con la storia del loro viaggio, delle difficoltà affrontate, delle infinite peripezie. Eroi non riconosciuti, perché il cerchio è spezzato: non c'è ritorno a casa, nella propria lingua, tra la propria gente ma, quando l'approdo avviene, una lenta e difficile assimilazione a una cultura estranea, di cui saranno ai margini.

> Tre volte il fé girar con tutte l'acque;
> a la quarta levar la poppa in suso
> e la prora ire in giù, com'altrui piacque,
> infin che 'l mar fu sovra noi richiuso.[6]

Questi versi che concludono il XXVI canto dell'*Inferno* li rileggo oggi come partecipando a delle esequie anonime, collettive. In questo lento procedere verso il fondo, in una sorta di ritualità scandita che accompagna qualcosa che sta avvenendo senza possibilità di ritorno, mentre inesorabile si richiude la superficie del mare, mi sembra di vedere chiudersi, allontanandosi come dietro uno schermo, la superficie della Terra. La forza generativa della poesia mi sembra concentrarsi nell'ultimo verso del canto, in quel «noi» che è ancora possibile pronunciare, da una stanza come da una barca che affonda.

---

[6] *Inf.* XXVI, 139-142.

Renata Morresi

LETTURE, TRADUZIONI, VISIONI DANTESCHE ATTRAVERSO LINGUE E GENERAZIONI, OVVERO: DANTE PENSATO DA UNA RAGAZZINA

Come molti altri in Italia, per me Dante è legato agli anni di scuola superiore, quando cominciammo a leggerlo in quella maniera lentissima, filologica, ossessionata, oscura, appassionata, contorta... non so scegliere un aggettivo dominante. Di certo non avevo mai letto a quel modo – avevo letto e amato molto chiaramente in modi che mi sembravano istintivi, naturali –, di certo non sembrava che Dante offrisse discorsi entusiasmanti per una ragazzina mezza dark di provincia anni Ottanta. Leggere Dante era un'altra faccenda. Prima di tutto si faceva insieme, a voce alta, tra la noia e le sigarette (erano gli anni Ottanta, appunto, e si fumava senza un pensiero), tra le distrazioni e gli sfottò. Poi se ne ricavava 'il voto', e bisognava dunque sforzarsi di leggere nel modo giusto, non tralasciare niente dell'enorme crogiolo di storia e morale, divino e politico, da cui più di ogni altro libro mai scritto al mondo la *Commedia* sembrava prendere forma ed espandersi. Per tutti noi, inevitabilmente, era un periodo turbolento. Ridevamo per il nervosismo, parlavamo per egocentrismo, piangevamo per la solitudine più profonda. Io amavo le parole e la letteratura da sempre, ma provavo vergogna per i miei limiti, per essere figlia di 'nessuno'. Le grandi domande erano ancora là fuori, stagliate come insegne – allora erano al neon, facevano quello sfarfallìo, indicavano luoghi estremi – e nessun adulto sembrava vederle. Non che Dante rispondesse mai a niente direttamente. Ma tutto in lui risuonava senso e profondità, «the great power of blackness», l'avrebbe forse chiamato Melville. Il suo medium preferito, il nostro professore di italiano, disegnava la sua ipersfera alla lavagna, ci inghiottiva tutti, «parendo inchiuso da quel ch'elli 'nchiude».[1]

[1] *Par.* XXX, 12.

Anche adesso, dopo tanti anni passati a scuola, prima da studente e poi da insegnante, mi pare che Dante parli soprattutto con gli adolescenti. Non solo attraverso la potenza del nero, ma pure, nelle nostre strambe interpretazioni divergenti, per via delle sue storie fantastiche, delle spacconate visionarie, del linguaggio sintetico e incisivo, che noi a nostra volta ci mettevamo lì a manipolare, fraintendere e trasformare a fini ludici, più o meno goliardici. Non ci importava molto se alcuni di questi usi erano inappropriati, fuorvianti rispetto alle intenzioni dell'autore: la vernaccia citata nella cornice dei golosi era per noi la vernaccia di Serrapetrona, che il sabato sera andavamo a bere a Borgiano (solo dopo molti anni ho scoperto che Dante si riferiva a un vino bianco ligure); lo dolce assenzo rimandava subito alla sostanza vagheggiata dai nostri più bohémien; le fiche di Vanni Fucci rimasero a lungo un riferimento osceno, e le cose non migliorarono neanche quando il professore tradusse l'ingiurioso gesto medievale nel dito medio moderno. La famigerata trasformazione del cul in trombetta l'avevamo capita, perlomeno. Mentre il s'io m'intuassi come tu t'inmii veniva trasmutato in un ampio raggio di visioni, dalle filosofico-spirituali alle più carnali. Nella nostra giocosità ai limiti della cialtroneria qualcosa l'avevamo colto del polilinguismo e della variazione di registri adoperati dal poeta fiorentino. Dante ci regalava una rete di espressività e sensualità, un repertorio famigliar-nazionale, un lessico della condivisione del letterario fuori delle lettere e dentro i corpi, che rimane uno dei capitali spesso non riconosciuti della scuola pubblica italiana.

Nel 2021 ho avuto l'occasione di tradurre l'ultimo libro di poesie di Margaret Atwood, e sono andata a riguardarmi Dante, insieme ad altri grandi autori del Trecento. Non perché l'autrice li citi esplicitamente. Eppure quelli da lontano rispondono. Nel primo testo della raccolta, ad esempio, intitolato *Late poems* (*Poesie tarde*), il soggetto lirico compatisce la propria pretesa di continuare a scrivere poesie a ottant'anni, con vecchie parole che nessuno usa più; «vecchi canti pluri-masticati» li chiama, lamentadone l'usura. «Sortilegi arrugginiti. Ritornelli consunti», e giù a citare le parole antiche, «galeotto, sorte e disfatto», le parole dei libri e del tempo felice, e via recriminando. È la classica apertura retorica dubitativa: la poeta si schernisce, dichiara la poesia inadeguata, e poi ci presenta più di sessanta testi perfettamente affinati, congegni brillanti, distopie allucinate, liriche per le sorelle perdute, una fede intatta nelle possibilità della parola come strumento di affermazione e trasformazione, di conoscenza incarnata e coscienza planetaria. L'anziana autrice canadese, la me adolescente anni Ottanta, la me traduttrice di oggi si sono parlate attraverso Dante. Colpisce questo rapporto tra noi attraverso il movimento del linguaggio, attraverso le lingue e il tempo.

Il mio professore di lettere al liceo, Oddo Mantovani, ha formato generazioni di giovani marchigiani. Le sue spiegazioni erano nitide, intense, spaventose nella loro energia tagliente. La sua sola presenza era una lezione, la lettura già interpretazione. Sadicamente, ci faceva imparare interi canti a memoria. «Poscia ch'io ebbi 'l mio dottor udito nomar le donne antiche e i cavalieri, pietà mi giunse e fui»[2]... ma al nostro professore codesta pietà non giungeva mai, lui se ne infischiava della nostra timidezza e ci interrogava facendoci ripetere ad alta voce, in piedi vicino la cattedra. Per chi aveva un po' di spirito istrionico e molta pazienza era un grande esercizio, non tanto come allenamento alla memoria o alla disciplina in sé, ma, direi oggi, come costruzione di una matrice di emozioni culturali. Io ero goffa e penavo, ma amavo legare la melodia ai battiti. Sistole e diastole, cerberi e disìri. Certi ritmi, certi cortocircuiti di senso e di suoni, ci legano a un umo fatto da tanti umani prima di noi. Non siamo più sole dopo aver conosciuto le parole ricevute; le possiamo dire nostre, rilanciare, sfidare.

A dispetto di tutto questo non ho un canto preferito, magari ricordo meglio i soliti 'famosi' piuttosto che i 'minori', e anche se ho usato, parafrasato, rimescolato passi danteschi a fini creativi o mentre studiavo le discipline in cui mi sono poi specializzata, la mia relazione con la *Commedia* precede il tempo della lettura vera e propria, ha inizio con un libro illustrato. Mi sembra che questo andare al tempo viscerale dell'infanzia, in cui il mio modo di udire e vedere si è andato formando, conti qualcosa per come ho rivendicato la scrittura da grande. Da piccolina passavo la maggior parte dei pomeriggi a casa di mia nonna, una casa popolare di quello che era allora un borgo di mare. Era un'epoca pre-informatica, naturalmente, non pre-tecnologica ma quasi. Sui muri si leggevano ancora gli slogan fascisti, mescolati a falci e martelli e alle scritte Dio c'è. A casa, perennemente accesa sulle sequenze slovene, c'era radio Capodistria, e c'era mia nonna, che era jugoslava di Croazia, che cantava le sue canzoni mistilingui e parlava un italiano molto accentato, senza mai pronunciare le doppie. C'erano poi i suoni da fuori, dai cortili in cui vivevano allora tutti i ragazzini, le grida, i giochi, i sassi, il pallone e, verso le sette e mezza, le voci delle madri che richiamavano i figli dai balconi. Più a lungo degli altri echeggiava solo un nome, quello di Sole, che era di famiglia anarchica e temperamento ribelle. Soleee, Soleee, e la e era sempre lunghissima, come una cantilena che la madre sapeva di dover recitare non solo per il figlio, ma per tutto il vicinato, che si mobilitassero anche gli altri a fargli dare una mossa. Sole e le altre stelle, in quell'ambiente povero e ricchissimo, crudele com'è il

[2] *Inf.* V, 70-72.

mondo dei bambini, pieno di avventure e luce e terrore, erano il mio piccolo cosmo. E quel miscuglio era il mio *soundscape*, il paesaggio sonoro in cui vivevo e da cui, a volte, scappavo, perché frustrata dalla perfidia dei piccoli, o attratta da altre forze. Avevo a tenermi compagnia due libri: uno era l'enciclopedia *Il Bel Paese*, e l'altro una *Divina Commedia* illustrata in sei volumi, il risultato di una serie di fascicoli usciti in edicola molti anni addietro, nel 1963, e poi rilegati. Pubblicata dai Fratelli Fabbri per la cura di Emilio Panaitescu, era una edizione lussureggiante, con una presentazione di Ungaretti, colma di commenti e immagini incredibili. Miniature lombarde, francesi, tedesche, fiorentine, ferraresi, incisioni di Baccio Baldini, opere del Guariento, di Ramon de Mur, di Andrea del Castagno, i classici Giotto, Raffaello e Michelangelo, le illustrazioni di artisti sconosciuti che per il mio stupore raffiguravano i corpi torturati dai mosconi e dalle vespe, quelli rosolati allo spiedo da diavoli neri, le teste galleggianti su un fiume di sangue da cui qualche volta spuntava un sedere. Il mondo, là fuori, era violento davvero, ed era violento anche dentro al libro, ma io potevo passeggiarvi con questi due omini, uno vestito di rosso e uno di blu, e attraversare i peggiori luoghi immaginabili. Una lezione molto importante fu quella mescolanza di suoni e di toni, di affetti e di visioni, per tutto quello che poi avrei scritto. Non credo di averlo letto davvero Dante a quel tempo, ma la sua forza arrivò attraverso le figure, le mappe, i segni, il colore. Anche solo poter sfogliare quelle pagine, oggi penso, mi rese soggetto.

Pietro Polverini

ECHI DANTESCHI NELL'OPERA DI ANTONELLA ANEDDA

Discutere dell'influenza che Dante ha esercitato sui giovani poeti marchigiani è di certo un compito tortuoso che non si presta al nitore di una semplificazione. Per irreggimentare lo *status quaestionis*, possiamo prendere come guida la folgorante posizione del critico Luigi Baldacci, secondo cui la poesia italiana del secondo Novecento è stata contrassegnata da «una partenza petrarchesca» e un «approdo dantesco».[1] In tal senso possiamo asserire di trovarci già calati in una *stimmung* dantesca. In questo contesto abbiamo ritenuto opportuno ricordare e analizzare il ruolo assunto dal cardine tematico dell'esilio – precipuamente dantesco – nell'opera di Antonella Anedda, alla luce della nostra assidua frequentazione della sua opera. Non a caso traduttrice dei *Tristia* di Ovidio, la nostra autrice – di origini sarde – ha avuto il merito di trasportare nel paesaggio della lingua italiana di *fin de siècle* le atmosfere proprie della poesia russa di inizio Novecento, da Blok ad Achmatova. Il suo libro d'esordio, *Residenze invernali*,[2] interamente dedicato alla condizione ospedaliera, è innervato di richiami al mondo russo. Sempre nella sua opera si leggerà: «In qualche luogo in Russia esiste la mia anima / se anima si chiama / questo ascolto del corpo a gola tesa».[3] Alla luce della prossimità con questo universo letterario, Anedda, nella maggior parte delle *lecturae dantis* in cui è stata coinvolta, ha ricordato questo celebre passo di Osip Mandel'štam:

> Leggere Dante è una fatica senza fine: più si avanza, più la meta si allontana. Se la prima lettura causa soltanto un leggero affanno e una sana stanchezza, per continuare è bene munirsi di un paio di indistruttibili scarponi chiodati svizzeri. Mi chiedo del tutto seriamente: quante suole di cuoio – quante scarpe, quanti sandali – avrà consumato l'Alighieri, mentre si dedica al suo lavoro poetico va-

1 Luigi Baldacci, *Dimenticare Petrarca: rime e ritmi del '900*, «La Nazione», 23 luglio 1986.

2 Antonella Anedda, *Residenze Invernali*, Milano, Crocetti, 1992.

3 Ead., *Notti di pace occidentale*, Roma, Donzelli, 1999, p. 34.

gando per l'Italia lungo scoscesi sentieri di capre? L'*Inferno* e ancor più il *Purgatorio* celebrano l'andatura umana, la misura e il ritmo dei passi, il piede, la sua forma. Il passo, coordinato con la respirazione e saturo di pensiero: è questo, per Dante, il principio della prosodia.[4]

Antonella Anedda pensa al Dante citato dal poeta russo quando deve fare i conti con il sentimento d'esilio dalla storia. In *Notti di pace occidentale*, secondo libro di poesia dell'autrice, si riflette in maniera amara e dolente sulle condizioni delle paci occidentali, alla luce della recente Guerra del Golfo, e quindi ancor maggiormente sulla lingua della storia, la lingua del dominio: «non esiste innocenza in questa lingua»,[5] recita un verso del volume in questione. Per questa ragione Anedda seleziona come osservatorio privilegiato per meditare sulle condizioni dei recenti eventi storici la Sardegna, sua regione d'origine, e di questa recupera il logudorese, lingua proveniente «da un'isola / il cui latino ha tristezza di scimmia».[6] In questo caso è viva la memoria di un passo proveniente dal *De vulgari eloquentia* dove Dante prende in rassegna la lingua sarda sostenendo che: «Sardos etiam, qui non Latii sunt sed Latiis associandi videntur, eiciamus, quoniam soli sine proprio vulgari esse videntur, grammaticam tanquam simie homines imitantes».[7]

Il recupero di una lingua ferina, selvaggia e non compromessa con la logica del dominio è l'unica condizione possibile per abitare l'esilio e, con esso, un'opzione di tregua dalla storia. Di qui la codifica di un personale idioletto: la *limba* madre, «un linguaggio che non è dialetto»[8] innervato dalla memoria dell'originario logudorese – «sul quale si innestano poi memorie diverse; campidanesi e corse, catalane e galluresi».[9]

Onzo tandu naro una limba mia
da inmbentu in impastu a su passado
da dongu solamenti in traduzione

Ogni tanto uso una lingua mia
La invento impastandola col passato
non la consegno se non in traduzione.[10]

---

[4] Osip Mandel'štam, *Conversazione su Dante*, Milano, Adelphi, 2021, p. 33.

[5] A. Anedda, *Notti di pace occidentale*, cit., p. 14.

[6] *Ivi*, p. 18.

[7] Dante Alighieri, *De vulgari eloquentia*, Milano, BUR Rizzoli, 2020, p. 90.

[8] Antonella Anedda, *Dal balcone del corpo*, Milano, Mondadori, 2007, p. 139.

[9] Riccardo Donati, *«Apri gli occhi e resisti». L'opera in versi e in prosa di Antonella Anedda*, Roma, Carocci, 2020, p. 87.

[10] Antonella Anedda, *Historiae*, Torino, Einaudi, 2018, p. 5.

Tuttavia, se da una parte Riccardo Donati afferma che Anedda opti per la *limba* nei casi di «testi luttuosi (*attittidu* è il pianto del morto, da cui il genere dell'*Attitu*) [...] o in scritti polemici, d'invettiva, venati di sarcasmo»,[11] a nostro avviso si può segnalare come Anedda adotti questo idioletto nel momento in cui entra in gioco la questione dell'esilio. In tal senso si legga il secondo componimento del libro *Historiae*:

> Sa luna chilliat in su core de l'isula
> su silenzio infossa in sa bidda des gurules mortas.
> Comenti in tempos de Roma
> Ispingherent in sos puthos sos mortorzus.
>
> Cusint su piumu
> ki fat drittu s'oru
> de se beste de prantu.
>
> La luna gela dentro il cuore dell'isola
> il silenzio s'infossa nel paese delle gole morte.
> Come al tempo di Roma
> spingono le carcasse nei pozzi
>
> Cuciono il piombo
> che fa dritto l'orlo
> del vestito di lutto.[12]

In seconda battuta, per riflettere sul lascito dantesco nella giovane poesia delle Marche, sembra opportuno ricordare il canto che, nella nostra esperienza personale, ha assunto una posizione di rilievo. Parliamo di *Purg.* XIII. Le ragioni per cui abbiamo privilegiato questa cantica sono compendiate in alcuni passaggi tratti da un importante saggio di Mario Luzi:

> La parte della *Commedia* che esprime più direttamente questa fondamentale struttura concettuale e metafisica dell'esilio è *pour cause* il *Purgatorio*. Nel *Purgatorio* si attuano per coincidenza le due condizioni essenziali: quelle della perdita e del rimpianto e quella dell'esclusione dal sommo gaudio. Progressivamente le anime si spostano dalla prima alla seconda, il primo senso di sradicamento cede al desiderio e all'attesa; l'allora è offuscato e cancellato dal non ancora. Sublime e umanissimo paradigma di quello che fu l'esperienza politica, morale e teologale dell'esilio per Dante: un uomo che come i suoi coevi aveva implicito il valore materiale ed etico della sede, dell'ubicamento civile.[13]

---

[11] R. Donati, *«Apri gli occhi e resisti»*, cit., p. 139.

[12] A. Anedda, *Historiae*, cit., p. 6.

[13] Mario Luzi, *L'esilio, Dante, la poesia*, in Id., *Naturalezza della prosa*, Milano, Garzanti, 1975, p. 207.

Nel XIII canto del *Purgatorio* campeggiano gli invidiosi, notoriamente puniti con la cucitura degli occhi tramite il fil di ferro, ricordando la pratica dell'accigliatura degli sparvieri in età bassomedievale. In questa atmosfera limacciosa dove prevale cromaticamente il «livido color de la petraia» Dante decide di creare un contrappunto alla condizione purgatoriale degli invidiosi con esempi della virtù teologale della carità: «[...] questo cinghio sferza / la colpa de la invidia, e però sono / tratte d'amore le corde della ferza».[14] Con il costante riferimento all'interdizione dal senso della vista, in questo canto si condensa ontologicamente la condizione dell'esclusione dalla somma luce. La punizione inferta agli occhi, tuttavia, amplifica il "disio" di trascendenza. La protagonista del canto Sapia Senese – punita per aver desiderato la sconfitta dei propri concittadini nella battaglia di Colle – nonostante la sua condizione, chiama in causa un lessema chiave: «pace». Posto l'esilio dalla luce del paradiso, il passaggio purgatoriale consente una tregua, una promessa d'alterità che allontana dallo *streben* accanito dell'*Inferno*: «Pace volli con Dio in su lo stremo / della sua vita».[15] Sul solco di un'altra condizione di esilio, Sapia Senese, grazie alla conversione prima della morte, indica le vestigia di un totalmente altro: la possibilità, seppur vaga e precaria, di una redenzione che annulli la distanza posta dal confino purgatoriale.

---

[14] *Purg.* XIII, 37-39.

[15] *Purg.* XIII, 224-225.

Fabio Maria Serpilli

DANTE NEI POETI MARCHIGIANI

Quando penso a Dante, non posso non partire da quando e come primieramente lo conobbi a mia insaputa. Per quante vie si giunge a Dante e da quante vie Dante giunge a noi. Sono le vie talora meno istituzionali, le sedi meno deputate a questo tipo di conoscenza, ma sono vie forse le più indimenticabili. Conoscevo un uomo (dal piglio poetico sicuramente) che mi sembrava strano per ciò che talvolta diceva in particolari circostanze, in certi ambienti e tempi. Ad esempio questo signore alzandosi dal letto la mattina e mentre si infilava i calzini sul più bello diceva: «Io era tra color che son sospesi» eppure era ben seduto nel suo letto. Quando doveva dire qualche cosa di importante (o forse no) si disimpegnava così: «Io dico questo (momento di studiata sospensione…) e tu il ridì' tra vivi». Poi io aspettavo che dicesse qualcosa… ma inutilmente! Strano davvero! Ma dove le trovava quelle parole? Perché le diceva? Un mistero allora per me che ero bambino. E ancora, all'improvviso e indignato: «Nel tempo de li dèi falsi e bugiardi!» Chissà se era all'indirizzo di qualche menzogna o menzognero? E se stesse parlando a sé stesso? Se proprio lui fosse il mittente e il destinatario? «Esta selva selvaggia e aspra e forte», una volta disse, tenendomi la mano, in una ripida salita di Ancona che portava alla scuola che io non amavo tanto. «La bocca sollevò dal fiero pasto», apostrofò così un avido commensale durante un lauto banchetto. «Tu proverai sì come sa di sale / lo pane altrui e come è duro calle / lo scender e 'l salir per l'altrui scale» Nei palazzi di una volta non c'erano gli ascensori e si facevano varie rampe di scale… Solo da grande avrei compreso la pregnante metafora. Spirito strano, nel senso etimologico di straordinario. E queste ed altre frasi ancora, sicuramente di un personaggio a me sconosciuto. E ci si mise anche il mio professore di lettere delle Scuole Superiori quando ci raccontò in classe che nell'alluvione di Firenze del 1966 vide galleggiare fuor di farmacia una scatola con su scritto: «I' son Beatrice che ti faccio andare». Trattòssi di una scatola di lassativi a nome Beatrice…

Poi si svelò l'arcano quando da studente nei banchi di scuola sentivo il professore che leggeva la Divina Commedia e – mentre recitava i versi del nostro padre Dante – io sorpreso e un po' sbalordito mi dicevo: «Hai capito di chi erano quelle frasi che diceva quell'uomo?». Quell'uomo era Leopoldo e io suo figlio.

Eppure, da questo menestrello libero e geniale, avevo imparato ad adattare certi versi a delle situazioni e a persone che mi stanno a cuore, così quando incontro mio nipote gli dico: «Io vegno in loco ove non è che luca». Guarda caso mio nipote si chiama Luca. Come mio padre faceva riguardo a un mio cugino alto e corpulento di nome Alberto. Lui lo ribattezzava: «Farinata degli Uberti / da la cintola in su tutto il vedrai» e concludeva: «Egli aveva l'inferno in gran dispitto!». Per non parlare delle 'gustose' apostrofi che colpivano or questa o quella città: «Godi, Fiorenza, po' ché se' si grande / che per mare e per terra batti l'ali / e per lo 'nferno tuo nome si spande». Potremmo dirlo ognuno per la nostra Città in quelle volte che ci ha deluso o tradito. E «Ahi Pisa, vituperio delle genti...» che per la veemenza ha contorto anche la struttura della sua torre celebre... E non risparmiava gli abitanti di Genova: «Ahi Genovesi, uomini diversi / d'ogne costume e pien d'ogni magagna, / perché non siete voi del mondo spersi?». Invettiva che mi guardo bene di recitare a mia suocera. Che, a dire il vero, benché genovese, è donna a modo!

L'Inferno; certo l'inferno c'è sempre dentro e fuori di noi, ma alla mia età inaspettatamente avanzata, mi avvicino al clima rappacificato del Paradiso, dove dall'alto degli anni, dei pensieri e dei placati sentimenti, sento un diminuito rancore e asprezza e mi abbandono all'amore che muove il sole e l'altre stelle. Se così non sarà, non è colpa mia, io ce l'ho messa tutta! La responsabilità sarà del Massimo Fattor...

Dante e la Comedia. I canti che amiamo maggiormente sono i soliti noti: il canto di Paolo e Francesca, tra l'altro vissuto nella terra marchigiana di Gradara, Ulisse, il Conte Ugolino, il canto di Francesco. Io poi leggo ogni estate una cantica della Comedia. Siamo nelle Marche, regione al plurale come scrisse Piovene, nel suo *Viaggio in Italia*. E non possiamo non dirci leopardiani, come Leopardi non può aver non sentito l'influsso di Dante; Leopardi che aveva un debole per le opere poematiche: quelle di Omero, Virgilio e naturalmente Dante. Il problema è che Dante è autore abbondante di versi, Leopardi scrisse solo 41 poesie e molte sono scritte su commissione, altre dedicatorie, altre traduzioni. Certamente la qualità poetica è altissima ed è quello che conta. Leopardi ha attinto a piene mani (anche nelle sue lettere) ai libri biblici: Giobbe, il DeuteroIsaia (la figura del servo sofferente), Qoelet, Cantico dei Cantici. Pur svuotandole di significato teologico le categorie sono le stesse: la partenza, il viaggio, l'esilio, la terra promessa, (leggasi il Pastore errante che configura Abramo)... Quanto a Dante, anche qui c'è uno svuotamento sostanziale. Uno per tutti: se Dante parla del gran mare dell'essere, aprendosi ampiamente ai regni ultraterreni, per Leopardi il naufragio (benché dolce) è in questo mare dell'al di qua... E l'infinito è solo (per lui non credente) un'esperienza conoscitiva, se vogliamo mistica, ma che rimane nell'immanenza.

L'autore marchigiano, che più si avvicina a Dante, e mi attengo al Novecento, a mio parere è Plinio Acquabona di Ancona (1914-2002). Un poeta riconosciuto come un autore di rilievo sia nelle Marche che nel resto d'Italia. Antologizzato sia da Carlo Antognini (nelle sue due antologie fondanti la marchigianità letteraria. Cito l'edizione del 1974: *Scrittori marchigiani del Novecento ... Poeti*) sia dalla più recente *Antologia* del maceratese Guido Garufi dal titolo: *I poeti marchigiani del Novecento* in due soli e solidi tomi (1998). Vicino a Dante, anche perché Plinio (che io frequentai assiduamente quand'era in vita) era profondo credente e non poteva la sua fede non entrare nelle sue opere. Ma Acquabona tanto era uomo di fede nella vita quanto era fedele alla Poesia in sede poetica. Diceva di non aver mai nominato Dio nelle sue opere. C'è un poemetto pubblicato nel 1984 che è essenziale nella sua produzione poetica e che con potenza lo avvicina sia a Dante che a Shakespeare, ed ha per titolo *I lampadari*. È un'allegoria del potere, della vita in mano ai soli valori edonistici e di dominio. L'immagine è un lauto banchetto (*Il convivio della vita*) dove arredi, cibo, bevande, stoviglie servono al divorìo, al consumo. Tutti gli occhi sono puntati sulle cose visibili, commestibili, e lo sguardo non si solleva mai alla luce che piove dai lampadari. Una voce da fuori scena (voce narrante, perché in scena i conviviali non parlano, masticano, bevono, annusano, toccano...) descrive l'evento e questa voce insinua la possibilità che il soffitto si screpoli e che scenda il buio sulla sala. E l'epilogo è il risveglio allorché tace la voce narrante e parla il poeta nel cambio scena:

L'imperioso vortice precipita
verso l'abisso della gola nera
che cancella; da cui saliva soltanto
il disperato scoppio del risveglio.
La luce assedia il giorno, e non inganna
[...]
Non ha spada né scudo, è forza inerme.
È una forma perfetta irraggiungibile
che fa splendere ogni altra.
La può colpire qualsiasi violenza
senza mai turbarla,
e tuttavia dolcemente sale

al suo vertice che non ha distanza
dal cuore delle cose e d'ogni uomo.

E che cos'è questa se non la descrizione dell'empireo ciel, della forza visionaria che profeticamente spinge il mondo verso una teleologia benigna? La luce è la prima realtà che appare nel primo libro della Bibbia: Genesi. Ma la creazione della luce è legata alla parola; Javhè disse: «Fiat lux et lux fuit». In Dante e nel nostro Acquabona la poesia rima strettamente con profezia.

INDICE DEI NOMI

a cura di Matteo Maselli

INDICE

ECHI DANTESCHI CONTEMPORANEI

FINITO DI STAMPARE
PER CONTO DI LEO S. OLSCHKI EDITORE
PRESSO ABC TIPOGRAFIA • CALENZANO (FI)
NEL MESE DI NOVEMBRE 2022

BIBLIOTECA DELL'«ARCHIVUM ROMANICUM»

Serie I: STORIA - LETTERATURA - PALEOGRAFIA

1. BERTONI, G. *Guarino da Verona fra letterati e cortigiani a Ferrara (1429-1460)*. 1921. (esaurito)

2. —— *Programma di filologia romanza come scienza idealistica*. 1922. (esaurito)

3. VERRUA, P. *Umanisti ed altri «studiosi viri» italiani e stranieri di qua e di là dalle Alpi e dal mare*. 1924, 234 pp., 2 tavv.

4. CINO DA PISTOIA, *Le rime*. 1925. (esaurito)

5. ZACCAGNINI, G. *La vita dei maestri e degli scolari nello Studio di Bologna nei secoli XIII e XIV*. 1926. (esaurito)

6. JORDAN, L. *Les idées, leurs rapports et le jugement de l'homme*. 1926, X-234 pp.

7. PELLEGRINI, C. *Il Sismondi e la storia della letteratura dell'Europa meridionale*. 1926, 168 pp.

8. RESTORI, A. *Saggi di bibliografia teatrale spagnola*. 1927, 122 pp., 3 cc.

9. SANTANGELO, S. *Le tenzoni poetiche nella letteratura italiana dalle origini*. 1928. (esaurito)

10. BERTONI, G. *Spunti, scorci e commenti*. 1928, VIII-198 pp.

11. ERMINI, F. *Il «dies irae»*. 1928, VIII-158 pp.

12. FILIPPINI, F. *Dante scolaro e maestro. (Bologna - Parigi - Ravenna)*. 1929, VIII-224 pp.

13. LAZZARINI, L. *Paolo de Bernardo e i primordi dell'Umanesimo in Venezia*. 1930. (esaurito)

14. ZACCAGNINI, G. *Storia dello Studio di Bologna durante il Rinascimento*. 1930, X-348 pp., 42 ill.

15. CATALANO, M. *Vita di Ludovico Ariosto*. 2 voll. 1931. (esaurito)

16. RUGGIERI, J. *Il canzoniere di Resende*. 1931, 238 pp.

17. DÖHNER, K. *Zeit und Ewigkeit bei Chateaubriand*. 1931. (esaurito)

18. TROILO, S. *Andrea Giuliano politico e letterato veneziano del Quattrocento*. 1932. (esaurito)

19. UGOLINI, F. A. *I Cantari d'argomento classico*. 1933. (esaurito)

20. BERNI, F. *Poesie e prose*. 1934. (esaurito)

21. BLASI, F. *Le poesie di Guilhem de la Tor*. 1934, XIV-78 pp.

22. CAVALIERE, A. *Le poesie di Peire Raimond de Tolosa*. 1935. (esaurito)

23. TOSCHI, P. *La poesia popolare religiosa in Italia*. 1935. (esaurito)

24. BLASI, F. *Le poesie del trovatore Arnaut Catalan*. 1937. (esaurito)

25. GUGENHEIM, S. *Madame d'Agoult et la pensée européenne de son époque*. 1937. (esaurito)

26. LEWENT, K. *Zum Text der Lieder des Giraut de Bornelh*. 1938. (esaurito)

27. KOLSEN, A. *Beiträge zur Altprovenzalischen Lyrik*. 1938. (esaurito)

28. NIEDERMANN, J. *Kultur. Werden und Wandlungen des Bregriffs und seiner Ersatzbegriffe von Cicero bis Herder*. 1941. (esaurito)

29. ALTAMURA, A. *L'Umanesimo nel mezzogiorno d'Italia*. 1941. (esaurito)

30. NORDMANN, P. *Gabriel Seigneux de Correvon, ein schweizerischer Kosmopolit. 1695-1775*. 1947. (esaurito)

31. ROSA, S. *Poesie e lettere inedite*. 1959. (esaurito)

32. PANVINI, B. *La leggenda di Tristano e Isotta*. 1952. (esaurito)

33. MESSINA, M. *Domenico di Giovanni detto il Burchiello. Sonetti inediti*. 1952. (esaurito)

34. PANVINI, B. *Le biografie provenzali. Valore e attendibilità*. 1952. (esaurito)

35. MONCALLERO, G. L. *Il Cardinale Bernardo Dovizi da Bibbiena umanista e diplomatico*. 1953. (esaurito)

36. D'ARONCO, G. *Indice delle fiabe toscane*. 1953, 236 pp.

37. BRANCIFORTI, F. *Il canzoniere di Lanfranco Cigala*. 1954. (esaurito)

38. MONCALLERO, G. L. *L'Arcadia*. Vol. I: *Teorica d'Arcadia*. 1953. (esaurito)

39. GALANTI, B. M. *Le villanelle alla napolitana*. 1954. (esaurito)

40. CROCIONI, G. *Folklore e letteratura*. 1954. (esaurito)

41. VECCHI, G. *Uffici drammatici padovani*. 1954, XII-258 pp., 73 tavv. esempi mus.

42. VALLONE, A. *Studi sulla Divina Commedia*. 1955. (esaurito)

43. PANVINI, B. *La scuola poetica siciliana*. 1955. (esaurito)

44. DOVIZI, B. *Epistolario di Bernardo Dovizi da Bibbiena*. Vol. I (1490-1513). 1955. (esaurito)

45. COLLINA, M. D. *Il carteggio letterario di uno scienziato del Settecento (Janus Plancus)*. 1957, VIII-174 pp., 5 tavv. f.t.

46. SPAZIANI, M. *Il canzoniere francese di Siena (Biblioteca Comunale HX 36)*. 1957. (esaurito)

47. VALLONE, A. *Linea della poesia foscoliana*. 1957. (esaurito)

48. CRINÒ, A. M. *Fatti e figure del Seicento anglo-toscano. (Documenti inediti sui rapporti letterari, diplomatici e culturali fra Toscana e Inghilterra)*. 1957. (esaurito)

49. PANVINI, B. *La scuola poetica siciliana. Le canzoni dei rimatori non siciliani*. Vol. I. 1957. (esaurito)

50. CRINÒ, A. M. *John Dryden*. 1957, 406 pp., 1 tav. f.t.

51. LO NIGRO, S. *Racconti popolari siciliani. (Classificazione e Bibliografia)*. 1958. (esaurito)

52. MUSUMARRA, C. *La sacra rappresentazione della Natività nella tradizione italiana*. 1957. (esaurito)

53. PANVINI, B. *La scuola poetica siciliana. Le canzoni dei rimatori non siciliani*. Vol. II. 1958. (esaurito)

54. VALLONE, A. *La critica dantesca nell'Ottocento*. 1958, 240 pp. Ristampa 1975.

55. CRINÒ, A. M. *Dryden, poeta satirico*. 1958. (esaurito)

56. COPPOLA, D. *Sacre rappresentazioni aversane del sec. XVI, la prima volta edite*. 1959, XII-270 pp., ill.

57. PIRAMUS ET TISBÈ. *Introduzione - Testo critico - Traduzione e note a cura di F. Branciforti*. 1959. (esaurito)

58. GALLINA, A. M. *Contributi alla storia della lessicografia italo-spagnola dei secoli XVI e XVII*. 1959, 336 pp.

59. PIROMALLI, A. *Aurelio Bertola nella letteratura del Settecento. Con testi e documenti inediti*. 1959. Ristampa 1998.

60. GAMBERINI, S. *Poeti metafisici e cavalieri in Inghilterra*. 1959, 270 pp.

61. BERSELLI AMBRI, P. *L'opera di Montesquieu nel Settecento italiano*. 1960. (esaurito)

62. *Studi secenteschi*, vol. I (1960). 1961, 220 pp.

63. Vallone, A. *La critica dantesca del '700*. 1961. (esaurito)

64. *Studi secenteschi*, vol. II (1961). 1962, 334 pp., 7 tavv. f.t.

65. Panvini, B. *Le rime della scuola siciliana*. Vol. I: Introduzione - Edizione critica - Note. 1962, LII-676 pp. Rilegato.

66. Balmas, E. *Un poeta francese del Rinascimento: Etienne Jodelle, la sua vita - il suo tempo*. 1962, XII-876 pp., 12 tavv. f.t.

67. *Studi secenteschi*, vol. III (1962). 1963, IV-238 pp. 4 tavv. f.t.

68. Coppola, D. *La poesia religiosa del sec. XV*. 1963, VIII-150 pp.

69. Tetel, M. *Étude sur la comique de Rabelais*. 1963. (esaurito)

70. *Studi secenteschi*, vol. IV (1963). 1964, VI-238 pp., 5 tavv.

71. Bigongiari, D. *Essays on Dante and Medieval Culture*. 1964. (esaurito)

72. Panvini, B. *Le rime della scuola siciliana* - Vol. II: Glossario. 1964, XVI-180 pp. Rilegato.

73. Bax, G. *«Nniccu Furcedda», farsa pastorale del XVIII sec. in vernacolo salentino*, a cura di Rosario Jurlaro. 1964, VIII-108 pp., 12 tavv.

74. *Studi di letteratura, storia e filosofia in onore di Bruno Revel*. 1965, XXII-666 pp., 3 tavv.

75. Berselli Ambri, P. *Poemi inediti di Arthur de Gobineau*. 1965, 232 pp., 3 tavv. f.t.

76. Piromalli, A. *Dal Quattrocento al Novecento. Saggi critici*. 1965, VI-190 pp.

77. Bascapè, A. *Arte e religione nei poeti lombardi del Duecento*. 1964, 96 pp.

78. Guidubaldi, E. *Dante Europeo, I. Premesse metodologiche e cornice culturale*. 1965. (esaurito)

79. *Studi secenteschi*, vol. V (1964). 1965, 192 pp., 2 tavv. f.t.

80. Vallone, A. *Studi su Dante medioevale*. 1965, 276 pp.

81. Dovizi, B. *Epistolario di Bernardo Dovizi da Bibbiena*. Vol. II (1513-1520). 1965. (esaurito)

82. *La Mandragola* di Niccolò Machiavelli per la prima volta restituita alla sua integrità. 1965. (esaurito)
Edizione di lusso numerata da 1 a 370, su carta grave, con 2 tavv. f.t.

83. Guidubaldi, E. *Dante Europeo, II. Il paradiso come universo di luce (la lezione platonico-bonaventuriana)*. 1966, VIII-462 pp., 2 tavv. f.t.

84. Lorenzo de' Medici Il Magnifico, *Simposio*, a cura di Mario Martelli. 1966, 176 pp., 2 riproduzioni.

85. *Studi secenteschi*, vol. VI (1965). 1966, IV-310 pp., 1 tav. f.t.

86. *Studi in onore di Italo Siciliano*. 1966, 2 voll. di XII-1240 pp. compless. e 6 tavv. f.t.

87. Rossetti, G. *Commento analitico al "Purgatorio" di Dante Alighieri*. Opera inedita a cura di Pompeo Giannantonio. 1966, CIV-524 pp.

88. Piromalli, A. *Saggi critici di storia letteraria*. 1967. (esaurito)

89. *Studi di letteratura francese*, vol. I. 1967, XVI-176 pp.

90. *Studi secenteschi*, vol. VII (1966). 1967, VI-166 pp., 6 tavv. f.t.

91. Personè, L. M. *Scrittori italiani moderni e contemporanei. Saggi critici*. 1968, IV-340 pp.

92. *Studi secenteschi*, vol. VIII (1967). 1968, VI-230 pp., 1 tav. f.t.

93. Toso Rodinis, G. *Galeazzo Gualdo Priorato, un moralista veneto alla corte di Luigi XIV*. 1968, VI-226 pp., 9 tavv. f.t.

94. Guidubaldi, E. *Dante Europeo, III. Poema sacro come esperienza mistica*. 1968, VIII-736 pp., 24 tavv. f.t. di cui 1 a colori.

95. Distante, C. *Giovanni Pascoli poeta inquieto tra '800 e '900*. 1968, 212 pp.

96. Renzi, L. *Canti narrativi tradizionali romeni. Studi e testi*. 1969, IV-170 pp.

97. Vallone, A. *L'interpretazione di Dante nel Cinquecento. Studi e ricerche*. 1969, 306 pp.

98. Piromalli, A. *Studi sul Novecento*. 1969. (esaurito)

99. Caccia, E. *Tecniche e valori dal Manzoni al Verga*, 1969, X-286 pp.

100. Giannantonio, P. *Dante e l'allegorismo*. 1969. (esaurito)

101. *Studi secenteschi*, vol. IX (1968). 1969, IV-384 pp., 9 tavv. f.t.

102. Tetel, M. *Rabelais et l'Italie*. 1969, IV-314 pp.

103. Reggio, G. *Le egloghe di Dante*. 1969, X-88 pp.

104. Moloney, B. *Florence and England. Essays on cultural relations in the second half of the eighteenth century*. 1969, VI-202 pp., 4 tavv. f.t.

105. *Studi di letteratura francese*, vol. II (1969). 1970, VI-360 pp., 11 tavv. f.t.

106. *Studi secenteschi*, vol. X (1969). 1970, VI-312 pp.

107. *Il Boiardo e la critica contemporanea* a cura di G. Anceschi. 1970, VIII-544 pp.

108. Personè, L. M. *Pensatori liberi nell'Italia contemporanea. Testimonianze critiche*. 1970, IV-290 pp.

109. Gazzola Stacchini, V. *La narrativa di Vitaliano Brancati*. 1970, VIII-160 pp.

110. *Studi secenteschi*, vol. XI (1970). 1971, IV-292 pp. con 9 tavv. f.t.

111. Bargagli, G. (1537-1587), *La Pellegrina*. Edizione critica con introduzione e note di F. Cerreta. 1971, 228 pp. con 2 ill. f.t.

112. Sarolli, G. R. *Prolegomena alla Divina Commedia*, 1971, LXXII-454 pp. con 9 tavv. f.t. Ristampa 2002.

113. Musumarra, C. *La poesia tragica italiana nel Rinascimento*. 1972, IV-172 pp. Ristampa 1977.

114. Personè, L. M. *Il teatro italiano della «Belle Époque». Saggi e studi*. 1972, 410 pp.

115. *Studi secenteschi*, vol. XII (1971). 1972, IV-516 pp. con 2 tavv. f.t.

116. Lomazzi, A. *Rainaldo e Lesengrino*. 1972, XIV-222 pp. con 2 tavv. f.t.

117. Perella, R. *The critical fortune of Battista Guarini's «Il Pastor Fido»*. 1973, 248 pp.

118. *Studi secenteschi*, vol. XIII (1972). 1973, IV-372 pp. con 11 tavv. f.t.

119. De Gaetano, A. *Giambattista Gelli and the Florentine Academy: the rebellion against Latin*. 1976, VIII-436 pp. e 1 ill.

120. *Studi secenteschi*, vol. XIV (1973). 1974, IV-300 pp. con 4 tavv. f.t.

121. Da Pozzo, G. *La prosa di Luigi Russo*. 1975, 208 pp.

122. Paparelli, G. *Ideologia e poesia di Dante*. 1975, XII- 332 pp.

123. *Studi di letteratura francese*, vol. III (1974). 1975, 220 pp.

124. Comes, S. *Scrittori in cattedra*. 1976, XXXII-212 pp. con un ritratto e 1 tav. f.t.

125. Tavani, G. *Dante nel Seicento. Saggi su A. Guarini, N. Villani, L. Magalotti*. 1976, 176 pp.

126. *Studi secenteschi*, vol. XV (1974). *Indice generale dei voll. I-X(1960-1969)*. 1976, 188 pp.

127. Personè, L. M. *Grandi scrittori nuovamente interpretati: Petrarca, Boccaccio, Parini, Leopardi, Manzoni*. 1976, 256 pp.

128. *Innovazioni tematiche, espressive e linguistiche della letteratura italiana del novecento* - Atti dell'VIII Congresso dell'Associazione internazionale per gli studi di lingua e letteratura italiana. 1976, XII-300 pp.

129. *Studi di letteratura francese*, vol. IV (1975). 1976, 180 pp. con 2 ill.

130. *Studi secenteschi*, vol. XVI (1975). 1976, IV-244 pp.

131. Caserta, E. G. *Manzoni's Christian Realism*. 1977, 260 pp.

132. Toso Rodinis, S. *Dominique Vivant Denon. I fiordalisi, Il berretto frigio, La sfinge*. 1977, 232 pp. con 10 ill. f.t.

133. Vallone, A. *La critica dantesca nel '900*. 1976, 480 pp.

134. Fratangelo, A. e M. *Guy De Maupassant scrittore moderno*. 1976, 180 pp.

135. Cocco, M. *La tradizione cortese e il petrarchismo nella poesia di Clément Marot*. 1978, 320 pp.

136. Mastrobuono, A. C. *Essays on Dante's Philosophy of History*. 1979, 196 pp.

137. *Primo centenario della morte di Niccolò Tommaseo (1874-1974)*. 1977, 224 pp.

138. Siciliano, I. *Saggi di letteratura francese*. 1977, 316 pp.

139. Schizzerotto, G. *Cultura e vita civile a Mantova fra '300 e '500*. 1977, 148 pp. con 9 ill. f.t.

140. *Studi secenteschi*, vol. XVII (1976). 1977, 184 pp., con 5 tavv. f.t.

141. Gazzola Stacchini, V. - Bianchini, G. *Le Accademie dell'Aretino nel XVII e XVIII secolo*. 1978, XVIII-598 pp. con 18 ill. n.t. e 24 f.t.

142. Friggieri, O. *La cultura italiana a Malta. Storia e influenza letteraria e stilistica attraverso l'opera di Dun Karm*. 1978, 172 pp. con 5 ill. f.t.

143. *Studi secenteschi*, vol. XVIII (1977). 1978, 276 pp.

144. Vanossi, L. *Dante e il «Roman de la Rose» Saggio sul «Fiore»*. 1979, 380 pp.

145. Ridolfi, R. *Studi Guicciardiniani*. 1978, 344 pp.

146. Allegretto, M. *Il luogo dell'Amore. Studio su Jaufre Rudel*. 1979, 104 pp.

147. Misan, J. *L'Italie des doctrinaires (1817-1830). Une image en élaboration*. 1978, 204 pp.

148. Toaff, A. *The Jews in medieval Assisi 1305-1487. A social and economic history of a small Jewish community in Italy*. 1979, 240 pp. con 14 ill. f.t.

149. Trovato, P. *Dante in Petrarca. Per un inventario dei dantismi nei «Rerum vulgarium Fragmenta»*. 1979, X-174 pp.

150. Fiorato, A. C. *Bandello entre l'histoire et l'écriture. La vie, l'expérience sociale, l'évolution culturelle d'un conteur de la Renaissance*. 1979, XXII-686 pp.

151. *Studi secenteschi*, vol. XIX (1978). 1979, 260 pp.

152. Bosisio, P. *Carlo Gozzi e Goldoni. Una polemica letteraria con versi inediti e rari*. 1979, 444 pp.

153. Zanato, T. *Saggio sul «Comento» di Lorenzo de' Medici*. 1979, 340 pp.

154. *Studi di letteratura francese*, vol. V. 1979, 204 pp.

155. Piromalli, A. *Società, cultura e letteratura in Emilia Romagna*. 1980, 180 pp.

156. Accademici Intronati di Siena, *La Commedia degli Ingannati*. 1980, 248 pp.

157. *Studi di letteratura francese*, vol. VI. 1980, 176 pp.

158. Harran, D. *«Maniera» e il Madrigale - Una raccolta di poesie musicali del Cinquecento*. 1980, 124 pp.

159. *Studi secenteschi*, vol. XX (1979). 1980, VI-214 pp.

160. Ussia, S. *Carteggio Magliabechi. Lettere di Borde, Arnaud e associati lionesi ad A. Magliabechi*. 1980, 244 pp.

161. Da Col, I. *Un romanzo del Seicento. La Stratonica di Luca Assarino*. 1981, 244 pp. con 24 tavv. f.t.

162. *Studi secenteschi*, vol. XXI (1980). 1981, 294 pp.

163. *Studi di letteratura francese*, vol. VII. 1981, 224 pp.

164. Castelletti, C. *Stravaganze d'amore. «Comedia»*. 1981, 172 pp.

165. *Carteggio inedito fra N. Tommaseo e G. P. Vieusseux*. I: (1835-1839). A cura di V. Missori. 1981, 688 pp.

166. *Studi secenteschi*, vol. XXII (1981). *Indice generale dei voll. XI-XX (1970-1979)*. 1981, 184 pp.

167. *Il Rinascimento. Aspetti e problemi attuali*. Atti del X Congresso dell'Associazione internazionale per gli studi della lingua e letteratura italiana. 1982, VI-700 pp.

168. *Stendhal e Milano*. Atti del XIV Congresso internazionale Stendhaliano. 1982, 2 tomi di complessive XXVI-972 pp. e 2 tavv. a colori.

169. *Studi secenteschi*, vol. XXIII (1982). 1982, 328 pp. con 1 tav. f.t.

170. *Studi di letteratura francese*, vol. VIII. 1982, 208 pp.

171. *Studi di letteratura francese*, vol. IX. 1983, 274 pp.

172. Aonio Paleario, *Dell'economia o vero del governo della casa*. 1983, 120 pp. con 4 tavv. f.t.

173. Dalla Palma, G. *Le strutture narrative dell'«Orlando Furioso»*. 1984, 228 pp.

174. *Studi secenteschi*, vol. XXIV (1983). 1983, 324 pp.

175. Raugei, A. M. *Bestiario valdese*. 1984, 362 pp. con ill. n.t.

176. Da Pozzo, G. *L'ambigua armonia. Studio sull'«Aminta» del Tasso*. 1983, 336 pp.

177. *Studi di letteratura francese*, vol. X. 1983, 208 pp.

178. *Miscellanea di studi in onore di V. Branca*. Vol. I: *Dal Medioevo al Petrarca*. 1983, XII-492 pp. con 1 tav. f.t.

179. — — Vol. II: *Boccaccio e dintorni*. 1983, VI-450 pp.

180. — — Vol. III: *Umanesimo e Rinascimento a Firenze e Venezia*. 1983, 2 tomi di complessive XII-848 pp.

181. — — Vol. IV: *Tra Illuminismo e Romanticismo*. 1983, 2 tomi di complessive XII-900 pp.

182. — —Vol. V: *Indagini Otto-Novecentesche*. 1983, VI-390 pp.

183. Rizzo, G. *Tommaso Briganti. Inedito poeta romantico*. 1984, 274 pp.

184. Poliaghi, N. F. *Stendhal e Trieste*. 1984, VI-202 pp. con 22 ill.

185. Michelangelo Buonarroti il giovane, *La Fiera. Redazione originaria (1619)*. 1984, 162 pp. con 4 tavv. f.t.

186. *I cantari. Struttura e tradizione*. 1984, 200 pp.

187. Bianchini, G. *Federico Nomi. Un letterato del '600. Profilo e fonti manoscritte*. 1984, XVI-338 pp. con 11 tavv. f.t.

188. *Studi secenteschi*, vol. XXV (1984). 1984, 304 pp.

189. ZAMBON, F. *Robert De Boron e i segreti del Graal*. 1984, 132 pp.

190. *Fenoglio a Lecce*. 1984, 248 pp.

191. SCHETTINI PIAZZA, E. *Giuseppe Chiarini. Saggio biobibliografico di un letterato dell'Ottocento*. 1984, X-158 pp. con 1 tav. f.t.

192. *Studi di letteratura francese*, vol. XI. 1985, 362 pp. con 9 tavv. f.t.

193. MISAN, J. *Les lettres italiennes dans la presse française (1815-1824)*. 1985, 210 pp.

194. CAIRNS, C. *Pietro Aretino and the Republic of Venice. Researches on Aretino and his circle in Venice, 1527-1556*. 1985, 272 pp.

195. BERTELÀ , M. *Stendhal et l'Autre. L'homme et l'oeuvre à travers l'idée de féminité*. 1985, 352 pp.

196. PIGLIONICA, A. M. *Dalla realtà all'illusione*: The Tempest *o la parola preclusa*. 1985, 146 pp.

197. *Studi secenteschi*, vol. XXVI (1985), 1985, 352 pp.

198. CERVIGNI, D. S. *Dante's poetry of dreams*. 1986, 230 pp.

199. *Studi di letteratura francese*, vol. XII. 1986, II-282 pp. con 4 tavv. f.t.

200. MARCO POLO, *Il milione*. Edizione del testo toscano («ottimo»). 1986, XII-418 pp.

201. DELMAY, B. *I personaggi della «Divina Commedia». Classificazione e regesto*. 1986, LVI-414 pp.

202. *Patronage and Public in the Trecento*. 1986, 180 pp. con 36 ill. f.t.

203. MITCHELL, B. *The Majesty of the State. Triumphal Progresses of Foreign Sovereigns in Renaissance Italy, 1494-1600*. 1986, VIII-240 pp. con 8 ill. f.t.

204. *Ugo Angelo Canello e gli inizi della filologia romanza in Italia*. 1987, 276 pp. con 4 tavv. f.t.

205 *Studi secenteschi*, vol. XXVII (1986). 1986, IV-348 pp.

206. DÉ DÉ YAN, C. *Diderot et la pensée anglaise*. 1986, IV-366 pp.

207. *La letteratura e i giardini*. 1987, 436 pp. con 9 tavv. f.t.

208. *Letteratura italiana e arti figurative*. 1988, 3 voll. di complessive VIII-1438 pp. con 60 ill. f.t.

209. *Studi secenteschi*, vol. XXVIII (1987). 1987, IV-332 pp. con 2 ill. f.t.

210. *Dante e la Bibbia*. Atti del convegno internazionale. 1988, 372 pp.

211. *Veronica Gàmbara e la poesia del suo tempo nell'Italia Settentrionale*. Atti del convegno. 1989, 442 pp.

212. *Studi di letteratura francese*, vol. XIII. 1987, 194 pp.

213. COLOMBO, A. *I «Riposi di Pindo». Studi su Claudio Achillini (1574-1640)*, 1988, 228 pp.

214. *Letteratura e storia meridionale. Studi offerti a Aldo Vallone*. 1989, 2 tomi di complessive XVI-960 pp. con 7 tavv. f.t.

215. SABBATINO, P. *La «Scienza» della scrittura. Dal progetto del Bembo al manuale*. 1988, 256 pp.

216. *Studi di letteratura francese*, vol. XIV. 1988, 144 pp.

217. PIRRO SCHETTINO, *Opere edite e inedite*. Edizione critica. 1989, 410 pp. con 4 tavv. f.t.

218. *Giorgio Pasquali e la filologia classica del '900*. Atti del convegno. 1988, VI-278 pp.

219. *Studi secenteschi*, vol. XXIX (1988). 1988, IV-328 pp.

220. LANDONI, E. *La teoria letteraria dei provenzali*. 1989, XXXIV-168 pp.

221. *Il meraviglioso, il verosimile tra antichità e medioevo*. 1989, 360 pp. con 5 tavv. f.t.

222. PROCACCIOLI, P. *Filologia ed esegesi dantesca nel Quattrocento. L'«Inferno» nel «Comento sopra la Comedia» di Cristoforo Landino*. 1989, 266 pp.

223. SANTARCANGELI, P. *Homo Ridens. Estetica, filologia, psicologia, storia del comico*. 1989, VI-452 pp.

224. *Filologia e critica dantesca. Studi offerti a Aldo Vallone*. 1989, XVI-660 pp. con 2 tavv. f.t.

225. *Dantismo russo e cornice europea*. 1989, 2 voll. indivisibili di XXXVI-880 pp. complessive.

226. *Studi di letteratura francese*, vol. XV. 1989, 284 pp. con 1 tav. f.t.

227. *Studi secenteschi*, vol. XXX (1989). 1989, IV-316 pp.

228. *Il tema della fortuna nella letteratura francese e italiana del Rinascimento. Studi in memoria di Enzo Giudici*. 1990, XX-550 pp. con 1 tav. f.t.

229. SEBASTIO, L. *Strutture narrative e dinamiche culturali in Dante e nel «Fiore»*. 1990, 320 pp.

230. *Studi di letteratura francese*, vol. XVI. 1990, 248 pp. con 1 tav. f.t.

231. *Studi di letteratura francese*, vol. XVII. 1990, 156 pp.

232. *Studi di letteratura francese*, vol. XVIII. 1990, 332 pp. con 1 tav. f.t.

233. DOZON, M. *Mythe et symbol dans la «Divine Comédie»*. 1991, XVI-634 pp.

234. VALLONE, A. *Strutture e modulazioni nei canti della «Divina Commedia»*. 1990, 226 pp.

235. COMOLLO, A. *Il dissenso religioso in Dante*. 1990, 154 pp.

236. BENDINELLI PREDELLI, M. *Alle origini del «Bel Gherardino»*. 1990, 362 pp.

237. GUERIN DALLE MESE, J. *Egypte: La mémoire et le rêve. Itineraires d'un voyage, 1320-1601*. 1990, 656 pp. con 7 tavv. f.t.

238. SORELLA, A. *Magia, lingua e commedia nel Machiavelli*. 1990, 264 pp.

239. *Studi secenteschi*, vol. XXXI (1990). 1990, XXVIII-296 pp. con 6 tavv. f.t.

240. *Miscellanea di studi in onore di Marco Pecoraro*. 1991. Vol. I: *Da Dante al Manzoni*, X-398 pp. con 7 tavv. f.t.; Vol. II: *Dal Tommaseo ai contemporanei*, IV-414 pp.

241. *Lingua e letteratura italiana nel mondo oggi*. 1991, 2 tomi di XVI-732 pp. complessive.

242. SABBATINO, P. *L'Eden della nuova poesia. Saggi sulla «Divina Commedia»*. 1991, 232 pp.

243. *Alfonso M. De Liguori e la società civile del suo tempo*. 1990, 2 tomi di VIII-682 pp. complessive.

244. *Famiglia e società nell'opera di Giovanni Verga*. 1991, VI-494 pp.

245. *Studi secenteschi*, vol. XXXII (1991). 1991, IV-332 pp. con 4 tavv. f.t.

246. HEIN, J. *Enigmaticité et messianisme dans la «Divine Comédie»*. 1992, II-654 pp.

247. SANGUINETI WHITE, L. *Dal detto alla figura. Le tragedie di Federico Della Valle*. 1992, 162 pp.

248. GROSSVOGEL, S. *Ambiguity and allusion in Boccaccio's* Filocolo. 1992, 254 pp.

249. *Studi di letteratura francese*, vol. XIX. 1992, 526 pp. con 4 ill. f.t. e figg. n.t.

250. Padoan, G. *Il lungo cammino del «Poema sacro». Studi danteschi*. 1992, IV-310 pp.

251. *Studi secenteschi*, vol. XXXIII (1992). 1992, IV-210 pp. con 4 tavv. f.t.

252. Ankli, R. *Morgante iperbolico. L'iperbole nel* Morgante *di Luigi Pulci*. 1993, 422 pp.

253. *Studi secenteschi*, vol. XXXIV (1993). 1993, IV-476 pp. con 1 tav. ripiegata f.t.

254. Sabbatino, P. *Giordano Bruno e la "mutazione" del Rinascimento*. 1993, 230 pp. con 6 figg. f.t. Ristampa 1998.

255. *Studi secenteschi*, vol. XXXV (1994). 1994, IV-286 pp. con 4 tavv. f.t.

256. *Studi di letteratura francese*, vol. XX. 1994, 294 pp. con 1 tav. f.t.

257. Sabbatino, P. - Scorrano, L. - Sebastio, L. - Stefanelli, R. *Dante e il Rinascimento. Rassegna bibliografica e studi in onore di Aldo Vallone*. 1994, 212 pp.

258. *Italo Svevo scrittore europeo*. A cura di N. Cacciaglia e L. Fava Guzzetta. 1994, VIII-574 pp.

259. Sebastio, L. *Il poeta e la storia. Una dinamica dantesca*. 1994, 264 pp.

260. *Le feste dei pastori del Rubicone per Napoleone I Re d'Italia*. Opera inedita a cura di A. Piromalli e T. Iermano. 1994, 152 pp.

261. *Studi secenteschi*. Vol. XXXVI (1995). 1995, IV-302 pp. con 6 tavv. f.t.

262. *Geografia, storia e poetiche del fantastico*. A cura di M. Farnetti. 1995, 244 pp. con 4 ill. f.t.

263. *Studi secenteschi*. Vol. XXXVII (1996). 1996, IV-406 pp.

264. Iermano, T. *Il melanconico in dormiveglia. Salvatore Di Giacomo*. 1995, 270 pp.

265. Ardissino, E. *L'«aspra tragedia». Poesia e sacro in Torquato Tasso*. 1996, 236 pp.

266. Zangheri, L. *Feste e apparati nella Toscana dei Lorena (1737-1859)*. 1996, 332 pp. con 115 ill. f.t.

267. *Letteratura e industria*. Atti del XV Congresso dell'Associazione internazionale per gli studi di lingua e letteratura italiana. 1997, 2 tomi di XVIII-1288 pp. complessive con 76 ill. f.t.

268. Angiolillo, G. *La nuova frontiera della tanatologia. Le biografie della Commedia*. Vol. I: *Inferno*. 1996, 182 pp.

269. Angiolillo, G. *La nuova frontiera della tanatologia. Le biografie della Commedia*. Vol. II: *Purgatorio*. 1996, 308 pp.

270. Angiolillo, G. *La nuova frontiera della tanatologia. Le biografie della Commedia*. Vol. III: *Paradiso*. 1996, 270 pp.

271. *Studi secenteschi*. Vol. XXXVIII (1997). 1997, IV-444 pp.

272. Benporat, C. *Cucina italiana del Quattrocento*. 1996, 306 pp. con 4 figg. f.t. in b. e n. e 8 tavv. f.t. a colori. Ristampa 2001.

273. *Studi di letteratura francese. Rivista europea*, vol. XXI (1996). 1996, 238 pp. con 2 figg. n.t.

274. Fratnik, M. *Enrico Pea et l'écriture du moi*. 1997, 402 pp.

275. Montevecchi, F. *Il potere marittimo e le civiltà del Mediterraneo antico*. 1997, 596 pp. con 85 figg. n.t.

276. Rossetto, S. *Per la storia del giornalismo. Treviso dal XVII secolo all'unità*. 1996, 222 pp. con 10 tavv. f.t.

277. Girardi, R. *Incipitario della lirica meridionale e repertorio generale degli autori di lirica nati nel Mezzogiorno d'Italia (secolo XVI)*. 1996, 458 pp.

278. Sabbatino, P. *La bellezza di Elena. L'imitazione nella letteratura e nelle arti figurative del Rinascimento*. 1997, 270 pp. con 1 grafico n.t. e 12 tavv. f.t. Ristampa 2001.

279. Panicara, V. *La nuova poesia di Giacomo Leopardi. Una lettura critica della* Ginestra. 1997, 148 pp.

280. *Torquato Tasso e la cultura estense*. A cura di G. Venturi, indice dei nomi e bibliografia generale a cura di A. Ghinato e R. Ziosi. 1999, 3 tomi di VIII-1462 pp. complessive con 101 ill. f.t.

281. Gavioli, E. *Filologia e nazione: l'«Archivum romanicum» nel carteggio inedito di Giulio Bertoni*. 1997, 202 pp. con 4 ill. f.t.

282. *Studi di letteratura francese. Rivista europea*, vol. XXII (1997). 1997, 330 pp.

283. *Studi secenteschi*. Vol. XXXIX (1998). 1998, IV-368 pp. con 4 tavv. f.t.

284. *Studi secenteschi*. Vol. XL (1999). 1999, IV-390 pp.

285. *Studi di letteratura francese. Rivista europea*, vol. XXIII (1998). «Lire le roman». 1998, 270 pp.

286. *Alfonso M. de Liguori e la civiltà letteraria del Settecento*. Atti del Convegno internazionale per il tricentenario della nascita del Santo (1696-1996). Napoli 20-23 ottobre 1997. A cura di P. Giannantonio. 1999, XX-476 pp.

287. *Leopardi e Bologna*. Atti del Convegno di studi per il Secondo Centenario Leopardiano (Bologna 18-19 maggio 1998). A cura di M. A. Bazzocchi. 1999, XVI-316 pp. con 4 tavv. f.t.

288. *Studi secenteschi*. Vol. XLI (2000). 2000, IV-502 pp.

289. *Studi di letteratura francese. Rivista europea*, vol. XXIV (1999). «L'estranéité». 1999, 246 pp.

290. Smith, G. *The Stone of Dante and later florentine celebrations of the Poet*. 2000, X-72 pp. con 16 ill. f.t.

291. *L'immaginario contemporaneo*. Atti del Convegno letterario internazionale, Ferrara, 21-23 maggio 1999. A cura di R. Pazzi. 2000, XII-198 pp.

292. *The Poetics of Place. Florence Imagined*. Edited by I. Marchegiani Jones and T. Haeussler. 2001, XIV-220 pp.

293. Lawson Lucas, A. *La ricerca dell'ignoto. I romanzi d'avventura di Emilio Salgari*. Traduzione di S. Rizzardi e F. Rusciadelli. 2000, XVI-208 pp. con 1 tav. f.t.

294. *Il castello, il convento, il palazzo e altri scenari dell'ambientazione letteraria*. A cura di M. Cantelmo. 2000, VI-326 pp.

295. *Studi secenteschi*. Vol. XLII (2001). 2001, IV-472 pp. con 20 ill. f.t.

296. *Studi di letteratura francese. Rivista europea*, vol. XXV (2000). 2001, 192 pp.

297. *La lingua e le lingue di Machiavelli*. Atti del Convegno internazionale di studi, Torino 2-4 dicembre 1999. 2001, 352 pp.

298. *Studi secenteschi*. Vol. XLIII (2002). 2002, IV-372 pp. con 9 ill. f.t.

299. *Umanisti bellunesi fra Quattro e Cinquecento*. Atti del Convegno di Belluno, 5 novembre 1999. A cura di P. Pellegrini. 2001, XIV-296 pp. con 24 tavv. f.t.

300. Sodini, C. *L'Ercole tirreno. Guerra e dinastia medicea nella prima metà del '600*. 2001, VI-326 pp. con 16 tavv. f.t. in b. e n. e 9 a colori.

301. *Il tragico e il sacro dal Cinquecento a Racine*. Atti del Convegno internazionale, Torino e Vercelli, 14-16 ottobre 1999. A cura di D. Cecchetti e D. Dalla Valle. 2001, X-330 pp.

302. Benporat, C. *Feste e banchetti. Convivialità italiana fra Tree Quattrocento*. 2001, 290 pp. con 12 tavv. f.t. a colori.

303. *Studi di letteratura francese. Rivista europea*, vol. XXVI (2001). «Théâtre et société au XVIIe siècle». 2002, 254 pp.

304. *La «liquida vertigine»*. Atti delle giornate di studio su Tommaso Landolfi. Prato, Convitto Nazionale Cicognini, 5-6 febbraio 1999. A cura di I. Landolfi. 2002, XXVI-266 pp.

305. *Studi secenteschi*. Vol. XLIV (2003). 2002, IV-340 pp. con 3 tavv. f.t.

306. Leushuis, R. *Le Mariage et l'"amitié courtoise" dans le dialogue et le récit bref de la Renaissance*. 2003, XIV-286 pp.

307. Fratnik, M. *Paysages. Essai sur la description de Federico Tozzi*. 2002, XVI-182 pp.

308. *Alfieri e il suo tempo*. Atti del Convegno internazionale, Torino - Asti, 29 novembre - 1 dicembre 2001. A cura di M. Cerruti, M. Corsi, B. Danna. 2003, XII-488 pp. con 3 figg. n.t. e 5 tavv. f.t. di cui 4 a colori.

309. *Robert Davidsohn (1853-1937). Uno spirito libero tra cronacae storia*. Tomo I: *Atti della giornata di studio*. Tomo II: *Gli scritti inediti*. Tomo III: *Catalogo della biblioteca*. A cura di W. Fastenrath Vinattieri e M. Ingendaay Rodio. 2003, XXX-812 pp. complessive con 1 fig. n.t. e 30 tavv. f.t.

310. *Studi di letteratura francese. Rivista europea*, vol. XXVII (2002). 2003, 286 pp.

311. *Il volto e gli affetti. Fisiognomica ed espressione nelle arti del Rinascimento*. Atti del Convegno di studi, Torino, 28-29 novembre 2001. A cura di A. Pontremoli. 2003, 314 pp. con 14 tavv. f.t.

312. Sica, P. *Modernist Forms of Rejuvenation. Eugenio Montale and T.S. Eliot*. 2003, X-156 pp.

313. *Studi secenteschi*. Vol. XLV (2004). 2004, IV-484 pp. con 6 tavv. f.t.

314. *Sabba da Castiglione (1480-1554). Dalle corti rinascimentali alla Commenda di Faenza*. Atti del Convegno, Faenza, 19-20 maggio 2000. A cura di A.R. Gentilini. 2004, X-496 pp. con 16 figg. n.t. e 54 tavv. f.t. di cui 6 a colori.

315. Sabbatino, P. A l'infinito m'ergo. *Giordano Bruno e il volo del moderno Ulisse*. 2003, XVI-212 pp. con 15 tavv. f.t.

316. Mastroianni, M. *Le* Antigoni *sofoclee del Cinquecento francese*. 2004, 264 pp.

317. *Francesco di Giorgio alla corte di Federico da Montefeltro*. Atti del Convegno internazionale di studi, Urbino, monastero di Santa Chiara, 11-13 ottobre 2001. A cura di F.P. Fiore. 2004, 2 tomi di complessive XXIV-710 pp. con 296 figg. n.t.

318. *Relazioni letterarie tra Italia e Penisola Iberica nell'epoca rinascimentale e barocca*. Atti del primo Colloquio Internazionale, Pisa, 4-5 ottobre 2002. A cura di S. Vuelta Garcı´a. 2004, X-178 pp. con 2 figg. n.t.

319. Bozzola, S. *Tra Cinque e Seicento. Tradizione e anticlassicismo nella sintassi della prosa letteraria*. 2004, VIII-168 pp.

320. Balmas, E. *Studi sul Cinquecento*. 2004, XXX-666 pp. con 11 figg. n.t. e 11 tavv. f.t.

321. *Studi di letteratura francese. Rivista europea*, vol. XXVIII (2003). 2004, 138 pp.

322. Furlan, F. *La donna, la famiglia, l'amore tra Medioevo e Rinascimento*. 2004, 122 pp.

323. Alfieri, V. *Esquisse du Jugement Universel*. A cura di G. Santato. 2004, 128 pp. con 2 figg. n.t.

324. *Studi secenteschi*. Vol. XLVI (2005). 2005, IV-386 pp. con 13 tavv. f.t.

325. *Il Capitolo di San Lorenzo nel Quattrocento*. Convegno di studi, Firenze, 28-29 marzo 2003. A cura di P. Viti. 2006, XII-360 pp. con 8 tavv. f.t.

326. Martellotti, A. *I ricettari di Federico II. Dal «Meridionale» al «Liber de coquina»*. 2005, 284 pp. Ristampa 2011.

327. Foscolo, U. *Dell'origine e dell'ufficio della letteratura. Orazione*. 2005, 172 pp.

328. Ruggiero, R. *«Il ricco edificio». Arte allusiva nella* Gerusalemme Liberata. 2005, XXII-194 pp.

329. *Studi secenteschi*. Vol. XLVII (2006). 2006, IV-368 pp.

330. Pozzi, M. - Mattioda, E. *Giorgio Vasari storico e critico*. 2006, XXII-438 pp.

331. *Leonis Baptistae Alberti Descriptio Vrbis Romae*. Edizione critica di Jean-Yves Boriaud e Francesco Furlan. 2005, 164 pp. con 10 tavv. f.t.

332. *Resultanze in merito alla vita e all'opera di Piero Jahier. Saggi e materiali inediti*. A cura di F. Giacone. 2007, XII-368 pp. con 4 tavv. f.t.

333. Cevolini, A. *De arte excerpendi. Imparare a dimenticare nella modernita`*. 2006, 460 pp. con 9 figg. n.t.

334. *Studi secenteschi*. Vol. XLVIII (2007). 2007, IV-432 pp.

335. Montinaro, G. *L'epistolario di Ludovico Agostini. Riforma e utopia*. 2006, 294 pp.

336. *Il mito d'Arcadia. Pastori e amori nelle arti del Rinascimento*. Atti del Convegno internazionale di studi, Torino, 14-15 marzo 2005. A cura di D. Boillet e A. Pontremoli. 2007, XXII-266 pp. con 8 figg. n.t. e 14 tavv. f.t.

337. Sebastio, L. *Il Poeta tra Chiesa ed Impero. Una storia del pensiero dantesco*. 2007, 214 pp.

338. *Studi di letteratura francese. Rivista europea*, voll. XXIXXXX (2004-2005). «Il viaggio francese in Italia». 2007, 226 pp. con 1 fig. n.t.

339. *I linguaggi dell'Altro. Forme dell'alterità nel testo letterario*. Atti del Convegno *I Linguaggi dell'Altro/altro*, Università di Lecce, 21-22 aprile 2005. A cura di A.M. Piglionica, C. Bacile di Castiglione, M.S. Marchesi. 2007, XXIV-228 pp. con 2 figg. n.t.

340. Benporat, C. *Cucina e convivialita` italiana del Cinquecento*. 2007, 344 pp. con 16 tavv. f.t.

341. *Il cantare italiano fra folklore e letteratura*. Atti del Convegno internazionale di Zurigo, Landesmuseum, 23-25 giugno 2005. A cura di M. Picone e L. Rubini. 2007, XIV-528 pp. con 6 figg. n.t.

342. Covino, S. *Giacomo e Monaldo Leopardi falsari trecenteschi. Contraffazione dell'antico, cultura e storia linguistica nell'Ottocento italiano*. 2009, I tomo XVI-328 pp. II tomo VI-392 pp. con 2 tavv. f.t.

343. *Studi secenteschi*. Vol. XLIX (2008). 2008, IV-434 pp. con 8 tavv. f.t.

344. *Traduzioni, imitazioni, scambi tra Italia e Portogallo nei secoli*. Atti del primo Colloquio internazionale, Pisa, 15-16 ottobre 2004. A cura di M. Lupetti. 2008, X-172 pp. con 2 figg. n.t. e 15 tavv. f.t. di cui 12 a colori.

345. *L'identità italiana ed europea tra Sette e Ottocento*. A cura di A. Ascenzi e L. Melosi. 2008, XIV-184 pp. con 5 figg. n.t.

346. Wilson, R. *Prophecies and prophecy in Dante's* Commedia. 2007, X-228 pp.

347. *Writing Relations: American Scholars in Italian Archives. Essays for Franca Petrucci Nardelli and Armando Petrucci*. Edited by D. Shemek and M. Wyatt. 2008, XII-242 pp. con 13 figg. n.t. e 2 tavv. f.t.

348. Ioly Zorattini, P. *I nomi degli altri. Conversioni a Venezia e nel Friuli Veneto in età moderna*. Con prefazione di M. Massenzio. 2008, XX-388 pp. con 4 tavv. f.t.

349. URRARO, R. *Giacomo Leopardi: le donne, gli amori*. 2008, VIII-378 pp.

350. RABBONI, R. *Speculare sodo, ragionar sostanzioso. Studi sull'abate Conti*. 2008, X-336 pp.

351. TIOZZO, E. *La letteratura italiana e il premio Nobel. Storia critica e documenti*. 2008, VIII-358 pp. con 29 tavv. f.t.

352. CAPECCHI, G. - MARZI, M. G. - SALADINO, V. *I granduchi di Toscana e l'antico. Acquisti, restauri, allestimenti*. 2008, VIII-342 pp. con 78 tavv. f.t. di cui 16 a colori.

353. *Studi secenteschi*. Vol. L (2009). 2008, IV-346 pp. con 2 figg. n.t. e 13 tavv. f.t.

354. *In assenza del re. Le reggenti dal secolo XIV al secolo XVII (Piemonte ed Europa)*. A cura di F. Varallo. 2008, XXXII-610 pp. con es. mus. n.t. e 7 tavv. f.t.

355. CELLI, C. *Il carnevale di Machiavelli*. 2009, IV-218 pp.

356. *Iacopo Sannazaro. La cultura napoletana nell'Europa del Rinascimento*. Convegno internazionale di studi, Napoli, 27-28 marzo 2006. A cura di P. Sabbatino. 2009, VIII-430 pp. con 5 figg. n.t. e 14 tavv. f.t.

357. *«La bourse des idées du monde». Malaparte e la Francia*. Atti del Convegno internazionale di studi su Curzio Malaparte, Prato-Firenze, 8-9 novembre 2007. A cura di M. Grassi. 2008, XII-234 pp.

358. *La metafora in Dante*. A cura di M. Ariani. 2009, VI-286 pp.

359. COEN, P. *Il mercato dei quadri a Roma nel diciottesimo secolo. La domanda, l'offerta e la circolazione delle opere in un grande centro artistico europeo*. I. Con una prefazione di E. Castelnuovo. II. Appendice documentaria. 2010, LX-816 pp. con 32 tavv. f.t. a colori.

360. *Saggi di letteratura architettonica, da Vitruvio a Winckelmann*. I. A cura di F.P. Di Teodoro. 2009, VI-372 pp. con 67 figg. n.t. e 21 tavv. f.t.

361. *Don Giovanni nelle riscritture francesi e francofone del Novecento*. Atti del Convegno internazionale di Vercelli, 16-17 ottobre 2008. A cura di M. Mastroianni. 2009, XIII-330 pp.

362. MARCHESI, M.S. *Eliot's Perpetual Struggle. The Language of Evil in* Murder in the Cathedral. 2009, XXXVIII-144 pp.

363. *Studi di letteratura francese. Rivista europea*, voll. XXXIXXXXII (2006-2007). «Dictionnaires et écrivains». 2009, 130 pp.

364. *Studi secenteschi*. Vol. LI (2010). 2010, IV-394 pp.

365. *Saggi di letteratura architettonica, da Vitruvio a Winckelmann*. II. A cura di L. Bertolini. 2009, VI-254 pp. con 66 figg. n.t. e 5 tavv. f.t. a colori.

366. FRENQUELLUCCI, C. *Dalla Mancha a Siena al Nuovo Mondo. Don Chisciotte nel teatro di Girolamo Gigli*. 2010, XVI-334 pp.

367. *Giuseppe Ungaretti - Jean Lescure. Carteggio (1951-1966)*. A cura di R. Gennaro. 2010, XXVI-252 pp.

368. TESTA, F. *Winckelmann e l'architettura antica*. In preparazione.

369. *Saggi di letteratura architettonica, da Vitruvio a Winckelmann*. III. A cura di H. Burns, F.P. Di Teodoro e G. Bacci. 2010, VI-392 pp. con 126 figg. n.t.

370. BARSELLA, S. *In the Light of the Angels: Angelology and Cosmology in Dante's* Divina Commedia. 2010, XVI-214 pp.

371. DURANTE, E. - MARTELLOTTI, A. *«Giovinetta peregrina». La vera storia di Laura Peperara e Torquato Tasso*. 2010, VI-352 pp. con 2 tavv. f.t. a colori, con CD contenente "Madrigali per Laura Peperara".

372. SQUILLACE, G. *Il profumo nel mondo antico. Con la prima traduzione italiana del «Sugli odori» di Teofrasto*. Prefazione di L. Villoresi. 2010, XX-282 pp. con 8 tavv. f.t. a colori. Esaurito.

373. CEROCCHI, M. *Funzioni semantiche e metatestuali della musica in Dante, Petrarca e Boccaccio*. 2010, XII-160 pp. con 6 es. mus. n.t.

374. *La Ronde. Giostre, esercizi cavallereschi e* loisir *in Francia e Piemonte fra Medioevo e Ottocento*. Atti del Convegno internazionale di Studi, Museo storico dell'Arma di Cavalleria di Pinerolo, 15-17 giugno 2006. A cura di F. Varallo. 2010, XIV-276 pp. con 37 figg. n.t. e 19 tavv. f.t. a colori.

375. *La parola e l'immagine. Studi in onore di Gianni Venturi*. A cura di M. Ariani, A. Bruni, A. Dolfi, A. Gareffi. 2010, 2 tomi di complessive VIII-892 pp. con 42 figg. n.t. e 35 tav. f.t. di cui 10 a colori.

376. BERTELLI, S. *La tradizione della «Commedia»: dai manoscritti al testo. I. I codici trecenteschi (entro l'antica vulgata) conservati a Firenze*. Presentazione di P. Trovato. 2011, XVI-446 pp. con 68 figg. n.t. e 32 tavv. f.t. a colori.

377. *Nascita della storiografia e organizzazione dei saperi*. Atti del Convegno internazionale di studi, Torino, 20-22 maggio 2009. A cura di E. Mattioda. 2010, XII-346 pp. con 1 tav. f.t. a colori.

378. *Studi secenteschi*. Vol. LII (2011). 2011, VI-446 pp. con 6 figg. n.t.

379. ARDIZZONE, M.L. *Dante: il paradigma intellettuale. Un'*inventio *degli anni fiorentini*. 2011, XXVI-264 pp.

380. FENECH KROKE, A. *Giorgio Vasari. La culture de l'allégorie*. Préface de P. Morel. 2011, XXII-556 pp. con 24 figg. n.t. e 16 tavv. f.t. a colori.

381. *Gabriele d'Annunzio. Inediti 1922-1936. Carteggio con Maria Lombardi e altri scritti*. A cura di F. Caburlotto, prefazione di P. Gibellini. 2011, XLVI-80 pp. con 3 figg. n.t. e 8 tavv. f.t.

382. BERTOZZI, R. *L'immagine dell'Italia nei diari e nell'autobiografia di Paul Heyse*. 2011, XVI-822 pp. con 4 figg. n.t. e 1 tavv. f.t. a colori.

383. LEONARDI, M. *L'Età del Vespro siciliano nella storiografia tedesca (dal XIX secolo ai nostri giorni)*. 2011, X-148 pp.

384. *Un trattato universale dei colori. Il ms. 2861 della Biblioteca Universitaria di Bologna*. Edizione del testo, traduzione e commento a cura di Francesca Muzio. 2012, XXIV-300 pp.

385. *Beniamino Dal Fabbro, scrittore*. Atti della giornata di studi, Belluno, 29 ottobre 2010. A cura di R. Zucco. 2011, X-164 pp. con 20 tavv. f.t. a colori.

386. CARNEVALE SCHIANCA, E. *La cucina medievale. Lessico, storia, preparazioni*. 2011, XLVI-758 pp.

387. REMIGI, G. *Cesare Pavese e la letteratura americana: «una splendida monotonia»*. 2012, XVIII-226 pp.

388. SEGATORI, S. *Forme, temi e motivi della narrativa di Ippolito Nievo*. 2011, VIII-188 pp.

389. *I Marmi di Anton Francesco Doni: la storia, i generi e le arti*. A cura di G. Rizzarelli. 2012, XVIII-430 pp. con 35 figg. n.t.

390. *Paesaggio ligure e paesaggi interiori nella poesia di Eugenio Montale*. Atti del Convegno internazionale, «Credo non esista nulla di simile al mondo», Parco Nazionale delle Cinque Terre, Riomaggiore-Monterosso, 11-13 dicembre 2009. A cura di P. Polito e A. Zollino. 2011, VIII-284 pp. con 7 figg. n.t.

391. FUMAGALLI, E. *Il giusto Enea e il pio Rifeo. Pagine dantesche*. 2012, VIII-266 pp.

392. *Dialogo & conversazione. I luoghi di una socialità ideale dal Rinascimento all'Illuminismo*. A cura di M. Høxbro Andersen e A. Toftgaard. 2012, IV, 264 pp.

393. PAYNE, A. *The Telescope and the Compass. Teofilo Gallaccini and the Dialogue between Architecture and Science in the Age of Galileo*. 2012, XX-242 pp. con 96 figg. n.t.

394. *Teofilo Gallaccini. Selected Writings and Library*. Edited by A. Payne, with the Contribution of G.M. Fara. 2012, X-414 pp. con 102 figg. n.t.

395. BUCCINI, S. *Francesco Pona. L'ozio lecito della scrittura*. 2013, XIV-228 pp. con 37 figg. n.t.

396. *Studi di letteratura francese. Rivista europea*, voll. XXXII-IXXXIV (2008-2009). «La poésie de langue française contemporaine». 2011, 154 pp.

397. D'ELIA, A. *La peregrinatio poietica di David Maria Turoldo*. Prefazione di D. Della Terza. 2012, XIV-182 pp.

398. BATTISTI, E. *Michelangelo: fortuna di un mito. Cinquecento anni di critica letteraria e artistica*. A cura di G. Saccaro Del Buffa. 2012, XVIII-248 pp. con 19 tavv. f.t. di cui 15 a colori.

399. *Studi secenteschi*. Vol. LIII (2012). 2012, IV-404 pp. con 4 figg. n.t.

400. ADDESSO, C.A. *Teatro e festività nella Napoli aragonese*. 2012, X-172 pp.

401. BELLORINI, G. *Il magnifico Signor Cavallier Luigi Cassola Piacentino. Edizione critica dei* madrigali. *Censimento e indice dei capoversi di tutte le rime*. 2012, XVI-222 pp.

402. MARTELLOTTI, A. *Linguistica e cucina*. 2012, XIV-172 pp.

403. MARSELLI, N. *L'architettura in relazione alla storia del mondo*. A cura di D. Iacobone. 2012, IV-90 pp.

404. *«Legato con amore in un volume». Essays in honour of John A. Scott*. Edited by John J. Kinder and Diana Glenn. 2013, XX-350 pp. con 6 figg. n.t. e 3 tavv. f.t.

405. BUCKSTONE, J.B. *Robert Macaire, or, the Exploits of a Gentleman at Large*. Edited and with an introduction by M.S. Marchesi. 2012, LII-64 pp.

406. CAPECCHI, G. - PEGAZZANO, D. - FARALLI, S. *Visitare Boboli all'epoca dei Lumi. Il giardino e le sue sculture nelle incisioni delle 'Statue di Firenze'*. 2013, VI-244 pp. con 228 ill. n.t. e 1 pieghevole.

407. *Studi di letteratura francese. Rivista europea*, voll. XXXVXXXVI (2010-2011). «Henri Meschonnic entre langue et poésie». 2012, 210 pp. con 12 figg. n.t. e 8 tavv. f.t.

408. DONI, A.F. *I Marmi*. A cura di G. Rizzarelli e C.A. Girotto.In preparazione.

409. DEL GATTO, A. Quel punto acerbo. *Temporalità e conoscenza metaforica in Leopardi*. 2012, X-116 pp.

410. GIAMBONINI, F. *Bernardino Lanino ritrattista e l'ambiente artistico politico del suo tempo*. 2013, VI-334 pp. con 9 tavv. f.t. a colori.

411. *Studi secenteschi*. Vol. LIV (2013). 2013, X-372 pp. con 5 figg. n.t.

412. BUTTI DE LIMA, P. *Il piacere delle immagini. Un tema aristotelico nella riflessione moderna sull'arte*. 2012, VIII-202 pp. con 3 tavv. f.t. a colori.

413. MOCCA, C. *Discorsi Preservativi e curativi delle peste Col modo di purgare le Case, & Robbe Appestate*. A cura di R. Scarpa. 2012, XXX-54 pp.

414. TORDELLA, P.G. *Il disegno nell'Europa del Settecento. Regioni teoriche ragioni critiche*. 2012, XIV-284 pp. con 16 tavv. f.t.

415. *Regionis forma pvlcherrima. Percezioni, lessico, categorie del paesaggio nella letteratura latina*. Atti del Convegno di studio, Palazzo Bo, Università degli studi di Padova, 15-16 marzo 2011. A cura di G. Baldo e E. Cazzuffi. 2013, VIII-278 pp. con 6 figg. n.t.

416. *Lo «Zibaldone» di Leopardi come ipertesto*. Atti del Convegno internazionale, Barcellona, 26-27 ottobre 2012. A cura di M. de las Nieves Muñiz Muñiz. 2013, X-506 pp. con 5 figg. n.t. e 9 tavv. f.t. a colori.

417. VIGLIONE, M. *Le insorgenze controrivoluzionarie nella storiografia italiana. Dibattito scientifico e scontro ideologico (1799-2012)*. 2013, XII-132 pp.

418. BURLAMACCHI, M. *Nobility, Honour and Glory. A brief Military History of the Order of Malta*. Translated from the Italian by M. Roberts. 2013, X-76 pp. con 13 tavv. f.t. di cui 9 a colori.

419. PETRIOLI TOFANI, A. *L'inventario settecentesco dei disegni degli Uffizi di Giuseppe Pelli Bencivenni*. 2014, 4 tomi di complessive XXX-1826 pp.

420. MARZI, M.G. *Il Gabinetto delle Terre di Luigi Lanzi nella Galleria degli Uffizi. Vasi, terrecotte, lucerne e vetri dalle Collezioni medicee-lorenesi al Museo Archeologico Nazionale di Firenze*. In preparazione.

421. L'Iconologia *di Cesare Ripa. Fonti letterarie e figurative dall'antichità al Rinascimento*. Atti del Convegno internazionale di studi, Certosa di Pontignano, 3-4 maggio 2012. A cura di M. Gabriele, C. Galassi, R. Guerrini. 2013, XXVIII-236 pp. con 58 figg. n.t.

422. ARICÒ, N. *Architettura del tardo Rinascimento in Sicilia. Giovannangelo Montorsoli a Messina (1547-57)*. 2013, XIV-226 pp. con 60 figg. n.t. e 16 tavv. f.t. a colori.

423. MODESTI, P. *Le delizie ritrovate. Poggioreale e la villa del Rinascimento nella Napoli aragonese*. 2014, X-272 pp. con 1 fig. n.t. e 64 tavv. f.t. di cui 15 a colori.

424. *Architettura e identità locali*. Vol. I. A cura di L. Corrain e F.P. Di Teodoro. 2013, X-586 pp. con 161 figg. n.t. e 3 tavv. f.t. a colori.

425. *Architettura e identità locali*. Vol. II. A cura di H. Burns e M. Mussolin. Con la collaborazione di Clara Altavista. 2015, X-718 pp. con 163 figg. n.t. e 4 tavv. f.t. a colori.

426. FARA, G.M. *Albrecht Dürer nelle fonti italiane antiche: 1508-1686*. 2014, XII-590 pp.

427. *Studi secenteschi*. Vol. LV (2014). 2014, IV-330 pp. con 4 figg. n.t.

428. FARA, A. *L'arte della scienza. Architettura e cultura militare a Torino e nello stato sabaudo 1673-1859*. 2014, XII-272 pp. con 1 fig. n.t. e 64 tavv. f.t.

429. *Studi di letteratura francese. Rivista europea*, voll. XXXVI-IXXXVIII (2012-2013). «La langue de la poésie française contemporaine». 2014, 168 pp.

430. FELICI, A. *Michelangelo a San Lorenzo (1515-1534). Il linguaggio architettonico del Cinquecento fiorentino*. Premessa di G. Frosini. 2015, X-378 pp. con 64 figg. n.t.

431. CECCHERINI, I. *Sozomeno da Pistoia (1387-1458). Scrittura e libri di un umanista*. Premessa di S. Zamponi, con un saggio di D. Speranzi. 2016, XX-468 pp. con 12 figg. n.t. e 120 tavv. f.t.

432. *Traiano Boccalini tra satira e politica*. Atti del Convegno, Macerata-Loreto, ottobre 2013. A cura di Laura Melosi, Paolo Procaccioli. 2015, XII-482 con 3 figg. n.t.

433. DURANTE E. - MARTELLOTTI, A. *"Amorosa fenice". La vita, le rime e la fortuna in musica di Girolamo Casone da Oderzo (c. 1528-1592)*. 2015, VI-482 pp. con 4 figg. n.t.

434. *Incontri di civiltà nel Mediterraneo. L'Impero Ottomano e l'Italia del Rinascimento. Storia, arte e architettura*. A cura di

Alireza Naser Eslami. 2014, 184 pp. con 75 figg. n.t. di cui 56 a colori.

435. Rossi, M., *Unione e diversità. L'Italia di Vasari nello specchio della Sistina*. 2014, 184 pp. con 48 figg. n.t. e 16 tavv. f.t. a colori.

436. *L'architettura militare di Venezia in terraferma e in Adriatico fra XVI e XVII secolo*. A cura di Francesco Paolo Fiore. 2014, XXVIII-462 pp. con 185 figg. n.t. e 16 tavv. f.t. di cui 8 a colori.

437. *Studi di Letteratura Francese. Rivista europea*, vol. XXXIX (2014). 2015, 172 pp.

438. *Studi secenteschi*. Vol. LVI (2015). 2015, 458 pp.

439. Urraro, R. *Questa maledetta vita. Il "romanzo autobiografico" di Giacomo Leopardi*. 2015, X-446 pp.

440. Platina, B. De honesta voluptate et valitudine. *Un trattato sui piaceri della tavola e la buona salute*. Nuova edizione commentata con testo latino a fronte a cura di Enrico Carnevale Schianca. 2015, VI-590 pp.

441. Morabito, R. *L'Evo e il tempo del* Canzoniere. 2015, IV-72 pp.

442. *Studi linguistici e letterari tra Italia e mondo iberico in età moderna*. A cura di M. Graziani e S. Vuelta García. 2015, VI-140 pp.

443. Lia, P. *Poetica dell'amore e conversione. Considerazioni teologiche sulla lingua della* Commedia *di Dante*. 2015, XIV-324 pp.

444. Gabriele, M. *La* Porta Magica *di Roma simbolo dell'alchimia occidentale*. 2015. (esaurito)

445. Blanco, M. *Edipo non deve nascere. Lettura delle* Poésies *di Mallarmé*. 2016, XII-248 pp. con 4 tavv. f.t.

446. *Studi di letteratura francese. Rivista europea*, vol. XL (2015). 2016, 126 pp.

447. McLaughlin, M. *Leon Battista Alberti. La vita, l'umanesimo, le opere*. 2016, XXII-174 pp. con 9 tavv. f.t.

448. Bertelli, S. *La tradizione della «Commedia» dai manoscritti al testo. II. I codici trecenteschi (oltre l'antica vulgata) conservati a Firenze*. 2016, VIII-610 pp. con 89 figg. n.t. e 64 tavv. f.t. a colori.

449. Villani, G. *Il convitato di pietra. Apoteosi e tramonto della linea curva nel Settecento*. 2016, X-120 pp. con 8 tavv. f.t. a colori.

450. Valignano, A. *Dialogo sulla Missione degli ambasciatori giapponesi alla curia romana e sulle cose osservate in Europa e durante tutto il viaggio basato sul diario degli ambasciatori e tradotto in latino da Duarte de Sande, sacerdote della Compagnia di Gesù*. A cura di M. Di Russo, traduzione di P.A. Airoldi, presentazione di D. Maraini. 2016, XVI-670 pp. con 79 figg. n.t., 3 cartine e 32 tavv. f.t. a colori.

451. Tordella, P.G. *Hugo von Hofmannsthal e la poetica del disegno tra Otto e Novecento*. 2016, VIII-256 pp. con 8 tavv. f.t. a colori.

452. *Studi secenteschi*. Vol. LVII (2016). 2016, IV-362 pp. con 13 figg. n.t.

453. Aricò, N. *La fondazione di Carlentini nella Sicilia di Juan de Vega*. 2016, XII-280 pp. con 37 figg. n.t. e 16 tavv. f.t. a colori.

454. *Traduzioni, riscritture, ibridazioni: prosa e teatro fra Italia, Spagna e Portogallo*. A cura di M. Graziani e S. Vuelta García. 2016, VI-142 pp.

455. Caputo, G. *L'aurora del Giappone tra mito e storiografia. Nascita ed evoluzione dell'alterità nipponica nella cultura italiana, 1300-1600*. 2016, XX-352 pp. con 19 figg. n.t.

456. Lawson Lucas, A. *Emilio Salgari. Una mitologia moderna tra letteratura, politica, società*. Vol. I. 2017, XVI-444 pp. con 83 figg. b/n n.t. e 32 tavv. f.t. a colori.

457. Lawson Lucas, A. *Emilio Salgari. Una mitologia moderna tra letteratura, politica, società*. Vol. II. 2018, X-506 pp. con 72 figg. b/n n.t. e 25 tavv. f.t. a colori.

458. Lawson Lucas, A. *Emilio Salgari. Una mitologia moderna tra letteratura, politica, società*. Vol. III. 2019, X-514 pp. con 48 figg. b/n n.t. e 38 tavv. f.t. a colori.

459. Lawson Lucas, A. *Emilio Salgari. Una mitologia moderna tra letteratura, politica, società*. Vol. IV. 2021, VIII-480 pp. con XVI tavv. f.t. b/n e XVI tavv. f.t. a colori.

460. *Ius Leopardi. Legge, natura, civiltà*. A cura di L. Melosi. 2016, VI-114 pp.

461. *La* Comedia Nueva *e le scene italiane nel Seicento*. A cura di F. Antonucci e A. Tedesco. 2016, 340 pp.

462. Morabito, R. *Le virtù di Griselda. Storia di una storia*. 2017, IV-144 pp. con 8 tavv. f.t.

463. *Studi di letteratura francese. Rivista europea*, vol. XLI (2016). 2016, 302 pp. con 8 tavv. f.t.

464. Gazzola, G. *Montale, the modernist*. 2016, VIII-234 pp. con 4 figg. n.t.

465. Celio Secondo Curione, Pasquillus extaticus *e* Pasquino in estasi. Edizione storico-critica commentata. A cura di G. Cordibella e S. Prandi. 2018, IV-316 pp. con 7 figg. n.t.

466. Cappozzo, V. *Dizionario dei sogni nel Medioevo. Il* Somniale Danielis *in manoscritti letterari*. In preparazione.

467. Zamuner, I. – Ruzza, E. *I ricettari del codice 52 della Historical Medical Library di New Haven (XIII sec. u.q.)*. 2017, XXVIII-72 pp. con 1 fig. n.t. a colori.

468. Fenu Barbera, R. *Dante's Tears. The Poetics of Weeping from* Vita Nuova *to the* Commedia. 2017, XVIII-206 pp.

469. Fabbri, L. *Il papavero da oppio nella cultura e nella religione romana*. 2017, XII-400 pp. con 16 tavv. f.t. a colori.

470. Pierguidi, S. *Pittura di marmo. Storia e fortuna delle pale d'altare a rilievo nella Roma di Bernini*. 2017, XX-294 pp. con 95 figg. n.t.

471. Ruggiero, R. *Baldassarre Castiglione diplomatico. La missione del cortegiano*. 2017, XVI-154 pp.

472. *A Portuguese Abbot in Renaissance Florence. The letter collection of Gomes Eanes (1415-1463)*. A cura di R. Costa-Gomes. 2017, XLVIII-580 pp. con 1 fig. b/n n.t.

473. Coco, E. *Dal cosmo al mare. La naturalizzazione del mito e la funzione filosofica*. 2017, IV-132 pp. Prima ristampa 2021.

474. *Studi secenteschi*. Vol. LVIII (2017). 2017, IV-344 pp. con 4 tavv. b/n f.t.

475. «M'exalta el nou i m'enamora el vell». *J.V. Foix e Joan Mirò tra arte e letteratura*. A cura di Ilaria Zamuner. Premessa di Enric Bou. 2017, XII-110 pp. con 2 figg. b/n n.t. e 24 tavv. f.t. a colori.

476. *Incontri poetici e teatrali fra Italia e penisola iberica*. A cura di Michela Graziani e Salomé Vuelta Garcìa. 2017, VI-138 pp.

477. Fara, A. *Buontalenti e Le Nôtre. Geometria del giardino da Pratolino a Versailles*. 2017, VIII-132 pp. con 48 tavv. a colori f.t. e 12 tavv. b/n f.t.

478. *Saperi per la Nazione. Storia e geografia nella costruzione dell'Italia unita*. A cura di Paola Pressenda e Paola Sereno. 2017, VIII-504 pp.

479. Bartoli, S. *La felicità di una donna. Émilie du Châtelet tra Voltaire e Newton*. 2017, 252 pp.

480. BRAGAGNOLO, M., *Lodovico Antonio Muratori e l'eredità del Cinquecento nell'Europa del XVIII secolo*. 2018, XX-168 pp.

481. MINUTELLI, M. *L'arca di Saba: «i sereni animali / che avvicinano a Dio»*. 2018, XXIV-330 pp. con 3 figg. b/n n.t.

482. *Studi di letteratura francese. Rivista europea*, vol. XLII (2017). 2017, 120 pp.

483. VILLANI, G., *Un atlante della cultura europea. Vittorio Pica: il metodo e le fonti*. 2018, VIII-140 pp.

484. WADDINGTON, R., *Titian's Aretino: a contextual study of all the portraits*. 2018, X-154 pp. con 32 tavv. f.t. a colori.

485. FADDA, E., *Come in un rebus. Correggio e la Camera di San Paolo*. 2018, IV-108 pp. con 56 tavv. f.t.

486. *Approcci interdisciplinari al petrarchismo. Prospettive di ricerca tra Italia e Germania*. A cura di Bernard Huss e Maiko Favaro. 2018, X-270 pp. con 6 figg. n.t. e 23 tavv. f.t. a colori.

487. *Studi secenteschi*. Vol. LIX (2018). 2018, IV-344 pp. con 4 figg. b/n n.t. e 16 tavv. f.t. a colori.

488. MIRABILE, A., *Ezra Pound e l'arte italiana. Fra le Avanguardie e D'Annunzio*. 2018, VI-138 pp.

489. MASTROBUONO, ANTONIO C. *Il viaggio dantesco della santificazione*. 2018, XVIII-280 pp. con 4 tavv. f.t. a colori.

490. *Incroci teatrali italo-iberici*. A cura di M. Graziani e S. Vuelta García. 2018, VIII-154 pp.

491. REUTER-MAYRING, U., *Giuseppe Baretti: sugo, sostanza e qualità. La critica letteraria italiana moderna a metà del XVIII secolo*. 2019, VIII-164 pp. con 4 tavv. f.t. a colori.

492. FABBRI, L., *Mater florum. Flora e il suo culto a Roma*. 2019, XIV-280 pp. con 11 figg. f.t. a colori.

493. *Albrecht Dürer e Venezia*. A cura di G.M. Fara. 2018, VIII-196 pp. con 47 figg. n.t. e 8 tavv. f.t. a colori.

494. *Studi di letteratura francese. Rivista europea*, vol. XLIII (2018). 2018, 122 pp.

495. *Studi secenteschi*. Vol. LX (2019). 2019, IV-306 pp. con 3 figg. b/n n.t.

496. *Storiografia e teatro tra Italia e penisola iberica*. A cura di M. Graziani e S. Vuelta García. 2019, VIII-160 pp.

497. PARASILITI, ANDREA G.G., *All'ombra del vulcano. Il Futurismo in Sicilia e l'Etna di Marinetti*. 2020, XX-288 pp. con 74 figg. b/n n.t. e 4 tavv. a colori f.t.

498. *Un trésor de textes. Images, présences et métaphores du trésor dans la langue et la littérature françaises*. Textes réunis par Anna Bettoni et Marika Piva. 2020, VIII-288 pp. con 11 figg. b/n n.t. e 4 tavv. f.t. a colori.

499. SQUILLACE, G., *Il profumo nel mondo antico. Con la traduzione italiana del «Sugli odori» di Teofrasto*. Prefazione di L. Villoresi. 2020, XX-282 pp. con 8 tavv. f.t. a colori.

500. SIGNORINI, M., *Sulle tracce di Petrarca. Storia e significato di una prassi scrittoria*. 2020, XII-224 pp. con 41 figg. b/n n.t.

501. *Luigi Lanzi a Udine (1796-1801). Storiografia artistica, cultura antiquaria e letteraria nel cuore d'Europa tra Sette e Ottocento*. A cura di Paolo Pastres. 2020, XII-280 pp. con 32 tavv. b/n f.t.

502. *Studi di letteratura francese. Rivista europea*. vol. XLIV (2019). 2019, 120 pp.

503. DI TEODORO, F.P., *Lettera a Leone X di Raffaello e Baldassarre Castiglione*. 2020, XII-72 pp. con 32 tavv. f.t. a colori.

504. GANDOLFI, R., *Le Vite degli artisti di Gaspare Celio. Compendio delle Vite di Vasari con alcune altre aggiunte*. XII-392 pp. con 32 tavv. f.t. a colori.

505. *Studi secenteschi*. Vol. LXI (2020). 2020, VI-312 pp. con 34 figg. b/n n.t.

506. *Comunicare l'infinito: orizzonti leopardiani*. A cura di F. Berardi, A. Lombardinilo, P. Ortolano. 2020, X-186 pp.

507. URRARO, R., *Il romanzo familiare di Pierfrancesco Leopardi*. 2020, X-260 pp.

508. GUASSARDO, G., *The italian love poetry of ludovico ariosto: court culture and classicism*. Preface di L. Bolzoni. 2021, VIII-246 pp.

509. *Variazioni sull'autore in epoca moderna*. A cura di S. Vuelta García e M. Graziani. 2020, VIII-90 pp.

510. *Studi di letteratura francese*. Vol. XLV (2020). 2020, 152 pp.

511. GABRIELE, M., *La* Porta Magica *di* Roma *simbolo dell'alchimia occidentale*. Nuova edizione ampliata e riveduta. 2021, XII-236 pp. con 50 figg. n.t. e 16 tavv. f.t. a colori.

512. BLANCO, M., *Il presente nella storia. Chateaubriand, Lamartine, Hugo*. 2021, X-290 pp.

513. *Studi secenteschi*. Vol. LXII (2021). IV-324 pp.

514. TONGIORGI TOMASI, L., *Sebastiano Del Piombo, Fernando Colombo, Agostino Chigi. Ritratti, libri, giardini*. 2021, XX-202 pp. con 36 figg. a colori n.t.

515. ALBA M., *Artusi e gli editori fiorentini. La vera storia di un formidabile libro di cucina*. 2021, XII-304 pp. con 6 figg. b/n n.t.

516. GIANNOTTI, A., *Sculture in terracotta: devozione nella casa fiorentina del Rinascimento*. 2021, IV-116 pp. con 50 figg. a colori n.t.

517. *Friedrich Nietzsche und die* Griechische Culturgeschichte *von Jacob Burckhardt (Mitschrift von Louis Kelterborn)*. Transkription und Nachwort von Serena Grazzini, Einleitung von Maurizio Ghelardi. 2021, XXXII-220 pp.

518. *L'autore e le sue maschere*. A cura di Michela Graziani e Salomé Vuelta García. 2021, VIII-106 pp.

519. *Studi di letteratura francese. Rivista europea*. vol. XLVI (2021). 2021, 118 pp.

520. SQUILLACE, G., *Gli inganni di Cleopatra. Fonti per lo studio dei profumi antichi*. 2022, X-194 pp. con 4 tavv. a colori f.t.

521. *Il collezionismo di autografi nell'Ottocento e l'autografoteca di Giuseppe Campori*. A cura di Matteo Al Kalak e Elena Fumagalli. 2022. XIV-210 pp. con 4 figg. bn n.t.

522. *Studi secenteschi*. Vol. LXIII (2022). 2022, IV-346 pp. con 7 figg. a colori n.t.

523. VAGATA, D.S., *L'inno alle Grazie di Ugo Foscolo*. In preparazione.

524. DI COLOFONE, N., *Theriaka-Alexipharmaka*. A cura di Valeria Gigante Lanzara. 2022, XVIII-210 pp.

525. BELLORINI, G., GASPAROTTO, A., GASPAROTTO, M.L., *Dialoghi fra l'Io e l'Anima. Gli ultimi pensieri di Luigi Russolo. Con l'edizione critica dell'autografo*. 2022, X-246 pp. con 16 tavv. f.t. a colori.

526. ZACCARIA, G., *Meditazioni scismatiche. Il nulla e il tempo, l'infinito e l'arte*. 2022, X-530 pp.

527. PICCHIO LECHI, L., *Lo* Sposalizio della Vergine *di Raffaello*. 2022, VIII-152 con 40 figg. f.t. a colori.

528. BURGASSI V., *Il Rinascimento a Malta. Architettura e potere nell'Ordine di San Giovanni di Gerusalemme*. 2022, XXII-414 pp. con 52 figg. bn n.t. e 16 tavv. a colori f.t.

529. *Stampa e autorialità tra Italia e Penisola iberica*, a cura di Michela Graziani e Salomé Vuelta García. 2022, VIII-84 pp.

Serie II: Linguistica

1. Spitzer, L. *Lexikalisches aus dem Katalanischen und den übrigen ibero-romanischen Sprachen*. 1921. VIII-162 pp.

2. Gamillscheg, E. und Spitzer, L. *Beiträge zur romanischen Wortbildungslehre*. 1921, 230 pp., 3 cc.

3. [Schuchardt, U.]. *Miscellanea linguistica dedic. a Ugo Schuchardt per il suo 80° anniv*. 1922, 121 pp., 2 cc.

4. Bertoldi, V. *Un ribelle nel regno dei fiori (I nomi romanzi del «colchicum autunnale L.» attraverso il tempo e lo spazio)*. 1923, VIII-224 pp. con ill.

5. Bottiglioni, G. *Leggende e tradizioni di Sardegna*. (Testi dialettali in grafia fonetica). 1922. (esaurito)

6. Onomastica - I. Paul Aebischer, *Sur la formation des noms de famille dans le canton de Fribourg (Suisse)*. - II. Dante Olivieri, *I cognomi della Venezia Euganea*. Saggio di uno studio storico-etimologico. 1924, 272 pp.

7. Rohlfs, G. *Grichen und Romanen in Unteritalien* Ein Beitrag zur Geschichte der unteritalienischen Gräzität. 1923. (esaurito)

8. *Studi di dialettologia alto italiana*. - I. Gualzata, M. *Di alcuni nomi locali del Bellinzonese e Locarnese*. - II. Bläuer-Rini, A. *Giunte al «vocabolario di Bormio»*. 1924, 166 pp.

9. Pascu, G. *Romänische elemente in den Balkansprachen*. 1924, IV-112 pp.

10. Farinelli, A. *Marrano* (Storia di un vituperio). 1925, X-80 pp.

11. Bertoni, G. *Profilo storico del dialetto di Modena. (Con appendice di «Giunte al Vocabolario Modenese»)*. 1925, 88 pp.

12. Bartoli, M. *Introduzione alla neolinguistica* (Principi - Scopi - Metodi), 1926. (esaurito)

13. Migliorini, B. *Dal nome proprio al nome comune*. 1927, VI-358 pp. con LXXVIII pp. di supplemento. Seconda ristampa 1999.

14. Keller, O. *La flexion du verbe dans le patois genevois*. 1928, XXVIII-216 pp., 1 c. ripiegata.

15. Spotti, L. *Vocabolarietto anconitano-italiano*. 1929. (esaurito)

16. Wagner, M. L. *Studien über den sardischen Wortschatz. (I. Die Familie - II. Der menschliche Körper)*. 1930, XVI-156 pp., 15 cc.

17. Soukup, R. *Les causes et l'évolution de l'abreviation des pronoms personnels régimes en ancien français*. 1932, 130 pp.

18. Rheinfelder, H. *Kultsprache und Profansprache in den romanischen Ländern*. 1933. (esaurito)

19. Flagge, L. *Provenzalisches Alpenleben in den Hochtälern des Verdon und der Bléone*. Ein Beitrag zur Volkskunde des Basses-Alpes. 1935. (esaurito)

20. Sainéan, L. *Autour des sources indigènes*. Etudes d'étymologie française et romaine. 1935. (esaurito)

21. Seifert, E. *Tenere «Haben» im Romanischen*. 1935, 122 pp., 4 tavv.

22. Tagliavini, C. *L'Albanese di Dalmazia*. 1937. (esaurito)

23. Bosshard, H. *Saggio di un glossario dell'antico Lombardo*. 1938. (esaurito)

24. Vidos, B. E. *Storia delle parole marinaresche italiane passate in francese*. 1939. (esaurito)

25. Alessio, G. *Saggio di Toponomastica calabrese*. 1939. (esaurito)

26. Folena, G. *La crisi linguistica del 400 e l'«Arcadia» di I. Sannazaro*. 1952. (esaurito)

27. *Miscellanea di studi linguistici in ricordo di Ettore Tolomei*. 1953. (esaurito)

28. Vidos, B. E. *Manuale di linguistica romanza*. Prima edizione italiana completamente aggiornata dall'Autore. 1959, XXIV-440 pp. Terza ristampa 1975.

29. Ruggieri, R. *Saggi di linguistica italiana e italo-romanza*. 1962, 242 pp.

30. Mengaldo, P. V. *La lingua del Boiardo lirico*. 1963, VIII-380 pp.

31. Vidos, B. E. *Prestito espansione e migrazione dei termini tecnici nelle lingue romanze e non romanze*. 1965, VIII-424 pp., 3 ill.

32. Altieri Biagi, M. L. *Galileo e la terminologia tecnico-scientifica*. 1965. (esaurito)

33. Polloni, A. *Toponomastica romagnola*, Prefazione di Carlo Tagliavini. 1966. Ristampa 2002.

34. Ghiglieri, P. *La grafia del Machiavelli studiata negli autografi*. 1969, IV-364 pp.

35. *Linguistica matematica e calcolatori*. A cura di A. Zampolli. 1973, XX-670 pp.

36. *Computational and mathematical linguistics*. Vol. I. A cura di A. Zampolli e N. Calzolari. 1977, 2 voll. di XLVI-796 pp. complessive.

37. *Computational and mathematical linguistics*. Vol. II. A cura di A. Zampolli e N. Calzolari. 1980, 2 voll. di VIII-906 pp. complessive.

38. Semerano, G. *Le origini della cultura europea. Rivelazioni della linguistica storica*. 1984, 2 voll. di LXX-956 pp. complessive. Ristampa 2010.

39. *Fonologia etrusca, fonetica toscana. Il problema del sostrato*. 1983, 204 pp. con 1 tav. f.t.

40. La Stella, T. E. *Dizionario storico di deonomastica*. 1984, 236 pp.

41. Rando, G. *Dizionario degli anglicismi nell'italiano contemporaneo*. 1987, XLII-256 pp.

42. *Lessicografia, filologia e critica*. 1986, 204 pp.

43. Semerano, G. *Le origini della cultura europea*. Vol. II. *Dizionari etimologici. Basi semitiche delle lingue Indeuropee*. I tomo: *Dizionario della lingua greca*. II tomo: *Dizionario della lingua latina*. 1994, 2 voll. di C-726 pp. complessive. III ristampa 2007.

44. Scavuzzo, C. *Studi sulla lingua dei quotidiani messinesi di fine Ottocento*. 1988, 208 pp.

45. Agostiniani, L. - Hjordt-Vetlesen, O. *Lessico etrusco cronologico e topografico dai materiali del «Thesaurus Linguae Etruscae»*. 1988, XXXVI-224 pp.

46. O'Connor, D. *A history of Italian and English bilingual dictionaries*. 1990, 188 pp.

47. Boselli, P. *Dizionario di toponomastica bergamasca e cremonese*. 1990, 346 pp.

48. Delmay, B. *Usi e difese della lingua*. 1990, 154 pp. con 1 tav. f.t.

49. Catenazzi, F. *L'italiano di Svevo. Fra scrittura pubblica e scrittura privata*. 1994, 202 pp.

50. Facchetti, G. M. *Frammenti di diritto privato etrusco*. 2000, 116 pp.

51. *La scrittura professionale: ricerca, prassi, insegnamento*. Atti del I Convegno di studi, Perugia, Università per Stranieri, 23-25 ottobre 2000. A cura di S. Covino. 2001, XXIV-454 pp. con 29 figg. n.t. e 1 pieghevole.

52. Leone, A. *Conversazioni sulla lingua italiana*. 2002, 160 pp.

53. Natella, P. *La parola 'Mafia'*. 2002, 172 pp.

54. Facchetti, G. M. *Appunti di morfologia etrusca. Con un'appendice sulla questione delle identità genetiche dell'etrusco*. 2002, 160 pp.

55. Facchetti, G. M. - Negri, M. *Creta minoica. Sulle tracce delle più antiche scritture d'Europa*. 2003, 200 pp. con 21 figg. n.t. e 2 tavv. f.t.

56. Prandi, M. - Gross, G. - De Santis, C. *La finalità. Strutture concettuali e forme d'espressione in italiano*. 2005, 366 pp.

57. Ferguson, R. *A Linguistic History of Venice*. 2007, 322 pp. con 3 figg. n.t.

58. *L'italiano parlato di Firenze, Perugia e Roma*. A cura di L. Agostiniani e P. Bonucci. 2011, 206 pp. con 8 figg. n.t.

59. Medina Montero, J.F. *El verbo, el participio y las clases de palabras "invariables" en las gramáticas de español para extranjeros de los siglos XVI y XVII*. 2015, VIII-192 pp.

60. *Digital Texts, translations, lexicons in a multi-modular web application: methods and samples*. A cura di A. Bozzi. 2015, X-146 pp. con 38 figg. n.t.

61. Parenti, A. *Parole strane. Etimologie e altra linguistica*. 2015, VI-158 pp. con 2 figg. n.t.

62. Arcaini, E. *L'indeterminatezza del segno e il trasferimento delle culture*. 2018, X-254 pp. con 8 tavv. f.t. a colori.

63. Guida, A. *Lexicon Vindobonense*, 2018, LXIV-350 pp.

64. Liverani E. - Parenti, A. *Il dizionario spagnolo-italiano di Nicolao Landucci (1562)*. 2022, VI-352 pp. con 9 figg. n.t.